北大红楼与中国共产党创建历史丛书

红楼百年话沧桑

中共北京市委党史研究室
北京市地方志编纂委员会办公室　组织编写

杨胜群　李良　主编

林齐模　著

北京出版集团
北京人民出版社

图书在版编目（CIP）数据

红楼百年话沧桑 / 中共北京市委党史研究室，北京市地方志编纂委员会办公室组织编写；杨胜群，李良主编；林齐模著. — 北京：北京人民出版社，2021.5
（北大红楼与中国共产党创建历史丛书）
ISBN 978-7-5300-0519-4

Ⅰ.①红… Ⅱ.①中…②北…③杨…④李…⑤林… Ⅲ.①五四运动—史料—北京 Ⅳ.①K261.107

中国版本图书馆 CIP 数据核字（2021）第 067584 号

北大红楼与中国共产党创建历史丛书
红楼百年话沧桑
HONGLOU BAINIAN HUA CANGSANG
中共北京市委党史研究室
北京市地方志编纂委员会办公室 组织编写
杨胜群 李 良 主编
林齐模 著

*

北 京 出 版 集 团
北 京 人 民 出 版 社 出版
（北京北三环中路6号）
邮政编码：100120

网　　址：www.bph.com.cn
北 京 出 版 集 团 总 发 行
新 华 书 店 经 销
北京建宏印刷有限公司印刷

*

787毫米×1092毫米　16开本　18印张　260千字
2021年5月第1版　2021年5月第1次印刷
ISBN 978-7-5300-0519-4
定价：78.00元
如有印装质量问题，由本社负责调换
质量监督电话：010-58572393

"北大红楼与中国共产党创建历史丛书"
编委会

主　　编　杨胜群　李　良

执行主编　陈志楳

成　　员　张恒彬　赵　鹏　刘　岳　运子微　范登生
　　　　　邵维正　朱成甲　黄小同　霍海丹　黄如军
　　　　　李　颖　王均伟　杨明伟　李东朗　左玉河
　　　　　徐　飞　辛　逸　马建钧　杨　琥

编委会办公室

主　　任　陈志楳（兼）

副 主 任　陈丽红

成　　员　曹　楠　苏　峰　冯雪利　常　颖　乔　克
　　　　　贾变变　董　斌　丁　洁

序　言

胸怀千秋伟业，恰是百年风华。

100年前，中国共产党诞生于中华民族内忧外患、社会危机空前深重的背景下。为实现民族独立和人民解放，无数仁人志士上下求索、前仆后继，积极探寻救国救民道路，但均以失败告终。新文化运动高举民主和科学旗帜，掀起了一场轰轰烈烈的思想启蒙运动，促进了中华民族的伟大觉醒；五四运动以彻底反帝反封建的崭新姿态，推动了马克思主义在中国的广泛传播；马克思主义同中国工人运动紧密结合，催生了初心致远、使命敦行的中国共产党，开启了中国革命的新纪元。

北京与中国共产党的创建紧密相连。这里是新文化运动的中心，五四运动的策源地，马克思主义在中国早期传播的主阵地，由此成为中国共产党的主要孕育地。中国共产党早期北京革命活动的这段历史，是中国思想革命和民族觉醒的崭新阶段，是中国新民主主义革命的伟大开端，是中华民族走向伟大复兴的历史起点，在中国共产党历史和中国革命史上占有极其重要的地位。

百年征程波澜壮阔，百年初心历久弥坚。在中国共产党成立100周年的重大历史节点，深度挖掘北京与中国共产党创建的历史渊源和丰富内涵，更好地践行中国共产党人的初心使命，具有重要历史意义和时代价值。为此，我们报请中共北京市委批准，策划编写了"北大红楼与中国共产党创建历史丛书"。

丛书围绕"中国共产党创建"这一主题，聚焦北京早期革命活动的重大事件、重要人物、重要场所及其所承载的历史内涵，由《新文化运动中心》《五四运动策源地》《马克思主义早期传播主阵地》《建党伟业起点》《红楼百年话沧桑》《红楼风云人物》《红楼旧址群》《红楼旧址群故事》8种书构成，旨在深刻揭示北京在中国共产党创建史上的重大历史价值和独特历史地位。

  丛书牢牢把握党的历史发展的主题主线、主流本质，系统梳理党的创建史来龙去脉、内在逻辑，全景式呈现了新文化运动、五四运动、马克思主义早期传播、早期工人运动、共产党早期组织创建的历史画卷，特别是推动建立全国范围共产党组织的北京贡献。透过历史长河的风云变幻和波澜壮阔，昭示了历史和人民选择马克思主义、选择中国共产党的必然性。

  丛书以陈独秀、李大钊、毛泽东等先进分子为代表，展示了他们宣传新文化、传播新思想、探索新道路的生动实践，诠释了他们立涛弄潮、追求真理、矢志不渝的崇高精神。同时，对这一时期以蔡元培为代表的资产阶级革命派、以胡适为代表的资产阶级改良派、以辜鸿铭为代表的封建守旧派，进行了实事求是的客观描述。大浪淘沙始见金。通过深刻剖析各色人物的人生抉择和命运轨迹，更加彰显了中国共产党人的初心使命和坚定信仰。

  丛书选取以北大红楼、《新青年》编辑部、长辛店等为代表的31处革命旧址，讲述其中发生的红色故事，挖掘其中承载的精神内涵，描绘出一幅中国共产党创建时期北京革命活动的路线图，带领读者回到历史现场，重温激情燃烧的峥嵘岁月，探寻红色基因的活水源头。

  丛书是面向广大党员干部和社会大众的普及性、通俗性党史学习读物。布局上，坚持以时间为线索，力求统分结合、环环相扣、融为一体；内容上，坚持以建党为主旨，力求探流溯源、撷英采华、彰显初心；叙事上，坚持以史话为体裁，力求通俗易懂、生动鲜活、简洁明快，努力打造一套权威翔实、可读可学的精品力作。

  落其实者思其树，饮其流者怀其源。站在"两个一百年"的历史交会点，我们要认真回顾走过的路，不能忘记来时的路，继续走好前行的路，牢记初心使命，传承红色基因，赓续共产党人的精神血脉，从党的历史中汲取智慧和力量，学史明理、学史增信、学史崇德、学史力行，为全面建设社会主义现代化国家、实现中华民族伟大复兴中国梦不懈奋斗。

目 录

◎ 前　言 / 001

◎ 第一章　生于忧患 / 001

　　一、京师大学堂 / 001

　　二、马神庙公主府时代 / 005

　　三、拒俄运动 / 011

　　四、改名北京大学 / 015

　　五、红楼兴建 / 018

◎ 第二章　风云际会 / 022

　　一、幸遇先生蔡 / 022

　　二、新文化群英荟萃 / 027

　　三、红楼1918 / 038

　　四、《新青年》与新文化 / 046

　　五、生机勃勃的学生社团 / 058

◎ 第三章　狂飙突进 / 065

　　一、五四运动的预演 / 065

　　二、新旧派之争 / 072

　　三、新潮萌动 / 084

四、划时代的爱国运动 / 090

　　五、新文化运动新的高潮 / 109

◎ **第四章　光辉起点** / 123

　　一、中国最早的马克思主义者 / 123

　　二、中国最早学习和研究马克思主义的团体 / 131

　　三、青年毛泽东的红楼缘 / 137

　　四、北大红楼两巨人 / 146

　　五、南陈北李相约建党 / 154

◎ **第五章　赤旗世界** / 164

　　一、后五四时期的北大 / 164

　　二、北方党组织的发展 / 170

　　三、北方革命运动燎原之势 / 179

　　四、白色恐怖下的斗争 / 196

◎ **第六章　峥嵘岁月** / 205

　　一、复校和"中兴" / 205

　　二、在民族危亡时刻 / 220

　　三、烽火中南迁 / 237

　　四、从复员到解放 / 242

◎ **第七章　永远的红楼** / 254

　　一、新生 / 254

　　二、红色圣地 / 261

　　三、百年风物耐人思 / 268

◎ **结　语** / 274

◎ **后　记** / 277

前　言

　　红楼不是北京大学最早的校址，然而却广为人知。北京大学初名京师大学堂，是由清政府创办的中国近代第一所国立综合性大学，是戊戌变法的一项重要举措，诞生于民族危亡的时刻，肩负着近代先进的中国人救亡图存的梦想。其最早的校址位于距离当时紫禁城（今故宫）北门不远的马神庙公主府。1916年，由于学校规模的扩大，原有的校舍不敷使用，时任北京大学校长的胡仁源报请教育部向比商仪品公司贷款20万元，在马神庙东边的沙滩地区兴建一座拥有300多间房屋的5层大楼。1918年大楼建成，因其外墙和屋顶所用砖瓦为红色，人们习惯上称之为红楼。红楼原拟作预科学生宿舍楼，后改作教学办公楼。

　　红楼的建成和投入使用恰逢蔡元培先生出任北京大学校长之后。秉持"思想自由、兼容并包"的办学方针，蔡元培引领北大走进一个辉煌的发展时代。红楼在这一时期是北大的中心，这里不仅是北大文科的教学办公场所，还是以校长为首的校部机关的办公地点，北大图书馆也设在红楼一层。陈独秀、李大钊、毛泽东、蔡元培、胡适、鲁迅都曾在这里工作或学习。新文化运动从这里席卷全国，五四游行队伍从这里出发，中国共产党北京早期组织在这里诞生。

　　红楼是辉煌历史的见证者，也成为北大的象征。或许是历史的巧合，也或许是冥冥中的宿命，红楼的颜色既成为北大的底色，也预示了百年中国的历史选择。

　　陈独秀、李大钊是中国最早传播马克思主义、发起成立中国共产党的人。李大钊是中国马克思主义第一人。他最早向国人介绍宣传俄国十月革命，最早接受马克思主义，最早在中国大学的课堂上开设马克思主义和社会主义课程。在李大钊的影响和支持下，北京大学建立了中国第一个研究马克思主义学说的社团，一大批学生走上与工农相结合的道路，成为建党初期的骨干力量。

1921年7月，中共一大召开，中国共产党宣告正式建立。当时，有8个地方建立了党组织，其中，6个地方党组织的负责人是北大的师生或校友；全国58名党员中，有北大师生和校友24人。在出席中共一大的13名代表中（包惠僧为陈独秀私人代表），有北大的学生和校友5人。从这几个数字可以看出北大在建党初期的重要地位和突出贡献。可以说红楼是孕育中国共产党的衣胞之地。

自建成至今的百年里，红楼历经风风雨雨，经历过历史的辉煌，也见证过白色恐怖，在抗日战争中一度为日寇占据。在解放战争时期，广大北大师生积极投身民主运动，红楼成为民主堡垒，红楼后面的操场被命名为"民主广场"。

1952年院系调整，北大搬迁到北京西郊的燕园。1956年红楼被移交给中宣部代管，1961年，红楼被宣布为第一批全国重点文物保护单位。1976年的唐山大地震曾使红楼成为危楼，幸亏当时国家文物事业管理局局长王冶秋的坚持，红楼按照文物标准进行加固维修，保持了建筑的历史原貌。2002年，新成立的新文化运动纪念馆在红楼挂牌，被命名为北京市爱国主义教育基地；2021年5月，红楼再次以崭新的面貌对公众开放。

红楼是一座丰碑，镌刻着一代代爱国志士为了民族解放、国家富强奋斗的足迹；红楼是一部史书，记载了百年中国的沧桑巨变！

第一章　生于忧患

各国变法无不从流血而成，中国未闻有因变法而流血者，此国之所以不昌也。有之，请自嗣同始！

——谭嗣同

一、京师大学堂

1898年中秋节前的北京，谭嗣同在刑部监狱墙上题下一首绝笔诗："望门投止思张俭，忍死须臾待杜根；我自横刀向天笑，去留肝胆两昆仑。"谭嗣同，字复生，号壮飞，湖南浏阳人，是中国近代著名思想家，戊戌变法的重要人物。当慈禧太后发动戊戌政变逮捕维新志士时，谭嗣同本可以像康有为、梁启超一样逃走，但他拒绝逃走，慷慨说道："各国变法无不从流血而成，中国未闻有因变法而流血者，此国之所以不昌也。有之，请自嗣同始！"几天后，谭嗣同等"戊戌六君子"被慈禧太后不审而诛匆匆处死。一场延续百日的维新变法运动以志士喋血宣告结束。

谭嗣同等维新志士何以视死如归，不惜为变法流血牺牲？这是因为他们意识到再不变法自强，中国将被列强瓜分，面临亡国灭种的危险。

自从1840年中英鸦片战争以来，中国遭受西方列强一次次侵略，被迫签订了一系列不平等条约，主权丧失，财富外流，日益民穷国困。

19世纪60年代到90年代，清朝政府以"自强"为口号，引进西方先进科学技术、兴办近代化军事工业和民用企业，搞了30年的洋务运动。在军事方面的标志性成果就是1888年成军的北洋舰队。当年的《美国海军年鉴》把北洋舰队列为亚洲第一、世界第九。

与清政府大搞洋务运动同期，日本也在进行更加全面的"明治维新"改革运动，从政治、经济、教育、军事等各方面学习西方，尤其是以清朝为假想敌进行海军近代化建设。中日双方的这场竞赛最终以日本主动挑起的甲午战争分出胜负。甲午战争中的黄海海战是近代海战史上第一场大规模的铁甲战舰决战。就当时的装备来说，双方互有优劣。清朝海军的广大官兵作战也都非常英勇顽强，除了驾舰撞击敌舰英勇牺牲的致远舰管带邓世昌外，还有很多官兵都与舰共存亡。可以说北洋舰队失败不是船炮不坚利，也不是将士不忠勇。从更深层次上看，甲午战争是中日两国30年改革运动孰优孰劣的一次残酷检验。

1895年4月17日，以李鸿章为首的清政府议和代表团在日本被迫签署丧权辱国的《马关条约》，条约规定割辽东半岛、台湾、澎湖列岛给日本，赔款白银2亿两等。当条约签订的消息传到北京，朝野上下一片哀号。当时恰逢清朝乙未科会试刚刚结束，全国各地举人正会聚京师。康有为、梁启超联络各省在京举人联名，发起"公车上书"运动，反对签订《马关条约》，提出"拒和、迁都、练兵、变法"等主张。

在中国人看来，日本不同于西方列强。自唐朝以来，日本为中国人熟知的形象一直是一个位于中华帝国边缘，向慕中华文化的"蕞尔小国"而已。谁能料到现在这"蕞尔小国"日本突然之间变得如此强大可怕。

震惊之余，越来越多的有识之士开始检讨近代中国所走的道路，意识到只是引进西方坚船利炮的洋务运动彻底失败，而从制度层面进行变法维新才是富国强兵的良方。于是，以康有为、梁启超为代表主张变法维新的维新派开始登上历史舞台。

为了实现富国强兵，改革旧教育，建立新式学堂培养人才成为当务之急。维新领袖康有为疾呼："今变法之道万千，而莫急于得人才；得才之道多端，而莫先于改科举。""兴学育才，若追亡救火之急。"[①]

---

① 康有为：《请废八股试帖楷法试士改用策论折》，汤志钧编：《康有为政论集》上册，中华书局1981年版，第268页。

第一章　生于忧患

1896年，刑部左侍郎李端棻奏《请推广学校折》，第一次正式提出在京师设立大学堂。他建议："自京师以及各省州府县皆设学堂。""京师大学，选举贡生监年三十以下者入学，其京官愿学者听之。" 并提出："京师为首善之区，不宜因陋就简，示天下朴。似当酌动帑藏，以崇体制，每岁得十余万，规模已可大成。"①

在维新派的呼吁和推动下，1898年2月15日，光绪皇帝诏谕："京师大学堂，迭经臣工奏请，准其建立，现在亟须开办。"② 6月11日，光绪皇帝颁布《明定国是》诏书，标志"戊戌维新"变法运动的正式开始。诏书突出强调培养有实学、经世致用的人才，明确提出要设立京师大学堂，称"京师大学堂为各行省之倡，尤应首先举办"。诏书通篇400多字中，关于京师大学堂的内容就占了近1/3。

光绪帝宣布变法自强的"明定国是"诏书。

《明定国是》诏书

7月2日，军机大臣会同总理衙门奏复《遵旨筹办京师大学堂并拟学堂章程折》。7月3日，光绪批准了总理衙门的《奏拟京师大学堂章程》。

---

① 北京大学、中国第一历史档案馆编：《京师大学堂档案选编》，北京大学出版社2001年版，第1—6页。

② 王学珍、郭建荣主编：《北京大学史料》第一卷，北京大学出版社1993年版，第43页。

003

这是京师大学堂办学的第一个章程，也是中国近代高等教育最早的学制纲要。该章程由梁启超代为起草，体现了维新派的教育改革思想，目的是要培养新政需要的"非常之才"。章程共8章54节，其《总纲》规定："京师大学堂为各省之表率，万国所瞻仰，规模当极宏远，条理当极详密，不可因陋就简，有失首善体制。""今京师既设大学堂，则各省学堂皆归大学堂统辖。"章程规定大学堂设管学大臣一员，总教习一员，须选择"学贯中西，能见其大者为总教习"。①光绪在批准该章程的同时，即派吏部尚书孙家鼐为管理大学堂事务大臣，并命原设官书局和新设译书局并入京师大学堂。又应孙家鼐之奏请，特旨简派工部左侍郎许景澄为总教习。②

对于大学堂的办学经费，光绪皇帝十分重视。按照计划，大学堂的开办经费银35万两，常年费用200630两，光绪在任命孙家鼐为管学大臣的同一天，谕令户部筹拨大学堂经费。户部奏复"若将款项由各省指拨，诚恐报解迟滞，难应急需"。奏准将清政府在华俄道胜银行500万两股银的年利息20万两库平银（合京平银212000两）拨付大学堂作为开办费，不敷部分由户部补足。大学堂的常年经费以后就用华俄道胜银行的这笔清政府利息支付。③

在大学堂筹办过程中，1898年9月21日，慈禧太后发动戊戌政变，"百日维新"在顽固派的镇压下宣告失败。各项变法举措大多被废止，唯有兴办学堂的举措未被强行终止。清廷宣布"大学堂为培植人才之地，除京师及各省会业已次第兴办外，其各府州县议设之小学堂，着该地方官察酌情形，听民自便"④。京师大学堂管学大臣孙家鼐并未卷入帝后两党的政争，且校舍修建、聘用西方教习等相关筹备工作已经展开，京师大学堂遂得以继续开办。不过，原定的办学方针、教学内容和学校规模等都难以实现。

---

① 北京大学、中国第一历史档案馆编：《京师大学堂档案选编》，北京大学出版社2001年版，第26—40页。

② 北京大学、中国第一历史档案馆编：《京师大学堂档案选编》，北京大学出版社2001年版，第43页。

③ 王学珍、郭建荣主编：《北京大学史料》第一卷，北京大学出版社1993年版，第511页。

④ 北京大学、中国第一历史档案馆编：《京师大学堂档案选编》，北京大学出版社2001年版，第67页。

1898年12月31日大学堂开学,原拟招生500人,实际除附设的中小学外,仅设仕学馆,"学生不足百人,讲舍不足百间"。课程只设诗、书、易、礼四堂和春、秋两堂。①

这所承载着维新志士兴学强国殷切期望的京师大学堂,从戊戌变法运动中开始筹备,经历戊戌政变的腥风血雨,终于在1898年的最后一天正式开学,中国近代第一所由中央政府创办的综合性大学就此诞生。

"大学堂"匾

二、马神庙公主府时代

京师大学堂校址位于当时紫禁城北门东北方向,在地安门内一个叫马神庙的地方。此地有一处由内务府管理的空闲府第,早年为乾隆皇帝四女儿和嘉公主居所。负责大学堂校舍建设的庆亲王奕劻、礼部尚书许应骙等上奏皇帝,谕令内务府对该处府邸进行修缮、改建,11月下旬移交给京师大学堂使用。大学堂办事人员进驻后即开始发告示招生。

---

① 喻长霖:《京师大学堂沿革略》,刘锦藻撰:《清朝续文献通考》第二册,浙江古籍出版社,1988年影印本,第8648—8649页。

马神庙公主府校址旧照

初创的京师大学堂规模不大，地位却相当高。大学堂首任管学大臣孙家鼐，安徽寿县人，咸丰九年（1859）状元，曾任光绪帝老师，时为协办大学士、工部尚书，是正一品大员。孙家鼐积极筹备大学堂的开办事宜，很快奏呈8条具体计划，提出加派已经在中国服务多年的美国传教士丁韪良为大学堂西学总教习，"专理西学"[①]。管学大臣不仅管理京师大学堂，还管理全国新式学堂和相关文化教育机构。相应地，管学大臣负责的京师大学堂既是一所官办大学，也是一个管理全国新学的教育行政机构，"各省学堂皆归大学堂统辖"。这里是名副其实的中国最高学府。

京师大学堂初设，招收合格生源是一大难题。大学堂招生对象分为两大类：第一类为翰林编检、各部院司员、大门侍卫、候补候选道府州县以下官员及大员子弟、八旗世职、各省武职后裔；第二类为各省中学堂毕业选送入京。大学堂原定学员名额500人，但由于当时学生宿舍有限，首批计划招生200人。招生告示发出后，报名者有1000余人。经考核，录取学生500余人，其中到堂住读的正取生160人，其余为候补生。当时，戊戌维新运动已失败，新派人物失势，社会守旧气氛浓厚，许多人对于到大学堂就

---

① 王学珍、郭建荣主编：《北京大学史料》第一卷，北京大学出版社1993年版，第47—48页。

读心存疑虑，不少已经被录取的学生也犹豫不来报到，所以开学初期大学堂到堂学生"不足百人"，第二年，人数才增至200余人。

考虑到"今各省之中学堂草创，设立犹未能遍"，孙家鼐建议"今当于大学堂中兼寓小学堂、中学堂之意，就中分列班次，循级而升"。[①]京师大学堂将招收的学生按受教育程度分为3类：大学、中学、小学。其中又细分为6个不同的班级，根据学生学习成绩，逐渐升级。各班级的命名都极具中国传统文化特色，开始分为诗、书、易、礼四堂和春、秋二堂上课。1899年秋，又选拔成绩优秀的学生开设史学、地理、政治三堂，其余的分为立本、求志、敦行、守约四堂。这种命名方法一方面是希望学生顾名思义，以传统价值观为修身之本，另一方面也是想用这些符合正统意向的名称消解社会守旧势力的敌意。

关于所学课程的内容，据当年就读大学堂的学生回忆：小学午前读传统的经书，午后学习科学类课程，如格致、算术、洋文等。大学和中学学生午前没有功课，都是自习传统的经史著作，午后均学习科学课程。由于科举制度尚未废除，许多学生关注的重点还是通过科举考试获取功名，对于科学知识的学习不甚上心，主要精力用于钻研科举考试的八股制艺。

1900年春，孙家鼐称病请假，许景澄代理管学大臣职务。同年夏，在慈禧太后和一些顽固排外大臣的暗许和支持下，以"扶清灭洋"为口号的义和团运动席卷京师。义和团运动是群众性的反帝爱国运动，但是也具有盲目排外的特点。义和团"痛恨洋物，犯者必杀无赦。若纸烟、小眼镜，甚至洋伞、洋袜子，用者辄置于极刑。曾有学生六人仓皇避乱，因身边随带铅笔一枚、洋纸一张，途遇团民搜出，乱刀并下，皆死于非命"[②]。一些清军官兵也乘机为非作歹，京城治安一片混乱，抢劫纵火之事频发。大学士孙家鼐、徐桐，都御史曾广銮，内阁学士贻谷，前太常卿陈邦瑞家都被抢劫，许多人的家人被杀。一时间京城人人自危，官商大户纷纷设法送家

---

① 北京大学、中国第一历史档案馆编：《京师大学堂档案选编》，北京大学出版社2001年版，第27页。
② 《拳事杂记》，中国史学会主编：《中国近代史资料丛刊 义和团1》，神州国光社1951年版，第289页。

眷逃出京城。

京师大学堂在义和团眼里是"假洋鬼子"兴办的"洋学堂",校舍被义和团占据设为"神坛",学校学生、教师逃的逃,躲的躲。此时,身为大学堂代理管学大臣的许景澄曾出使外洋多年,任过驻俄、德、奥(奥匈帝国)、荷等国公使,他反对盲目排外,多次上奏反对义和团及围攻外国使馆,由此激恼朝廷中的顽固派。

6月18日,光绪皇帝在召见大学士、六部九卿官员时,特意让许景澄走近身边,拉着他的手问道:"尔出使有年,习外交事,吾能与各强国战耶?朕一人不足惜,如太后何!如天下生灵何!"在充斥京城的暴戾气氛里,许景澄无言以对,君臣二人只能泪眼相对。不料这一幕令慈禧太后大为恼怒,厉声斥责许景澄:"汝何人?敢执皇上手!"[①]虽然在场的大臣那桐代为解释是皇帝让许景澄上前的,慈禧太后依然怒不可遏。

许景澄自知太后已动杀己之心。1900年7月9日,许景澄奏请将大学堂暂行停办,说:"现在京城地面不靖,住堂学生均告假四散。又该大学堂常年经费系户部奏明在华俄银行息银项下拨给。现东交民巷一带洋馆焚毁,华俄银行均经毁坏。所有本年经费尚未支领,而上年余存款项向系存放该银行生息,虽有折据,此时无从支银,以后用费亦无所出……应请将大学堂暂行裁撤。"[②]该停办奏议当日即奉旨准许。于是许景澄主持清理大学堂账目,把剩余经费缴回国库。

从容处理完大学堂善后工作后,许景澄联合太常寺卿袁昶连上奏章,吁请保护外国使馆并严惩纵容义和团的大臣徐桐、刚毅、毓贤等。这彻底激怒了顽固派,7月26日,许景澄和袁昶被清廷下令逮捕下狱。28日,两人被绑赴菜市口处死。袁昶临刑前怒斥监斩官:"汝等狂愚谋祸国,罪乃当死也!"许景澄则"临刑神闲意定,默无一语"。

1900年8月,八国联军攻占北京。京师大学堂校舍又被视为义和团的

[①] 《庚子传信录》,中国社会科学院近代史研究所《近代史资料》编辑组:《义和团史料》(上),中国社会科学出版社1982年版,第211页。

[②] 北京大学、中国第一历史档案馆编:《京师大学堂档案选编》,北京大学出版社2001年版,第89页。

第一章　生于忧患

据点，遭受外国侵略者占领和摧残。经此两度浩劫，大学堂建筑残破，图书、仪器设备荡然无存。

以慈禧太后为首的清政府在八国联军攻占北京前夕仓皇逃亡西安。为了取得帝国主义列强的认可，继续维护清朝封建专制统治，1901年年初，还在西安的清廷发布上谕宣布变法，开始推行"新政"。

1902年1月10日，清政府下令恢复大学堂，并任命吏部尚书张百熙为管学大臣。张百熙认为先前办的大学堂属于草创，很多方面比较粗糙，重办的大学堂不应该简单地因循旧制，而应该悉心筹划，做到"法制详尽，规模宏远，不特为学术人心极大关系，亦即为五洲万国所共观瞻。天下于是审治乱、验兴衰、辨强弱。人才之出出于此，声名之系系于此。是今日而再议举办大学堂，非徒整顿所能见功，实赖开拓以为要务，断非因仍旧制，敷衍外观所能收效者也"[①]。

张百熙像

他主张不拘成例，延揽人才，对"学有根底"之人，可破格重用。他聘请时任保定莲池书院院长吴汝纶为大学堂总教习。吴汝纶为桐城派大家，被认为"旧学淹贯""详悉中外"，是学贯中西的大家，当时在国内声望极高。可吴汝纶认为京城守旧政治气氛太浓厚，担任大学堂总教习有风险，不愿受聘。张百熙为请吴汝纶出任大学堂总教习，多次亲往劝驾，乃至要"拜跪以请"，终于令吴汝纶感动而同意担任总教习。张百熙还聘请辜鸿铭为副总教习（辜辞不就），经学大家孙诒让、屠寄及日本文学博士服部宇之吉、法学博士岩谷孙藏等任教习。又聘请当时在政论和文学方面最负声誉的两大翻译家严复、林纾分任大学堂译书局总办、副总办。大学堂集中了国内当时最好的中、西学人才。

[①] 北京大学、中国第一历史档案馆编：《京师大学堂档案选编》，北京大学出版社2001年版，第102页。

009

在派人考察日本教育制度的基础上，参照日本和西方学制，张百熙主持制定了一整套从小学到大学的新式学堂章程。1902年8月15日，清政府将章程颁行全国。这是近代中国第一个由政府正式颁布的系统的学制章程，被称为《钦定学堂章程》，因在壬寅年颁布，史称"壬寅学制"。其中，《钦定大学堂章程》分为8章84节，对办学纲领、科目设置、课程安排、招生办法、毕业分配、教师聘用、学校纪律以及领导体制等各方面做了详细规定。章程开篇第一章就明确了京师大学堂以"端正趋向，造就通才"为办学纲领。

《钦定大学堂章程》规定大学堂计划设预备科、专门分科和大学院3级。预备科即大学预科，专门分科即大学本科，大学院即后来的研究生院。预备科学制3年，专门分科学制3至4年，大学院不定年限。[①]由于当时各省新式学堂建立不久或正在筹办中，不仅专门分科没有生源，就连预备科也难以招到合适的学生。于是，张百熙从实际出发，暂不设专门分科，先办预备科和速成科。首先开办的是速成科。速成科肄业3至4年，分为仕学馆、师范馆，主要是培养初级官员和新式中小学堂教习人才，"凡京员五品以下，八品以上，以及外官候选暨因事留京者，道员以下，教职以上，皆准应考入仕学馆。举贡生监等皆准应考入师范馆"[②]。

1902年10月、11月，速成科的仕学馆和师范馆先后举行两次招生考试，共招收136人，另有直隶、山东、奉天等省考录送京的师范生若干人。12月17日，管学大臣张百熙亲率全体教职员和学生举行了隆重的开学典礼。这一天后来被作为北京大学的校庆日，一直持续到1952年。

1903年年底，张百熙又奏请派学生出洋留学，以备将来学成回国，充任大学堂教习。经选拔，第一批派出47人，其中，31人赴日本、16人赴欧美留学。这批留学生学成归国后，很多人成为中国现代数学、物理、化学、政治等学科的奠基人。

[①] 北京大学、中国第一历史档案馆编：《京师大学堂档案选编》，北京大学出版社2001年版，第149页。

[②] 北京大学、中国第一历史档案馆编：《京师大学堂档案选编》，北京大学出版社2001年版，第104页。

1903年暑假，大学堂仕学馆、师范馆师生合影

大学堂预备科的开办时间比速成科晚了1年多。预备科1904年春正式启动招生工作，先是由各省组织考试、按分配的名额取录符合条件的人保送进京，再经大学堂在京组织复试。首批经考试择优录取正取生120人，备取生80人。[①]11月7日开始，新生陆续入住大学堂。[②]12月16日开始上课。[③]

京师大学堂是戊戌变法的产物，是中国近代史上第一所国立综合性大学，是当时的最高学府。在这里，一批批经过选拔的中国传统士子中的精英开始了向现代知识分子的转型。

三、拒俄运动

1903年4月30日，一阵急骤的钟声在位于马神庙的大学堂响起，大学堂仕学、师范两馆学生与教员、职员200多人齐聚大讲堂召开全校大会。会场群情激昂，有演说者，有鼓掌叫好者，有唉声叹气者，甚至还有痛哭流涕者。原来这是大学堂师生在紧急召开声讨沙俄侵略中国东北大会。

---

① 《大学堂复试预备科全榜》，《时报》甲辰九月初十日（1904年10月18日）。
② 《大学堂预备科学生移住堂中》，《时报》甲辰十月初六日（1904年11月12日）。
③ 《记大学堂预备科》，《时报》甲辰十一月廿三日（1904年12月29日）。

事情还得从1900年义和团运动说起。1900年7月，沙俄以镇压义和团运动为借口，大举出兵中国东北地区，占领中国东北三省主要城镇和交通要道。1901年2月，沙俄在两国谈判中向清政府提出中国在东北不得驻兵、不得自行造路，俄国在东北则可以有驻兵保护铁路、出兵镇压中国人民的反抗、罢免中国官吏的权力等12项无理要求。沙俄的无理要求引起中国民众极大愤怒，东京留日学生、上海爱国士绅纷纷集会抗议，并通电各省督抚，要求"力拒俄约"。身受其害的东北人民则奋起武装反抗俄国的侵略。留日学生也组织抗俄义勇队，进行军事训练，准备赴东北与俄军作战。英、美、日等国也从各自在华利益出发，反对俄国独占中国东北。1902年4月，沙俄与清政府签订中俄《交收东三省条约》，不得不答应在东北"再无变乱发生，亦无他国之牵制"时，俄军在18个月内分3批撤离中国东北。

可是沙俄在实际执行中却千方百计拖延撤军。1902年10月6日是俄军首批撤军最后期限，沙俄只是做样子将原驻奉天、牛庄等地的部分军队调至铁路沿线，就算是撤军了。到1903年4月8日俄军第二批撤军的最后期限，俄军不仅不撤，反而制造借口，派兵重新占领了营口等地。4月18日，沙俄又向清政府提出在东北享有特殊权益的7项无理要求。

沙俄政府不守信用、蛮横霸道的强盗行径激起中国民众新一轮拒俄运动。1903年4月27日，在上海的18省爱国人士再次集会，参加者除各省官绅士商外，还有爱国学社、育才学校、务本女校等校男女学生结队到会。会议进行中，收到东京发来电报，告知留日学生准备集会，组织拒俄义勇队。与会者闻讯情绪更加激动。4月29日，留日学生在东京集会，到会者500多人，会上决定组织拒俄义勇队，并电致北洋大臣要求对俄作战，会后即有学生陆续回国开展活动。

当各地拒俄运动的消息接连传到重开不到半年的京师大学堂时，作为全国最高学府大学堂的师生当然不能坐视。曾留学日本、时任大学堂东文（日文）助教的范源廉（静生）积极发动大学堂学生起而抗争，他转述日本教习岩谷孙藏的话激励诸生，说日本教习认为目前中国面临生死存亡的时刻，但大学堂的学生似乎没有一点表示，如果这事发生在日本，日本学生肯定痛哭流涕，奋起抗战，决不令政府与俄国签订条约。一些日本教习相继辞职回国，岩谷孙藏说中国学生"俱属亡国性质，我不屑教，当即回国矣"。

1903年4月30日，大学堂师生得知当日日本大使照会清政府外务部，声称如果中国承认俄国占据东北三省，日本将与中国为敌，日本已经派遣军舰27艘向高丽及中国海面出发，准备从俄国手中夺取东北相关地方。于是，学生们在请示了大学堂副总教习张鹤龄后，立即鸣钟召集全体师生开会，商量对策。

大会首先请范源廉演说，讲解东北局势和国际形势，并通报留日学生界和上海等地民众的抗争情况。随后，一些学生纷纷登台发表演讲，集议抗争的办法。经过大家的讨论，最后拟定了4项措施：（一）各省在京官绅电告该省督抚电奏力争；（二）全班学生电致各省督抚，请各督抚电奏力争；（三）全班学生电致各省学堂，由各省学堂禀请该省督抚电奏力争；（四）大学堂全班学生上禀管学代奏力争。

会后，全体学生即积极奔走，一方面发动各省督抚向清廷电奏力争拒签俄约，一方面撰写了《京师大学堂师范、仕学两馆学生上管学大臣请代奏拒俄书》《京师大学堂师范馆学生请政务处代奏争俄约疏》，分别请管学大臣、政务处代奏，表达学生们拒俄主张。学生们首先表明不忍坐视

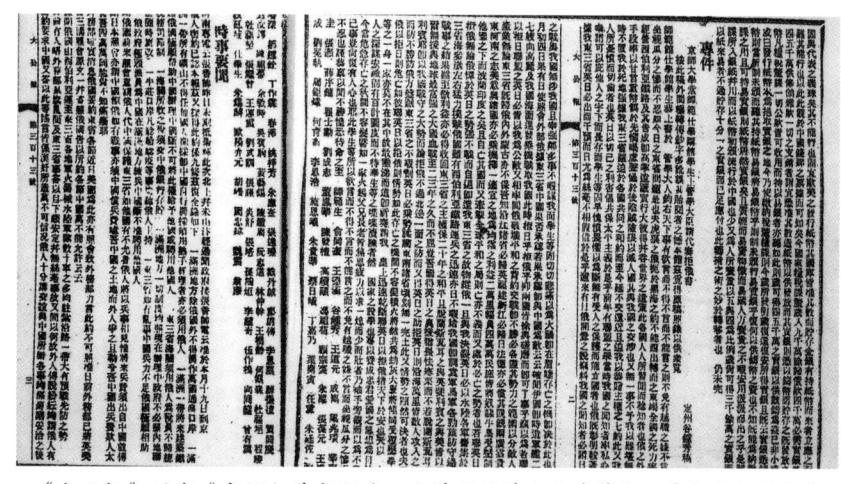

《大公报》刊载《京师大学堂师范、仕学两馆学生上管学大臣请代奏拒俄书》

"瓜分之惨"而不得不违例上书，然后分析自甲午中日战争后中国采取联俄政策以来，沙俄对中国巧取豪夺、不断侵略中国的事实，指出目前应该改变政策，拒绝对俄退让，联合英、日联盟对抗俄国。学生们提出：如此，"一则可以阻俄人之蚕食，二则可以保全大局而亟图自强"。大学堂学生还与京外各省学堂联络，倡议各地学堂学生奋起力争。如致湖北各学堂的《京师大学堂学生公致鄂垣各学堂书》呼吁："与其坐而亡，不如争而亡"，"此事万不可迟，务速联名转请端兼督力阻政府，毋将东三省与俄。"

湖北、安徽等地学堂学生接到京师大学堂学生的来电后，起而响应，纷纷集会、上书，呼吁拒签俄约。5月17日，陈独秀在安徽省城安庆的省藏书楼召集安徽武备学堂、安徽大学堂学生200多人，冒雨集会。陈独秀首先宣读了京师大学堂师范馆、仕学馆学生致各省爱国学生的公函，要求同学们联合向当局请愿，"电阻俄约"，随后他逐条驳斥了沙俄的无理要求。号召大家团结起来，拯救民族的危亡，"词情慷慨，满座欷歔"。经陈独秀建议，爱国学生们当场成立了爱国会，并推举陈独秀、潘缙华、武备学堂学生2人、大学堂学生2人、桐中体操教师杨某等7人组成爱国会核心，起草爱国会章程，宣布"发爱国之思想，振尚武之精神，使人人能执干戈卫社稷，以为恢复国权基础"的建会宗旨。

为了更直接地打击沙俄侵略者，大学堂部分同学毅然投笔从戎，奔赴东北，参与武装抗俄。比较有名的有大学堂师范馆学生丁开嶂（在校名丁作霖）、仕学馆学生朱锡麟、译学馆学生张榕等。他们联络东北民间武装力量，组织"抗俄铁血会""东亚义勇军""关东保卫军"等不同名目的抗俄武装，其规模"小伙数百、大伙数千、最大之伙数万"。这些遍布东北各地的抗俄武装持续地打击了俄国侵略势力，对俄国侵占中国东北的野心起到了遏制作用。

清政府面对各地日益高涨的拒俄运动，下令各地官员进行干涉，以免事态失去控制。京师大学堂副总教习张鹤龄发布告示，以学堂学生不得干政的理由禁止学生参与拒俄运动。不料告示刚贴出来就被愤怒的学生撕毁。于是张鹤龄第二天再次挂出布告："昨敝处悬牌，学生中竟有扯碎弃置者……有此狂妄举动，殊属不守学律，应由班长、斋长查明，呈管学大臣核办。"但是没有学生举报扯碎告示的学生。于是校方将各班长、斋长"各记过一次"。并在当月月评中，将所有参与签名禀请管学大臣代奏阻止俄约的学生和各斋斋长、班长"均减去二十分计算"，以此作为对学生参与拒俄运动的惩戒。在惩戒的同时，身为管学大臣的张百熙也赶到大学堂，召集学生，进行"剀切宣导"，劝学生安心学习。

1903年京师大学堂学生的拒俄运动是世纪之交中国人民反帝爱国运动的重要组成部分，是北京也是全国学生爱国运动的先声。

四、改名北京大学

经张百熙之手重开的京师大学堂在校舍建设、师资培养和招生规模等各方面稳步发展。1904年1月13日，清廷批准经张之洞等修订的《奏定学堂章程》，史称"癸卯学制"，其中《大学堂章程》共7章72节[①]。这一套学堂章程更加完整详备，一直执行到清末。同时，清政府接受张之洞的建议，改变大学堂领导体制，将管学大臣改为总理学务大臣，统辖全国学务。京师大学堂设总监督，专管大学堂事务。

1月14日，清政府任命孙家鼐为总理学务大臣。2月6日，任命张亨嘉为京师大学堂总监督。至此，原先由京师大学堂管学大臣承担的管理全国新式学

京师大学堂总监督关防印模

---

① 王学珍、郭建荣主编：《北京大学史料》第一卷，北京大学出版社1993年版，第97—130页。

堂的教育行政职能剥离出去，京师大学堂在组织上开始独立为一所纯粹的大学。

张亨嘉就任大学堂总监督后，立即着手对大学堂进行扩充、整理，一方面添建校舍，一方面扩大招生、增聘教习。

1904年3月，张亨嘉向各省督抚学政发文，请各省"于举贡生监内举报，并于学堂高才生挑选。务求品端学粹，通知古今中外之才，年在三十岁以内者"。按照大学堂颁发的考选章程组织考试，择优送京师大学堂复试。① 1904年8月25日、27日、29日，大学堂组织各省保送人员和在京投考人员进行预备科和师范科选录统一考试。参加考试的除了各省选送的160余人外，还有在京投考的1000余人。考试分3场，共57道题目，据说题目"甚博且艰，能全对者通场无一人，对三十余道者已算优选"②。9月初，又举行了几次补考。最终，大学堂录取预备科和师范科学生360余人，加上原有在堂学习的师范生，学生总数合计达500人。③

随着预备科正式开办，大学堂又开始着手分科大学的筹建，以备预备科学生毕业升学就读。此时的马神庙公主府校园校舍无法满足办学需要，于是校方考虑在京都近郊选择地方新建分科大学。经过反复踏勘，1905年年底，选中德胜门外的黄寺和广安门外的瓦窑两处地方，奏请拨给大学堂作为兴建分科大学用地。大学堂原计划在瓦窑建设农科大学，在德胜门外建设政法科、文学科、格致科和工科大学。德胜门外的地皮原为一处操场，过去是武举人会试场地，科举停止后，一直处于闲置状态。经奏请，清政府允准将此地拨给大学堂兴建校舍，作为政法科、文学科、格致科和工科4科办学场所，并任命朱启钤为此处分科大学工程监修负责人。朱启钤请来日本建筑师真水英夫设计分科大学校舍。因经费紧张，工程拖到1909年才开工建设，一年多仅建成部分校舍。辛亥革命爆发后，工程停工，分

---

① 《江西大学堂司道招考预备科师范生告示　附预备科章程》，《江西官报》1904年第11期。
② 《补述大学堂考试预备科情形》，《时报》甲辰八月十九日（1904年9月28日）。
③ 北京大学、中国第一历史档案馆编：《京师大学堂档案选编》，北京大学出版社2001年版，第261页。

科大学未能迁入。原计划在瓦窑地块建设的农科大学后来也改为在阜成门外的望海楼建造。

按照教学计划，首届预备科学生将于1908年冬季毕业，需升入分科大学深造。但直到1908年8月，分科大学的校舍建设还未动工。此时的学部大臣张之洞等虽明白政府"财政困难，度支奇绌"，"但念人才为百事之根本"，所以还是上奏恳请拨给分科大学银200万两开办经费，抓紧建设分科大学。[①]1909年年初，清政府决定暂时在马神庙校址开办分科大学，等分科大学校舍建成后再迁移至新校址办学。1909年6月，一再延期的预备科首届学生133人毕业。因预备科毕业学生太少，又从优级师范和译学馆的毕业生中选拔了一部分学生，另外还有少量学生是从各省陆续保送的举人、优拔贡生和高等学堂毕业生择优考录。

1910年3月31日，京师大学堂分科大学在马神庙校址举行了开学仪式。初创的分科大学全部学生总数200多人，但已经分为经科（设毛诗学、周礼学、春秋左传学3门）、法科（设法律、政治2门）、文科（设中国文、外国文2门）、格致科（设化学、地质学2门）、农科（设农学1门）、工科（设土木工学、采矿及冶金学2门）、商科（设银行保险学1门），共7科13门。

此时速成科的师范馆已经迁出马神庙校址独立办学，1908年5月，改为京师优级师范学堂。仕学馆也已迁出，与1903年成立的进士馆合并，于1907年改为京师法政学堂。1910年，京师大学堂在校学生包含分科大学和预备科两类学生，共498人，一所近代意义的综合大学已经初具规模。

1911年10月，辛亥革命爆发，清政府很快倒台，中华民国成立。民国教育部1912年1月颁发《普通教育暂行办法通令》，要求"从前各项学堂，均改称学校。监督、堂长应一律统称校长"[②]。于是清代设立的小学堂、中学堂、大学堂分别改名为小学校、中学校、大学校。1912年5月，民国政府

[①] 王学珍、郭建荣主编：《北京大学史料》第一卷，北京大学出版社1993年版，第197—198页。

[②] 朱有瓛主编：《中国近代学制史料》第三辑上册，华东师范大学出版社1990年版，第1页。

北京大学首任校长严复

将京师大学堂改名为北京大学校,大学堂总监督改称大学校校长。随着时间的推移,小学校、中学校、大学校逐渐被人们简称小学、中学、大学。北京大学校也逐渐被称为北京大学。

著名启蒙思想家、翻译家严复被任命为北京大学首任校长。由于民国初年政局动荡,北京大学校长更替也相当频繁。先是严复校长被迫于1912年10月辞职,随后章士钊被任命为校长,没到任,由马良代理。年底,马良辞职,北京大学校长由何燏时担任。1913年年底,何燏时也辞职。

1914年1月,胡仁源被任命为北京大学校长。他拟定了《北京大学计划书》,提出添招新生,添聘教员。暑假后本科新生添招250名。1916年秋季,北大除预科外,本科开办有文、理、法、工4科,文科又增设了中国哲学门和英国文学门。全校学生总数已达1503人,学校规模进一步扩大。

五、红楼兴建

随着学生数量的增加,北京大学的校舍日益紧张。1916年9月,北大与比商仪品公司签订贷款建楼合同,决定在马神庙街东口外一块学校用作操场的河滩空地上兴建预科学生宿舍。两年后,大楼建成启用,因其外观主体所用砖瓦为红色,于是习惯上被人们称为北大红楼。又因此地原为河滩,所以也被称为沙滩红楼。

计划兴建的这座宿舍楼地上4层、半地下1层,有房间300余间,预计可容纳1300人。按当时胡仁源校长与预科学长徐崇钦的预算,贷款20万元建楼,连本带利分20年还清,每年还贷款本息22000元。楼建成后按每人每

1918年落成的北大红楼

月收住宿费2元计算，用来归还贷款本息还有余裕。此次贷款的年利息为9厘，以该操场地皮及新建宿舍为抵押担保物。这份贷款建楼的合同送教育部提交国务院会议通过，并由财政部盖章，然后知照审计院审计通过。这说明此次借款虽然是由北京大学出面，但其实也是政府批准并承认的政府借款。

比商仪品公司是具有比利时和法国资本背景的房地产金融公司。北京大学所借的这笔贷款既有抵押物，又有政府背书，但依然需支付年化9%的利息。晚清至民国初年历次政府所借外债的利率一般在5%上下，即使是商业性的外债利率稍高，也就是在7%上下。比如1912年11月北京大学以学校校舍做抵押向华比银行借款40万法郎，年利为7.5%。当时的代理校长马良还被反对他的学生斥为"盗卖校产"，最后被迫辞职。由此可见北京大学此次所借贷款利息不算便宜。这笔20万元的贷款还要支付给中间人回扣4000元。借款合同签订后，就由比商仪品公司直接支付给了中间人。新大楼由比商仪品的工程师负责设计并监造，其费用为工程费总额的5%。而2018年的中国建筑设计业理论上收费标准也只有1.6%~4.5%。经咨询从业者，实际执行中收费还要低于这个标准很多。另外，工程的施工方为中法实业公司，应该也是比商仪品公司的关联公司。总之，比商仪品公司在这笔贷款建楼的买卖中利润应该是很丰厚的。在北京大学方面，虽然付出很大代价，但在当时校舍紧张、政府教育经费紧缺的情况下，这也实在是无奈之举。

1916年10月15日，红楼开始施工，原计划1917年8月30日完工，但是动工不久，发现地基下有"甚深之古池二处"，原有的设计规划不得不进行修改。12月4日，工程设计方比商仪品公司将情况函告北京大学。征得北大校方同意后，比商仪品公司修改了设计图纸，交予北大和施工方。修改后的图纸比原设计图少了7间房屋。由于这个意外情况的影响，施工方表示无法按原定合同完成大楼的建设。经与北大协商延长完工时间，商定1917年9月30日完成3/4，全部完工时间为1918年8月31日。

1916年12月初，胡仁源辞去北京大学校长职务。该月底，蔡元培被任命为北大校长。蔡元培就任北大校长后对北大进行了全面的整顿，并增聘教授、扩大招生，1917年夏先后两次招生，使全校学生总数猛增至2000余人。学校规模的扩大进一步凸显了北大校舍的紧张。1918年3月，学校决定将原先计划作为预科学生宿舍的红楼改为教学办公用房，即文科教室、研究所、图书馆与校部行政办公地点。

按照合同进度，此时正在建设中的红楼整体结构已经基本建成。由于用途的改变，红楼内部的设计和装修不得不做相应的调整和修改。布局调整前，其房间是均匀的单间，每间房是设计住4人的宿舍用房。从红楼建成后实际使用情况来看，只有一层的图书馆藏书库大概是维持了原有房间的大小，没做改动。其余的基本都是将均匀的单间变为较大的房间，作为办公室或教室。红楼坐北朝南，整体形状是个"凹"字形，布局变化最大的是东西两侧各层的房间，往往将原先数个宿舍空间改成一个很大的房间。几个比较大的公共教室都位于东西两侧的楼层。

按合同约定，1918年8月31日红楼完工交付使用。9月起，文科教务处、校部各机构和图书馆陆续迁入红楼办公。9月20日，北大举行新学期开学仪式。23日，除文科外，理、法、工3科正式上课。10月2日，文科开始在红楼上课。随后李大钊任主任的北大图书馆开始迁进红楼一层。10月22日，李大钊在《北京大学日刊》刊发布告，宣布图书馆搬迁布置完毕，

"自今日起即在新舍照常办公"。

初建成的红楼占地面积2140平方米,总建筑面积10700平方米。地上4层,半地下室1层,坡屋顶,檐口高度15.93米。建筑长110米,宽32.8米,砖木结构。二层以上和屋顶所用的砖瓦皆为红色。西式罗马柱大门和建筑立面以西洋风格为主,木窗和屋顶融合了部分中国传统建筑造型,构成中西合璧的建筑风格。在以后的30多年里,北大红楼以其体量和造型,一直都是北京城最有现代气息的建筑之一,与位于东交民巷的六国饭店、珠市口的新世界游艺场一起成为当时北京城内著名的地标建筑。

第二章　风云际会

北大是常为新的，改进的运动的先锋，要使中国向着好的，往上的道路走。

——鲁迅

一、幸遇先生蔡

1917年1月4日，一乘马车来到位于景山东街的北京大学门前。从车上下来一位西装革履，面容清癯的先生。早已恭候在大门口的北京大学庶务主任等人赶忙迎上前去。门前站岗的校警知道这一定就是新上任的蔡校长，因为前一天学校已经贴出告示"蔡新校长定于本月四日上午十时到校视事"。等一行人走到近前，校警赶紧恭恭敬敬举手敬礼。走在前头的蔡元培校长停下脚步，向校警鞠躬回礼，然后才缓步往里走去。校警在门前站岗多年，这座最高学府里进进出出的师生似乎从来没有人注意过他们的存在，没想到新来的蔡校长居然向他们郑重回礼。这一幕不仅令校警惊呆了，在场诸人也都大感意外。大家都感到这是一位与众不同的校长。

蔡元培的确与众不同，他是科举时代的翰林，却又摆弄过手枪、炸弹，亲身参加了推翻清王朝的辛亥革命。民国建立，他出任中华民国首任教育总长，秉持教育救国的理念，主持制定了奠定民国教育体制的一系列新法令、规章。他虚心好学，中年后到欧洲游学数年，尤其深谙德国的大学精神。他洁身自好，不齿民初混乱的政局，立誓不做官、不做议员。两

蔡元培的北京大学校长任命状

个月前,他应教育总长范源廉之邀回国,出任北京大学校长。

他在给友人的信中说:"吾人苟切实从教育着手,未尝不可使吾国转危为安。而在国外所经营之教育,又似不及在国内之切实。弟之所以迟迟不进京,欲不任大学校长,而卒于任之者,亦以此。"[1]为了实现他的抱负,蔡元培开始有条不紊地对北大进行变革。当时,有学界同人询问他建设北大的计划。他回答:"抱定渐进主义,以坚定之实力行之。第一步,先从教务入手:(一)礼聘高尚之教师;(二)选定良好之教科;(三)严核教授之成绩。第二步,继以监督学生:(一)镕化学生之恶习;(二)注重学生之道德;(三)严核学生之学业。第三步,再继以宽筹经费:(一)设法请政府拨予专产作基本金;(二)经费直接向财政部领款;(三)校中一切用费,取节俭主义云。"[2]

美国教育家杜威曾高度评价蔡元培领导北京大学的历史贡献,他说:"以一个校长身份,而能领导那所大学对一个民族、一个时代起到转折作

---

[1] 高平叔、王世儒编注:《蔡元培书信集》上,浙江教育出版社2000年版,第296页。
[2] 《蔡孑民登台之第一声》,《教育周报(杭州)》1917年第149期,第27页。

蔡元培像

用的，除蔡元培而外，恐怕找不出第二个。"①

蔡元培以研究高深学问为办学宗旨，秉持"思想自由、兼容并包"的办学方针，从学科设置、人事聘任、组织制度、工作作风等多方面开启北大的变革。在短短一两年的时间里，北大的精神面貌焕然一新，形成健康、向上的校风。

蔡元培首先要做的就是改变北京大学从京师大学堂时代遗留下来的一些不良观念。当时的北大虽然是一所仿照西方办学体制建立的近代大学，但是封建文化思想、旧的官僚习气还十分浓厚，尊卑贵贱之类封建等级观念依然很强。不少学生以上大学为升官发财的阶梯，对研究学问没有兴趣，教员中也有不少人不学无术，滥竽充数。甚至有一些师生平时热衷于打牌赌博、出入八大胡同，或者以捧坤角，写一些浮艳剧评、花丛趣事之类为风雅。社会上流传着许多北京大学师生之传闻。针对这些不良风气，1917年1月9日，蔡元培在全校大会上发表就职演说，向师生提出3点希望：（一）抱定宗旨。他认为，"大学者，研究高深学问者也"。以此要求同学们破除做官发财思想，抱定为求学而来北京大学的宗旨。（二）砥砺德行。他指出，"方今风俗日偷，道德沦丧，北京社会，尤为恶劣"。同学们作为大学学生，肩负着"以身作则，力矫颓俗"的重任，"苟德之不修，学之不讲，同乎流俗，合乎污世，己且为人轻侮，更何足以感人？"（三）敬爱师友。他说，作为学生，理应对教职员的辛勤付出表示感谢和敬爱之情；作为同学，大家同处一校，毁誉共之，即应在学业上互相亲爱、互相切磋，在道义上互相勖勉。

---

① 高平叔：《北京大学的蔡元培时代》，中国蔡元培研究会编：《蔡元培研究集》，北京大学出版社1999年版，第122页。

第二章 风云际会

蔡元培加强了对教员的考核,限制教员兼课,对于不合格的教员,依规解聘。当时北大各科均聘用了几个外国教员,都是托中国驻外使馆或外国驻华使馆介绍的。这些外国教员薪水比中国教员高,但水平却参差不齐,有的人还特别不称职。胡仁源代理校长时,校方就考虑过解聘一些不称职的外国教员,但最终不了了之。蔡元培上任后,果断采取措施,将那些不称职的外国教员陆续辞退,用中国教员替代。1917年4月,北京大学一次性将预科3位外国教员解聘,恰巧都是英国人。有英国教员请英国公使朱尔典出面找中国外交部部长伍廷芳交涉。朱尔典口气比较强硬,伍廷芳只好通过教育部传言给北京大学,希望北京大学再考虑考虑。蔡元培召集评议会讨论此事,认为三人中两人的合同到期,校方可以不予续聘,另外一人本来就没有合同,属于临时代课,遂决定置之不理。据说朱尔典听说了这个结果后,曾气势汹汹地说"蔡元培是不要再做校长的了"[1]。蔡元培听说后,一笑置之。

蔡元培以身作则,树立北大师生员工间互敬互爱的风气。在他眼里,学校上下,只有职业分工不同,没有高低贵贱之差别。所以当学校校警、工役等向他行礼时,他也会很自然地鞠躬还礼。这对于已经习惯在学校被无视的校警、工役等人员来说,自然十分惊讶与感动。过去,学生有事需要与校方接洽,必须用下对上的呈文格式,校长批示后,贴在告示牌上。蔡元培任校长后,立即发出布告,宣布以后学生对校长一律使用平等的公函形式,不得再用呈文。在办公时间,学生如果有事需要找校长可以直接到校长室找蔡元培。为了加强学校和师生间的沟通,他创办了《北京大学日刊》,即时发布学校的政策、规章、课程安排等各种校务,刊登校园学术、生活信息和师生对于学校的改进建议。在他的言传身教下,一些喜欢摆架子的教职员也摆不成架子了,"一校之内,无论教职员、学生、仆役,都觉得很亲密的,很平等的"[2]。

---

[1] 蔡元培:《我在北京大学的经历》,中国蔡元培研究会编:《蔡元培全集》第七卷,浙江教育出版社1997年版,第502页。《北京大学内部组织记》,《申报》1917年5月3日。

[2] 余毅(顾颉刚):《悼蔡孑民先生》,高平叔:《蔡元培年谱长编》(中),人民教育出版社1996年版,第9页。

025

1918年1月，住北大第一寄宿舍的一些学生给蔡元培校长写信，推荐在第一寄宿舍做工的杂役何以庄，说他因家庭贫困，辍学当了杂役，平时做事勤谨，空闲时间坚持学习。本着成人之美之心，同学们写信给蔡元培，希望他能给何以庄安排一个好点的职务，说"生等仰体先生奖学惠困之心，仅特奉钧座，倘蒙俯察，量才拔调，俾任相当职务，以示激劝"。蔡元培读了同学们的信函及所附何以庄自己写的3篇文章后，当即批示将何以庄调到文科教务处从事书记工作。他给同学们回信，首先举古今中外的事例说明劳动并不可耻，"一校之中职员与仆役同是作工，本无贵贱之别，不过所任有难易，故工资有厚薄耳。惟何以庄既文理清通，不可没其所长，已调入文科教务处任缮写之务，酌增月给，借以励其好学之诚，而欢成诸君之美意"。他还顺势引导同学们积极投身社会服务，鼓励他们参加校役夜班的教学活动，"本校对于校役，本有开设夜班之计划，他日刻期开课，尚须请诸君及其他寄宿舍诸君分门教授"。[①]

为了进一步改良校风，1918年1月，蔡元培发起成立北京大学进德会。在他亲自撰写并刊发于《北京大学日刊》的北京大学进德会发起宣言里，批评民国建立以来"政治界、实业界之腐败达于极端"，社会道德沦丧。他从欧洲考察回国后，先到江、浙各省，见"教育、实业各界凡崭然现头角者几无不以嫖赌为应酬之具"。到了北京后，发现"此风尤甚"。他决心"集同志以矫末俗"，在多处发表演讲时都呼吁戒除嫖、赌、娶妾。鉴于执掌北大已经一年，对于学校大的方面的改革已经做得差不多，蔡元培决定把他的主张试行于北大"此二千人之社会"，发起成立北京大学进德会。"今改组之议已实行，而内部各方面之组织若研究所、若教授会之属，体育会、书画研究会之属，银行、消费公社之属皆次第进行，而进德会之问题遂亦应时势之要求而不能不从事矣。"[②]

从1月19日刊登发起宣言，到4月18日，进德会登记入会总人数已达469人，其中教员76人，职员92人，学生301人。5月28日，北京大学进德会在

---

① 《记第一寄宿舍斋役何以庄调教务处事》，《北京大学日刊》1918年1月26日。
② 蔡元培：《北京大学之进德会》，《北京大学日刊》1918年1月19日。

文科第一教室举行了成立大会。蔡元培主持成立大会并做讲话，再次对各位会员强调，入会遵守会规并不能算"有德"，这只是各位会员对于不良社会风气进行抵制的一种最基本的道德底线，进德会戒律即孟子"人有不为而后可以有为"之义。[①]

进德会初创时，按照会员所持戒律不同，设计了甲、乙、丙3种会员，甲种会员承诺不嫖、不赌、不娶妾；乙种会员在遵守甲种三戒的基础上加不做官、不做议员两条；丙种会员则于前五戒外又加不吸烟、不饮酒、不食肉三戒。蔡元培自己列名为乙种会员。1918年6月29日，进德会评议员、纠察员第一次会议在文科第一教室召开，李大钊提议废除纠察员，在讨论后决定一律改称评议员。另外，此次会议"议决废除原定甲、乙、丙等阶级，以不嫖、不赌、不纳妾之条为入会者必要条件，其余五条戒律由会员自由任之"。[②]

进德会的成立不仅极大地改变了北京大学的校风，也在社会上引起广泛的反响。京沪各大报刊纷纷对北京大学进德会进行报道和评论，连日本的刊物也有报道。东京的《日支时论》不仅翻译转载了北京大学进德会的发起宣言，而且还在宣言前加了记者引言，称由此可知中国"有识者阶级之社会道德观及对于社会改良之意见"[③]。

二、新文化群英荟萃

蔡元培接手执掌北大时，北大有文、理、法、商、工5个分科，外加1个预科。在校长之下，各科设学长分管。预科独立性很强，自称预科大学，学制3年，有些课程设置和本科重复。而且，学科发展很不平衡，法科一枝独秀，学生人数占全校学生总数的一半以上。如1913年秋季招生，录

---

① 《本校纪事　进德会报告》，《北京大学日刊》1918年5月30日。
② 《本校布告　进德会启事》，《北京大学日刊》1918年7月7日。
③ 《本校纪事　进德会报告》，《北京大学日刊》1918年3月16日。

027

取情况如下：文科30人，理科23人，工科41人，法科137人。[1]1914年度，北大本科总人数是424名，其中法科213名，文科103名，工科78名，理科30名。[2]蔡元培在就任北京大学校长的演说中就谈到读法科的人太多，"外人每指摘本校之腐败，以求学于此者，皆有做官发财思想，故毕业预科者，多入法科，入文科者甚少，入理科者尤少。盖以法科为干禄之终南捷径也"[3]。而且在蔡元培看来，当时法科的课程设置也比较"离奇"，明明是中国大学的法科，却"因本国尚无成文之公、私法"，只能讲外国法，学生分为三组，一组学习德日法，一组学习英美法，一组学习法国法。[4]

针对预科的问题，蔡元培上任后取消预科独立性，废除了预科学长，把预科学制从3年改为2年，本科学制由原来的3年改为4年，使预科分别隶属于各相应的本科，预科与本科课程衔接。"合六年课程，通盘计划，不使重复。"[5]

蔡元培认为文、理两科是农、工、医、药、法、商等应用学科的基础，北京大学应该是研究高深学问的地方，在经费有限的情况下，应该优先加强基础性的文科、理科建设。所以他上任后即着手调整北大的学科设置，他商得北洋大学和教育部的同意，把北大工科合并到北洋大学，把工科省下来的经费用在理科上。他本来也想把法科分出去与北京法政专门学校合并，专授法律，但是没有成功。于是他对法科的课程设置进行调整，聘请王雪艇、周鲠生等留学归国的法学家到北大任教，加强中西比较法的教授。此后，北大的法科才真正成为法学教学和研究的学科，"学生亦渐去猎官的陋见，引起求学的兴会"[6]。对于北大的商科，蔡元培觉得"那时候的商科，毫无设备，仅有一种普通商业学教课"，于是将商科并入法

---

[1] 《北京大学分科周年概况报告》（三年五月二十五日），《教育公报》1914年第1期。
[2] 江勇振：《舍我其谁：胡适》（第二部 日正当中，1917—1927），浙江人民出版社2013年版，第36页。
[3] 蔡元培：《就任北京大学校长之演说》（1917年1月9日），《蔡元培全集》第三卷，浙江教育出版社1997年版，第8页。
[4] 蔡元培：《孑民自述》，江苏人民出版社1999年版，第120页。
[5] 新潮社编：《蔡孑民先生言行录》，中华书局1920年版，第27页。
[6] 蔡元培：《孑民自述》，江苏人民出版社1999年版，第120页。

科，停止招生，等已有的学生毕业后商科自然结束。

蔡元培大力扩充文、理两科，增聘教员、增加招生数量，并在文科增设史学门，理科增设地质学门。在1917年夏秋招生时，只有文、理两科同时招收本科生和预科生，法科只招预科生，商、工两科不招生。

经过整顿，1918年年底北大各科学生人数统计如下：文科本、预科学生共756人，理科本、预科学生共496人，法科本预科学生共947人，另外还有原商科的商业门剩余一个班学生附属在法科，工科只剩余60名本科生。文、理科学生总数大大增加，法科学生人数由占全校学生总数的一半以上下降到41.9%。[1]

一流的大学必须有一流的教师队伍，蔡元培接受北京大学校长任命后，做的第一件事就是整顿师资。他一方面加强考核，解聘不称职的教员；另一方面不拘一格，广聘有真才实学的学者到北大任教，并逐步建立起教授治校的现代大学管理制度。蔡元培所聘请的教员，"不但要求有学问的，还要求于学问上很有研究的兴趣，并能引起学生的研究兴趣的。不但世界的科学取最新的学说，就是我们本国固有材料，也要用新方法整理他"[2]。他明确提出北大教员不仅要有学问，而且要有"新"的学问。大学是研究高深学问的场所，必须给大学教师创造独立自由的学术环境。他认为："大学者，囊括大典，网罗众家之学府也。"大学应当汇集各种伟大的典籍，广泛吸收各种人才，能容纳各种学术思想流派，让其互相争鸣，自由发展。为此，蔡元培将"思想自由、兼容并包"明确为北大办学方针。

从京师大学堂时期起，北大文科教员中崇尚宋明理学的桐城派长期占据优势。随着民国建立，既是辛亥革命元老又是学问大家的章太炎在学界威望如日中天，其门生弟子如朱希祖（逖先）、马裕藻（幼渔）、沈尹默、沈兼士、黄侃、钱玄同等皆在1913年至1915年间陆续进入北大任教。章氏学派以治学严谨、注重考据训诂为特色，这对北大学术气氛有所改

---

[1] 静观：《国立北京大学之内容》，《东方杂志》1919年第16卷第3号，第165页。

[2] 蔡元培：《北京大学第二十二年开学式演说词》，《蔡元培全集》第三卷，浙江教育出版社1997年版，第700—701页。

善，但整体上文科还是保守势力的大本营。蔡元培决心整顿北大，首先就从文科着手。于是他找到辛亥革命时曾一同从事革命活动的老战友陈独秀，请其出任北大文科学长。

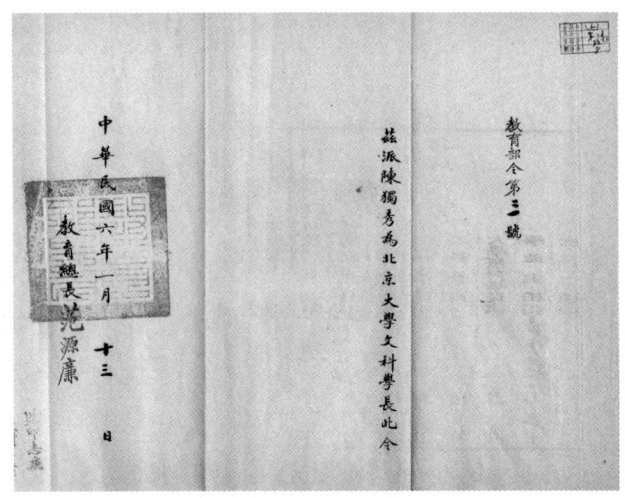

陈独秀像　　　　　　　任命陈独秀为文科学长的教育部令

陈独秀，字仲甫，号实庵，安徽怀宁人，1879年生。1896年中秀才，1898年入杭州求是书院学习。因参加反清活动被警察追捕，后留学日本。1902年在日本参与组织留日学生革命团体"青年会"，同志有张继、苏曼殊、蒋百里、潘赞化、冯自由、程家柽等。因为痛恨清政府派驻的留日学生监督姚煜（字文甫）人格卑劣，一再刁难学生，1903年3月31日夜，陈独秀与张继、邹容等人闯到姚某住处，先历数姚某恶行，然后由张继抱腰，邹容捧头，陈独秀手持剃刀把姚某的辫子齐根割断。第二天，姚某的辫子被悬挂在清国留学生会馆的事务室，还在旁边用毛笔写上"姚文甫之辫"。姚监督固然颜面扫地，陈独秀、张继、邹容等也被日本政府强行遣送回国。

1904年至1905年期间，蔡元培等人在上海相继组织爱国女学校、爱国学社、军国民教育会、光复会等公开或秘密组织，积极从事反清革命活动。其时，陈独秀在上海与章士钊、张继等主编《国民日日报》，其"宗旨在于排满革命，和《苏报》相同，而规模尤大"，被当时人称为"《苏报》第二"。这也引起清政府的注意，开始查禁《国民日日报》，禁止商民购买和邮寄该报，终于迫使《国民日日报》于1903年12月停刊。1904年3月，陈独秀又到芜湖创办《安徽俗话报》，半年时间发行量即达数千份，影响遍及全国。同年秋，陈独秀经章士钊邀请到上海，由杨笃生监盟，加入军国民教育会的暗杀团，从此和蔡元培结识。

由于蔡元培与陈独秀在辛亥革命期间已经相识相知，用蔡元培的话说，"我对于陈君，本有一种不忘的印象"。刘申叔（师培）曾跟他说过陈独秀在芜湖创办《安徽俗话报》的事迹，"发起的若干人都因困苦及危险而散去了，陈仲甫一个人又支持了好几个月"[①]。所以当他听汤尔和说起陈独秀恰好在北京，并向他推荐陈独秀任北京大学文科学长时，蔡元培立即决定去找陈独秀。

蔡元培是1916年12月21日晚到达北京的。12月26日，正是政府颁发大总统令任命蔡元培为北京大学校长的那天，早晨9点，蔡元培就来到陈独秀居住的旅馆拜访。当时，为了亚东与群益两书社合并扩股组织公司事，陈独秀与汪孟邹来北京招股，于1916年11月28日入住前门中西旅馆。陈独秀一开始不愿意答应蔡元培来北京做北大文科学长，说自己在上海有《新青年》要办，而且自己一没有国外大学的学位头衔，二没有在大学教书的履历，恐怕难以胜任文科学长一职。蔡元培让陈独秀把《新青年》带到北大来编辑。特别有意思的是，陈独秀的其他两项顾虑，蔡元培也举重若轻地替他想好了应对方法。陈独秀遂接受蔡元培邀请，开始与蔡元培商量整顿北京大学文科的办法。在随后几天，"蔡先生差不多天天要来看仲甫，有时来得很早，我们还没有起来，他招呼茶房，不要叫醒，只要拿凳子给他坐在房门口等候"[②]。

1917年1月8日，教育部通知北京大学，原文科学长夏锡祺的辞职申请已批准，请提出新的文科学长人选。11日，蔡元培正式致函教育部，提请

[①] 蔡元培：《孑民自述》，江苏人民出版社1999年版，第123页。
[②] 汪原放：《回忆亚东图书馆》，学林出版社1983年版，第36页。

任命陈独秀为文科学长。函中这样介绍陈独秀，"查有前安徽高等学校校长陈独秀品学兼优，堪胜斯任"，并附上陈独秀的履历如下："陈独秀，安徽怀宁县人，日本东京日本大学毕业，曾任芜湖安徽公学教务长、安徽高等学校校长。"[①]蔡元培给陈独秀写的这履历，还是费了一番心思的。他写陈独秀的学历为"东京日本大学毕业"，具有相当大的歧义，这可以是指一个校名为"东京日本大学"的学校，也可以是指设在东京的某个日本大学。当时日本的各种学校也非常杂乱，正规的如"东京帝国大学""京都帝国大学"之类，不用说是属于国立大学，不太好进。但各种私立学校、补习学校等名目繁多，一般人很难分辨清楚。1901年至1914年，陈独秀曾经去过日本5次，其中至少3次进日本学校学习过。1901年10月，陈独秀在《清国留学生会馆第一次报告书》的就读学校一栏里就曾经填过"东京学校"。直到今天，研究者们也没搞明白陈独秀当年在日本就读的是哪所学校。有说是"宏文学院"，有说是"早稻田大学"，有说是"东京高等师范学校"，唯独没有研究者说陈独秀在"日本大学"学习。其实，当年日本的东京还真有一所学校就叫"日本大学"。这所学校与早稻田大学性质一样，都属于私立大学。[②]至于蔡元培所写陈独秀"曾任芜湖安徽公学教务长、安徽高等学校校长"的任职经历也有点类似于"事出有因，查无实据"，因为陈独秀确实和芜湖安徽公学、安徽高等学校有着极为密切的关系，主持了这两所学校的创建工作，可以说是这两所学校创建时的负责人，但他基本都是在学校建成后不久就离开，在名分上既没有担任过芜湖安徽公学的教务长，也没有任过安徽高等学校的校长。好在以蔡元培的资历和威望，教育部无人怀疑。1917年1月13日教育总长范源廉就签发教育部令，"兹派陈独秀为北京大学文科学长"。15日，北京大学贴出布告，宣布陈独秀接替夏锡祺任文科学长。这是蔡元培1月4日就任北大校长后完成的第一项人事任免，从上报教育部批准到在校内

---

① 王学珍、郭建荣主编：《北京大学史料》第二卷，北京大学出版社2000年版，第326—327页。

② 《京外暨日本各项大学及高等专门学校校名一览表（附说明及停办各校）》，中华民国教育部编：《教育公报》1915年第10期，第126—137页。

公布，连头带尾只用了5天就走完了全部的法定程序，这种效率可以说是空前的。

蔡元培对陈独秀给予充分信任和支持，让其放手整顿北大文科。首先就是增聘一大批新教授，如1917年3月统计，北大中国教员中，共有教授46人。到11月底统计，北大共有教授66人，这66人中有31人是新聘入北大的。[①]其中，文科变化最大。以文科本科为例，3月份时有9名教授，11月份时增加到19名教授，其中10名是新进入北大的。这新聘的10名教授为胡适、钱玄同、周作人、章士钊、吴梅、徐宝璜、黄节、张相文、叶浩吾、辜汤生（鸿铭）。这新聘的10名教授，除叶浩吾和辜汤生外，大多同陈独秀、蔡元培相识已久，或者是曾经直接投身辛亥革命，或者是参与鼓吹革命、宣扬新文化。其中，如胡适、钱玄同等后来还加入《新青年》编辑部，与陈独秀一起轮流负责编辑工作，成为新文化运动的中坚力量。

新文化运动的另一位健将刘复（刘半农）最晚于1918年3月底之前也被聘请到北京大学任教，任理科预科教授兼文科国文门研究所研究员。再稍晚时候，高一涵、鲁迅、杨昌济、吴虞等一批学识渊博、具有革新思想的新派人物也陆续受聘到北大任教。蔡元培说："自陈独秀君来任学长，胡适之、刘半农、周豫才、周启明诸君来任教员，而文学革命、思想自由的风气，遂大流行。"[②]在这些新聘的教员里，蔡元培尤其欣赏胡适，称赞他是"旧学邃密、新知深沉"的一个人才。

在大量引进新派教员的同时，蔡元培对一些确有真才实学的旧派人物也加以聘请，真正体现出"兼容并包"的气度。如经学大师刘师培早年参加反清革命，但后来投靠清廷重臣端方，辛亥革命后下落不明。蔡元培特意登报寻找到他，请他到北大讲授经学。辜鸿铭曾留学英国、德国等国，精通英文、德文、拉丁文等数种外文。进入民国后，他公开保皇，还留着辫子。但是鉴于他优秀的外语能力和在西方世界较大的影响力，蔡元培特意把他重新请回北大，让他讲授英文诗。

---

① 王学珍、郭建荣主编：《北京大学史料》第二卷，北京大学出版社2000年版，第444—445页。
② 蔡元培：《孑民自述》，江苏人民出版社1999年版，第120页。

在理工科方面，伴随着学科、专业的调整，也有一批具有"新"学问的知名学者相继进入北大。理科学长为物理学家夏元瑮，他是著名历史学家夏曾佑之子。1905年，公派赴美留学。从耶鲁大学毕业后，又到德国，入柏林大学深造。辛亥革命爆发后回国。1912年，应北京大学校长严复之聘，任教北大，并长期担任理科学长。他是中国第一代理论物理学家，和何育杰在北京大学培养了第一届物理学本科毕业生（1913年入学，1916年毕业），开创了中国物理学大学教育史。蔡元培出任北京大学校长后，聘请夏元瑮继任理科学长。他还一度兼任工科学长、图书馆主任，在蔡元培领导下，为北大的革新出力很多。1917年秋季教授名单里，理科预科10名教授，其中有8名是新聘。如刘文典、刘三这样具有"新"学问、曾经参加过反清革命的人都在聘请之列。

蔡元培不仅慧眼识人，而且能不拘一格用人。用梁漱溟的话说："蔡先生对学术、对教育、对社会运动有他一股热诚，不愧为应乎其时代需要的革命家，而全然不是一味按照章则规程办事的什么大学校长。"[①]他请没有大学毕业文凭的陈独秀担任文科学长，又请只有中学毕业文凭的梁漱溟来北大讲授印度哲学。梁漱溟有顾虑，怕自己教不了。蔡元培就跟他说："你不是爱好哲学吗？……你不要当是老师来教人，你当是来合作研究，来学习好了。"[②]

1917年10月，梁漱溟出任北大文科哲学门讲师。在北大任教7年，他边教学边思考钻研，与同人互相切磋，逐渐建立和完善自己独立的思想、学术体系。正如他自己后来所说："这7年之间，我从蔡先生和诸位同事、同学所获益处，直接间接，有形无形，说之不尽。"[③]梁漱溟先后开设"印度哲学概论""唯识哲学""儒家哲学"等课程。撰写了《印度哲学概论》《东西文化及其哲学》《唯识述义》等一系列重量级的学术著作，成为著名哲学家、新儒家的代表人物。若干年后，他多次说"北大培养了我"。

---

① 梁漱溟：《五四运动前后的北京大学》，陈平原、夏晓虹编：《北大旧事》，生活·读书·新知三联书店1998年版，第213页。
② 梁漱溟：《五四运动前后的北京大学》，陈平原、夏晓虹编：《北大旧事》，生活·读书·新知三联书店1998年版，第211页。
③ 汪东林：《梁漱溟问答录》，湖南人民出版社1988年版，第34页。

在去世前，他还深情回忆说："我是为蔡先生引入北大而得到培养的一个人。而今我已九十有五，追忆往事，真可谓培育之恩没齿难忘。"①

和梁漱溟情况类似的还有一位从未上过大学，完全自学成才的科学家。他就是著名植物学家、我国植物分类学奠基人钟观光先生。钟观光（1868—1940年），字宪鬯，宁波镇海人。他从小酷爱学习，17岁时已精通诗、词、赋。1887年考取秀才。面对西方列强挟近代科技优势对中国的全面入侵，1899年，钟观光和同乡好友虞祖辉、虞和钦一起，克服种种困难，在故乡镇海柴桥创办"四明实学会"。他们四处搜购近代科技书籍，自学研究并推广普及近代科学知识。1901年，钟观光等人在上海创办科学仪器馆，为国内正在兴起的新式学堂提供科学仪器和标本模型，这是中国人自办的第一个科学仪器馆。1903年又创办《科学世界》，为我国近代科技事业的发展做出了重要贡献。

民国成立后，蔡元培出任首任教育总长，邀请钟观光出任教育部参事。蔡元培出任北京大学校长后，聘请钟观光任理预科教授，负责植物标本的采集工作兼植物学实习课和讲授植物学。

在蔡元培校长的支持下，钟观光教授拟订对全国植物资源进行调查采集的计划，从1918年开始，首先确定分4年分别调查珠江流域、长江流域、黄河流域、黄土高原和东北三省。在4年多时间里，钟观光携一名助手、一名挑夫，深入高山密林，寒履冰雪、暑冒瘴疠，与虫蛇猛兽错行，还要面对兵匪遍地、盗贼横行的人类凶险。他遭遇过住店近视眼镜被盗，在偏僻山区被匪徒抢劫。但钟观光以顽强的毅力，克服各种艰难险阻，终于完成调查工作。他不仅为北京大学建立中国本土植物系统的标本室，为生物学教学奠定了坚实基础，而且开创了我国学者自己采集和制作标本进行植物分类学研究的新时代。

经过蔡元培的一番整顿，北大教师队伍人才荟萃，盛极一时。"学风丕振，声誉日隆。"②

调整和完善各级管理机构，确立教授治校的大学管理体制，是蔡元培

---

① 梁漱溟：《我生有涯愿无尽：漱溟自述文录》，上海人民出版社2013年版，第96页。
② 公时：《北京大学之成立及其沿革》，《东方杂志》1919年第16卷第3号。

在北京大学做出的另一项重要贡献。

首先是改选评议会。大学建立评议会是蔡元培做教育总长时制定的《大学令》第十六条规定的。评议会以各科学长及各科教授互选若干人为会员；大学校长为当然的议长，可随时召集评议会。评议会议决学校如下重要事宜：（一）各学科之设置及废止；（二）讲座之种类；（三）大学内部规则；（四）审查大学院生成绩及请授学位者之合格与否；（五）教育总长及大学校长咨询事件。北京大学1915年11月间曾选举成立了评议会，并报教育部备案。可是这届评议会似乎没能正常发挥其应有的作用，以至于1917年5月《申报》报道还说："照大学令，本应设立评议会，以校长、学长及各科教员互选若干人组织之。去年春文科学长夏锡祺，理科学长夏元瑮尝与校长讨论此事。金谓欲整顿大学决不应用密室私谋制度，凡事应公同讨论研究，非有评议会不可。胡君亦韪其说，然卒未能行。"蔡元培出任北京大学校长后，立刻着手制定北京大学评议会简章，并于1917年3月17日组织改选成立了新的评议会。

其次是对学校重要行政部门进行人事调整，任命新的图书馆主任、庶务主任。

图书馆主任先是由理科学长夏元瑮兼任。1917年10月，章士钊受聘担任文科本科教授兼图书馆主任。1918年1月，章士钊辞图书馆主任，推荐李大钊接任。

李大钊，字守常，1889年出生于河北乐亭。1913年毕业于天津北洋法政专门学校，同年冬赴日本留学，入东京早稻田大学政治经济系本科就读。在日本期间，因投稿于章士钊主编的《甲寅》月刊，与章士钊相识，结为好友。李大钊积极投身留日学生的反日、倒袁爱国运动，甚至因之放弃学业。为直接参加

图书馆主任李大钊像

反袁斗争，1916年5月，李大钊回国，创办《晨钟报》，希望唤起"吾民族之自我的自觉"，负起创造"青春之中华"之使命。[①]1916年9月，《新青年》第2卷第1号发表李大钊所写的《青春》一文。该文以磅礴的气势号召青年"冲决过去历史之网罗，破坏陈腐学说之囹圄，勿令僵尸枯骨，束缚现在活泼泼地之我，进而纵现在青春之我，扑杀过去青春之我，促今日青春之我，禅让明日青春之我"。要求青年"进前而勿顾后，背黑暗而向光明，为世界进文明，为人类造幸福，以青春之我，创建青春之家庭，青春之国家，青春之民族，青春之人类，青春之地球，青春之宇宙"。李大钊从此成为《新青年》杂志的积极撰稿者。1920年7月，北大评议会议决将图书馆主任改为教授。李大钊随即被聘为教授，曾在史学系、政治学系、经济学系等系授课，讲授过"史学思想史""社会主义与社会运动""唯物史观""现代政治""工人的国际运动与社会主义的将来"等课程。

庶务主任原先是举人出身的舒孝先。1917年1月，蔡元培上任后不久，舒孝先辞职，徐韬接任。同年12月，徐韬又辞职。1918年1月，李辛白被任命为庶务主任。

李辛白（1875—1951），安徽无为人，也是参加过辛亥革命的同志。他1904年参加柏文蔚、陈独秀等在芜湖组织的革命组织岳王会。1905年入读日本早稻田大学。同年，参加中国同盟会，为首批会员。1907年受同盟会派遣，回国从事革命活动。1908年在上海创办《白话日报》，被胡适推崇为我国推广白话文的"开山老祖"。他受聘为北京大学庶务主任后，积极辅助蔡元培，把学校各项事务性工作和财务工作安排得井井有条。1919年12月，李辛白改任出版部主任，主管全校印刷、售书和讲义工作。李辛白积极参与陈独秀、胡适、李大钊等发起的新文化运动，在先后主管北大庶务和出版部期间，为各类学生社团和《新青年》《新潮》杂志的印刷出版提供了极大的帮助。

随着蔡元培校长办学计划的逐步付诸实施，北京大学校风、学科设

[①] 李大钊：《〈晨钟〉之使命——青春中华之创造》，中国李大钊研究会编注：《李大钊全集》第一卷，人民出版社2006年版，第166页。

置、师资队伍、组织管理体制都发生了显著变化。1919年，《东方杂志》的一篇文章描述了北京大学经蔡元培改革后的巨大变化："蔡学界泰斗，哲理名家，就职后，厉行改革，大加扩充，本其历年之蕴蓄，乐育国内之英才，使数年来无声无息生机殆尽之北京大学校，挺然特出，褒然独立。延名师，严去取，整顿校规，祛除弊习……陈独秀任文科学长、夏元瑮任理科学长、王建祖任法科学长……各有专长，分道并进。学风丕振，声誉日隆。各省士子莫不闻风兴起，担簦负笈，相属于道。"[①]1915年秋季入学、1918年毕业的冯友兰回忆道："从1917年到1919年仅仅两年多的时间，蔡先生就把北大从一个官僚养成所变成名副其实的最高学府，把死气沉沉的北大变成一个生动活泼的战斗堡垒。"[②]

正是在北京大学发生这一历史性巨变的时候，1918年秋季开学，红楼完工并交付使用。新建成的红楼被作为文科教学办公及校部机关和图书馆的办公地址。新文化运动的代表人物陈独秀、胡适、李大钊等群英荟萃于此，这里成为北大的办公中心，也成为新文化运动的中心。

三、红楼1918

红楼正门在大楼南侧正中间。经过4根罗马式石柱大门，拾级而上，进入楼内。迎面是通往二楼的木质楼梯，左右是两条走廊，走廊两侧是挂有各部门牌子的办公室。

东边沿走廊两侧都是书库。右手边依次为：第一书库、第三书库、第五书库、第七书库、第九书库、第十一书库；左手边对称的依次为：第二、四、六、八、十、十二书库。继续往里走，右侧经过书法研究室和两间图书馆编目室，左侧是两间报刊收藏室。走廊尽头与另一条南北走向的走廊交会，呈"T"字形。右前方，也就是这座大楼东南角的办公室，挂着

[①] 公时：《北京大学之成立及其沿革》，《东方杂志》1919年第16卷第3号。
[②] 冯友兰：《我所认识的蔡校长子民先生》，中国蔡元培研究会编：《蔡元培纪念集》，浙江教育出版社1998年版，第148页。

图书馆主任室的牌子，图书馆主任李大钊在这里办公。

李大钊一个人的时候，总是在专注地翻阅书报资料或者奋笔疾书。几乎每天下午3点以后，这间办公室里便高朋满座，议论风生。此时，这里无师生之别，也没有客气及礼节等那一套。大家随便出入，加入辩论会，房间里充满学术自由的空气。话题可以是一本新出的书、一篇热点的新闻报道，也可能是某个大家关注的社会问题。每个人都可以提出问题进行辩论，彼此互相问难。真可谓指点江山，舍我其谁。或许因为李大钊是河北人，这里自然以和他较熟悉的北方人居多，辩论有时候会比较激烈，甚至辩论双方会因观点分歧而揎拳捋袖，似乎不惜动手较量一番。李大钊多数时候都是谦和地倾听，不多说话。偶尔他开口说话，则往往话语简洁有力，双目炯炯有神，并常常配以有力的手势，极具感染力。

从图书馆主任室往北的一排办公室依次为登录室、新潮社、校医休息室。在新潮社办公室对面有一个楼梯，这是红楼的东角门。楼梯北侧是校医室，南侧是杂务课储藏室。

新潮杂志社的办公室里，经常聚集着几位年轻的学子。领头的是身材高大，戴一副金丝眼镜的大胖子傅斯年（字孟真）。经常和他发生争论，乃至大吵的是身形瘦小，有点儿"獐头鼠目"，也戴着一副圆形金丝眼镜的罗家伦。用傅斯年的话说，新潮社同人"是由觉悟而结合的"。这种因思想的共鸣而结成的社团是"最纯粹、最精密、最能长久的感情"[①]。

傅斯年等从1917年秋开始酝酿办杂志，当时正是蔡元培先生在北大的革新让老北大焕发新机的时候，《新青年》已经吹响了文学革命的号角，北大校园内各种社团正蓬勃兴起。傅斯年（国文门二年级）与同寝室的顾颉刚（哲学门二年级）、隔壁寝室的徐彦之（哲学门一年级）等每天都聚在一起闲聊，有时就觉得应该聚集同志办几种学生杂志，认为这是最有趣味、最于学业有补益的事。顾颉刚的朋友潘家洵（字介泉，英文门二年级）和傅斯年的朋友罗家伦（英文门一年级）也经常加入他们这种闲聊。

傅斯年深厚的国学功底引起当时一些著名教授的重视，尤其是刘师

---

① 傅斯年：《新潮之回顾与前瞻》，《新潮》第2卷第1号。

培、黄侃等人都对他寄予厚望，希望傅斯年能将传统经学发扬光大。罗家伦回忆："当时真正的国学大师如刘申叔（师培）、黄季刚（侃）、陈伯弢（汉章）几位先生，也非常之欣赏孟真，抱着老儒传经的观念，想他继承仪征学统或是太炎学派等衣钵。"①傅斯年很快成为黄侃的得意门生。孰料，蔡元培校长在"思想自由、兼容并包"的办学方针下，将陈独秀、胡适、李大钊、鲁迅等一大批具有新思想的人引进北大，以《新青年》刊物为阵地，掀起了新文化运动。北大校内教职员和学生迅速分化，形成支持和反对新文化运动的两大派。本是黄侃得意弟子的傅斯年因同宿舍的顾颉刚撺掇去听胡适开的"中国哲学史"课。听了胡适的讲课后，傅斯年肯定了胡适的学术水平。傅斯年在同学中的学术威望大大帮助了胡适在北大的讲台上立稳脚跟。此后，傅斯年与胡适交往日益密切，从黄侃的得意门生转为陈独秀、胡适的信徒。

到1918年的秋季开学后，随着红楼的建成投入使用，北大迎来一个崭新的局面。这时，徐彦之建议大家尝试把议论了一年的计划付诸实施。于是他们开始正式着手规划筹办杂志。办杂志需要的人手和文稿都不成问题，最大的问题是经费。他们尝试着向校方申请资助，没想到得到了学校的大力支持。陈独秀告诉他们："只要你们有办的决心和长久支持的志愿，经济方面，可以由学校担负。"胡适答应做他们的顾问，李大钊把图书馆主任室旁边的一大间房子拨给新潮社使用。新潮社的同学们有了自己的办公和聚会场所，遂得以全力以赴召集志同道合的同学准备稿件，讨论杂志的设计和编排。杂志印刷发行的事也不用他们操心，由庶务主任李辛白安排北大印刷厂代为印刷发行。1919年1月1日，《新潮》杂志第一卷第一号顺利面世。

沿着一层西边的走廊往里走。有两间对称分布的大办公室，左边是文科教务处，右边是文科事务室。文科教务处归文科学长直接领导，下设事务员2人，事务员下设书记5人。其具体事务分为10项，主要就是为文科师

---

① 罗家伦：《元气淋漓的傅斯年》，梁实秋、许倬云等：《再见大师》，岳麓书社2015年版，第34页。

新潮杂志社复原图

生提供教学、考试、考勤、学籍等相关的教务服务。

再往里走，右侧是图书馆第十三、十四书库，左侧是图书馆的第一阅览室、第二阅览室和东方馆。走廊尽头也是一条南北向的走廊，走廊西南角是一间很大的办公室，这是图书馆第三阅览室兼图书馆收发室。这间办公室北侧，走廊西北角是另一间很大的办公室，为图书馆第四阅览室。第四阅览室对面正中间对着一个楼梯，这是红楼的西角门。这个楼梯北侧是贵重书库，南侧是馆员休息室。

第二阅览室内是中外报纸阅览室。入口处有一张办公桌，毛泽东曾坐在这里工作过。为了组织新民学会会员赴法勤工俭学，1918年秋天他第一次来到古都北京。经其湖南省立第一师范学校时的老师、北大文科教授杨昌济先生介绍，被安排到北大图书馆做试用书记，月薪8元。在这里，青年毛泽东第一次亲眼看到了新文化运动中那些名字如雷贯耳的人物，他想去和他们攀谈，交流对政治和文化问题的看法，可惜往往遭到冷遇。多年后毛泽东曾不无遗憾地对美国记者埃德加·斯诺谈起这段往事："我的职位低微，大家都不理我。我的工作中有一项是登记来图书馆读报的人的姓名，可是对他们大多数人来说，我这个人是不存在的。在那些来阅览的人当中，我认出了一些有名的新文化运动的头面人物的名字，如傅斯年、罗家伦等，我对他们极有兴趣。我打算去和他们攀谈政治和文化问题，可是他们都是些大忙人，没有时间听一个图书馆助理员说南方话。"①但有一些北大师生如李大钊、邵飘萍、朱谦之等热情地接纳了毛泽东。特别是图书馆主任李大钊以他一贯平易近人的作风与毛泽东交流思想，使他很快接触到马克思主义思想。他后来说："我在李大钊手下在国立北京大学当图书馆助理员时，就迅速地朝着马克思主义的方向发展。"②

从红楼正门入口处的楼梯上二楼，是北大的心脏所在，校级机关的办公室都设于这一层。从二楼楼梯口出来，右前方就是校长室，这是蔡元培办公的地方。在校长室对面是职教员接待室和校役室，前来办事的职教员需要等待时，可以在接待室休息，有时候职教员接待室也用作会议室。旁边的校役室总会有校役值班，及时为职教员端茶倒水。

校长室很宽大，大约五六十平方米。室内陈设不多，益发显得开阔。房间东头，靠墙两组博古架，上面放着书和一些简单的摆设，比较醒目的是居然摆放着一些炸弹、手榴弹（大概是当年搞革命活动时在上海制造，去了引信留作纪念的）。博古架前靠近南墙窗户位置摆放着一张办公桌、一把靠背椅，这就是蔡校长工作的地方。办公桌右前方，房间中部北侧靠墙的位置摆放着一个矮茶几，配了一张长沙发和两张圈椅。茶几旁靠墙一具书报架，上面挂着几夹日报。茶几对面靠南墙摆放着一张高脚条案。几处墙角零星摆着储物柜、置物凳、衣帽架之类，墙上还有一具挂钟。房间西部临窗位置放了一张小圆桌、两个小圆凳。

蔡元培德高望重且具有深厚的学术素养，他自述："从十余岁起，就开始读书；读到现在，将满六十年了；中间除大病或其他特别原因外，几乎没有一天不读点书。"③时任北大总务长的蒋梦麟说蔡元培兼具中国、希腊和希伯来三种文明最好的精神：温良恭俭让、重美感和平民生活，这一切都是从学问中来的。大哲学家冯友兰当时是北大学生，他回忆自己因事

---

① ［美］埃德加·斯诺著，董乐山译：《西行漫记》，东方出版社2005年版，第142页。
② ［美］埃德加·斯诺著，董乐山译：《西行漫记》，东方出版社2005年版，第148页。
③ 蔡元培：《孑民自述》，江苏人民出版社1999年版，第239页。

去找蔡元培校长时,感觉蔡先生有一种气象,"蔡先生以校长之尊,不要校长排场,也不摆校长架子。他一个人坐在校长室里,仍然是一介寒儒,书生本色,办事从容不迫,虽在事务之中,而有超乎事务,萧然物外的气象,这是一种很高的精神境界。"①甚至有一次,冯友兰经过一个穿堂门的过道,"蔡先生不知道有什么事也坐在过道中,我从这位新校长身边走过,觉得他的蔼然仁者、慈祥诚恳的气象,使我心里一阵舒服。我想这大概就是古人所说的春风化雨吧。蔡先生一句话也没有说就使我受到了一次春风化雨之教,这就是不言之教,不言之教比什么言都有效"。②

二楼楼梯口出来的左侧是校长办公室,这里是校长秘书办公的地方。校长秘书由校长聘请办事能力强的教授担任,代校长办理函件以及普通的事务性接待。蔡元培聘请的第一位校长秘书是徐宝璜教授。徐宝璜(1894—1930),字伯轩,江西九江人,是中国著名的新闻学家、新闻教育家,在我国新闻史和新闻学史上享有盛誉,被称为"新闻界的开山祖"。他1912年留学美国,于密歇根大学攻读经济学、新闻学。1916年回国,先任北京《晨报》编辑,后受蔡元培邀请,于1917年秋季学期开始任北京大学文科教授兼校长室秘书。

校长办公室东侧是日刊处的办公室,即《北京大学日刊》编辑处。《北京大学日刊》创刊于1917年11月16日,是中国第一家高校校报,开始为公报性质,主要用于发布学校的规章法令、校内各学科的科目设置、演讲预告和集会通知等,后来也接受师生的来函、来稿,刊登广告,成为北大师生发布、交流校园学术、生活信息的重要平台,为研究北大历史留下大量第一手的资料。初始的《北京大学日刊》一星期6期,周一停刊,法定节假日期间不是每日出刊,会适当减少频次。1918年春节后,改为每周日停刊。日刊编辑主任由校长秘书徐宝璜担任,编辑有陈独秀、沈尹默、胡适、孙国璋。

校长办公室对门,位于走廊南侧的是文科学长室。这里比校长室略小,大约40平方米,也比较宽敞。与蔡元培办公室里办公桌设置在房间一

---

① 冯友兰:《哲学人生》,天津人民出版社2016年版,第287页。
② 冯友兰:《哲学人生》,天津人民出版社2016年版,第286页。

头不同，文科学长陈独秀的办公桌摆在了屋子正中间。

　　蔡元培、陈独秀、李大钊等进入红楼不久，即逢第一次世界大战宣告正式结束。中国属于取得胜利的协约国一方，消息传来中国知识界着实激动了一场。教育部立即下令，全国大中小学校从11月14日起放假3天，进行庆祝。北大也放假3天，师生们参加了在天安门广场举行的群众庆祝大会，并连续举行了3天的演讲大会。在接下来的几天，这种狂喜的情绪继续发酵。国务院又通告定于11月28日各机关一律放假1天，举行北京各界庆祝协约国战胜大会。参议院也宣布28日起至30日休会3天。安排的庆祝活动有群众游行、演讲大会、徐世昌大总统在太和殿前举行有协约国军队参加的阅兵典礼、北洋政府宴请各国公使、夜间商界举行提灯游行。北京全城一片狂欢气氛。

　　北京大学蔡元培、陈独秀、李大钊、胡适等积极组织、参加各种游行、演讲。蔡元培历来主张学生专心学习，不参与社会政治活动，但这次却极力要求北大学生务必全体参加游行活动，而且呼吁"苟有规避不到者，请本班同学自检举之，然后施以相当之惩戒"[1]。蔡元培认为此次协约国战胜德国，是公理、正义的胜利，对中国意义重大，"外之既暂纾侵略之祸，内之亦已杀主战之焰，我国已有一线生机"[2]。很希望乘此机会推动当时北洋军阀政府与南方孙中山的广州政府和谈，实现国家的统一。对外，则推动收回德国侵占中国山东青岛等权益。

　　陈独秀、李大钊等《新青年》的同人们深感每月一期的《新青年》周期太长，不能跟踪时局及时发表言论，难以发挥社会影响力。于是决定再办一个"更迅速，刊期短，与现实更直接"的刊物。[3]11月27日下午，李大钊、胡适、周作人、张申府、高一涵、高承元等，在陈独秀学长办公室聚会。经讨论决定创办的刊物定名为《每周评论》，每周日出版。会上推

---

[1] 蔡元培：《对北京大学学生参加协约国战胜提灯会之说明》，中国蔡元培研究会编：《蔡元培全集》第三卷，浙江教育出版社1997年版，第470页。
[2] 蔡元培：《对北京大学学生参加协约国战胜提灯会之说明》，中国蔡元培研究会编：《蔡元培全集》第三卷，浙江教育出版社1997年版，第469页。
[3] 张申府：《五四运动的今昔》，人民文学出版社《新文学史料》丛刊编辑组编辑：《新文学史料》1979年第3期；周作人：《周作人回忆录》，湖南人民出版社1982年版，第336—337页。

举陈独秀"负书记及编辑之责",其他人都为撰述,参与提供稿件。文科学长室就作为《每周评论》的编辑部所在地。印刷发行所为北京宣武门外骡马市大街米市胡同79号,即《晨报》所在地。经过不到一个月的筹备,12月22日,《每周评论》第一号就面世了。陈独秀在这期《每周评论》的发刊词里,宣布"主张公理,反对强权"为办刊宗旨。《每周评论》以发表时事评述和文学创作、文艺批评为主,设有《国内大事述评》《国外大事述评》《社论》《文艺时评》《随感录》《新文艺》《国内劳动状况》《通信》《评论之评论》《读者言论》《新刊批评》《选论》等栏目。每一期必有5个以上栏目。《每周评论》一经问世,就展现出强大的战斗力,在新旧思潮论争中发挥了巨大作用。随后,在五四和六三两次学生运动中,"《每周评论》着实发挥了实力,其间以陈独秀、守常之力为多"[①]。

从文科学长室出来,沿走廊继续向东走,右侧3间办公室依次为缮校室、文牍员室、文牍处,缮校室设事务员一名,文牍处设事务员两名。这两处事务员都接受校长或学长直接领导,事务员下面再根据工作需要设负责缮写工作的书记若干人。

走廊左边与日刊处相邻的3间办公室依次为斋务科、理法工学长室、庶务主任室。理法工学长室只有一间房,面积大约相当于文科学长室一半,这是因为理、法、工3科不在红楼,3科学长在各自的地方已有办公室,所以在校部所在的红楼将3科学长放在一个办公室,作为他们临时有事过来的落脚之地。此时,北大在校长之下,只设了两名主任,一个是图书馆主任李大钊,另一个就是庶务主任李辛白。图书馆占用了整个红楼一层,庶务处则几乎占用了红楼二层的东半部分。北大的后勤和财务皆归李辛白掌管的庶务处管理。

红楼二层西部,紧邻校长室的是第三十四教室,走廊对面靠北侧的是第三十五教室。第三十四教室往西依次为收发讲义室、出版部。第三十五教室往西是史学门阅览室和史学门教员室。第三十四、三十五教室当时为史学门一年级、二年级的教室。走廊西头正对着的是第三十六教室,这是

---

① 周作人:《周作人回忆录》,湖南人民出版社1982年版,第337页。

红楼里面积最大的一间教室，占据了南北走廊西侧房间的一半。该教室北边是动植物标本室，占据了走廊西侧另外一半的房间。

红楼三层大半为国文门的办公室和教室。三层的西半部从楼梯口往西，走廊左手依次为第十九、二十、二十一教室，分别属于国文门一、二、三年级，走廊右手边依次为国文门研究室、国文门阅览室、国文门教员室。沿着南北方向走廊依次为国文门研究所事务室、第二十二教室、第二十三教室。三层东半部分有第二十四、二十八、二十九、三十、三十一、三十二教室。

红楼四层以哲学门为主，其教室和办公室多在西半部分。东半部分以英文门为主，其教室和教授会、研究室、阅览室都设在这里。剩余的房间为法文、德文、俄文教室和教员办公室。

以上为1918年红楼刚启用时，地上四层的大致情况，至于红楼地下一层用途，史料记载较少。据仅有的史料，地下层十五号设有游艺室，内置弹子台一座，师生需购票使用。[①]

四、《新青年》与新文化

《新青年》是20世纪中国最重要、最有划时代影响力的一份杂志。它高举科学、民主大旗，反对孔教，反对专制，提倡白话文，掀起新文化运动。1936年《新青年》重印时，蔡元培称"新青年杂志为五四运动时代之急先锋"。胡适说"新青年是中国文学史和思想史上划分一个时代的刊物"[②]。由于这份杂志在当时及后世的巨大名声，其过刊也一再重印，出版合订本。可是谁能想到这么一份大家心目中的畅销杂志，在问世两年内就一再停刊，若不是它的创办人陈独秀顽强支撑，它差点儿就撑不到名动天下的那一刻。

---

① 《体育会通告第四号》，《北京大学日刊》1918年11月19日。
② 重印本《新青年》第1卷第1号题词，上海亚东图书馆1936年9月版。

第二章 风云际会

陈独秀创办《新青年》的背景是：袁世凯镇压了国民党人的二次革命后，加快复辟帝制的步伐，对内大搞尊孔复古的逆流，为帝制复辟鸣锣开道；对外投降卖国，1915年5月接受日本提出的"二十一条"，以换取日本支持他复辟帝制。6月，陈独秀从日本回到上海，决心在国内创办一个刊物，以期通过宣传，唤醒国人的觉悟。

1915年9月15日，陈独秀创办并主编的《青年杂志》创刊于上海，由上海群益书社印行。杂志为月刊，每月出1号，每6号为一卷。在《青年杂志》发刊词《敬告青年》一文中，陈独秀满怀激情地讴歌"青年如初春，如朝日，如百卉之萌动，如利刃之新发于硎，人生最可宝贵之时期也"。有感于社会大多数人的蒙昧，陈独秀"涕泣陈词"，希望唤起青年的觉醒，以"奋其智能，力排陈腐朽败者以去，视之若仇敌，若洪水猛兽，而不可与为邻，而不为其菌毒所传染也"。为此，他对青年人提出6点希望：（一）自主的而非奴隶的；（二）进步的而非保守的；（三）进取的而非退隐的；（四）世界的而非锁国的；（五）实利的而非虚文的；（六）科学的而非想象的。《敬告青年》体现的是陈独秀的办刊宗旨，充分表达了陈独秀追求民主与科学，坚决反对封建礼教，与旧势力势不两立的鲜明立场。

从1916年第2卷第1号起，《青年杂志》改名为《新青年》。对这次改名，陈独秀在这一期的《新青年》上发了一篇通告进行说明，还专门写了一篇同名文章也叫《新青年》。在通告里，陈独秀说："本志自出版以来，颇蒙国人称许，第一卷六册已经完竣。自第二卷起，欲益加策励，勉副读者诸君属望，因更名为新青年。"在《新青年》一文里，陈独秀勉励青年们与传统决裂，在生理上摒弃文弱，强健体魄，在心理上要破除"做官发财"思想，"别构真实新鲜之信仰"。近代以来，在西方思潮冲击下，中国社会心理出现对"新"的崇拜，"不断地追求进一步的新"。[①]可以说，"新青年"3个字顺应了时代的需要，喊出了时代最强音。不过，在这次精彩的杂志更名背后，《新青年》杂志遭遇了第一次危机。

---

① 罗志田：《新的崇拜：西潮冲击下近代中国思想权势的转移》，钱伯城、李国章主编：《中华文史论丛》第61辑，上海古籍出版社2000年版，第210页。

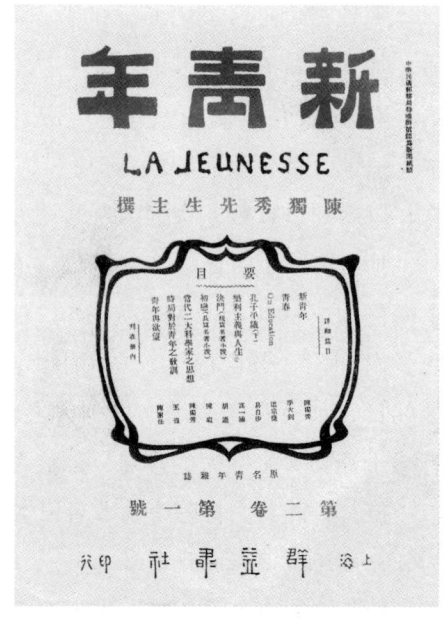

《青年杂志》创刊号　　　　　　　《新青年》第2卷第1号

　　按照正常情况，《青年杂志》的第一卷第六号于1916年1月出版，然后从2月开始就应该接着出第2卷第1号。但是，此时《青年杂志》的出版方群益书社接到上海基督教青年会的公函，警告说《青年杂志》名称与青年会的杂志《青年》《上海青年》雷同，应该及早改名，省得犯冒名的错误。群益书社的经理陈子寿接函后，赶忙找陈独秀商量，当时亚东图书馆经理汪孟邹也在座。最后，他们商定将杂志名称改为《新青年》。

　　不过，这时还有另外一件事严重影响到杂志的经营。1916年2月，反对袁世凯复辟帝制的护国战争已经从西南的云南、四川蔓延至湖南、广西乃至东南各省。一方面陈独秀等要投身反对袁世凯的革命活动，另一方面战事的蔓延也增加了杂志出版、发行的困难，所以杂志就暂停了。1916年4月23日汪孟邹的日记比较详细地记录了战事对他们出版事业的影响："近来国中战事已由西南转入东南。袁政府固倒毙无疑，而东南之局，以冯氏主持不定之故，致有纷扰之状。皖事亦因之吃紧，予以公谊私情之故，不得不效一得之劳，终日奔走其间，精神甚为散漫，不复凝聚，以至社中各务毫未过问。虽时局如此，无复商业之可经营，而应办之务，亦不得云无。

言念及此，殊感歉然。总之，时局不靖，无论何人何业，均受其恶影响至酷，所谓'及一发而全身皆动'。但愿袁氏早去，国事速安，四民得各安其业，则诚四万万人之幸福也。然而难言之矣！"[①]这场战事一直到1916年7月中旬才告结束。1916年8月13日，陈独秀告诉胡适："《青年》以战事延刊多日，兹已拟仍续刊。依发行者之意，已改名《新青年》，本月内可以出版。"[②]

1916年9月1日，暂停了7个月的《青年杂志》，在改名为《新青年》后，出版了第2卷第1号。值得一说的是，杂志不仅改名，而且改换了封面设计，确实给人焕然一新的感觉。另外一件值得注意的事就是，正是从第2卷第1号起，李大钊、胡适开始在《新青年》发表作品。这一期刊登了李大钊的《青春》和胡适翻译的短篇小说《决斗》。

众所周知，后来席卷全国的新文化运动是在陈独秀受聘为北京大学文科学长，进驻红楼后，以《新青年》为阵地，以北京大学为中心，才真正迎来高潮。检视《新青年》的主要撰稿者队伍与北京大学师生的关系，可以发现这一往北大集结的现象。除了陈独秀自己外，高一涵、刘叔雅是最早在《新青年》上发表作品的。高一涵从第一卷第一号发表《共和国家与青年之自觉》起，就连续在该刊物发表文章。刘叔雅从第一卷第三号发表《近世思想中之科学精神》起，又连续发表《叔本华之自我意志说》、《佛兰克林自传》（英汉对译）、《每个人之自由精神》（英汉对译）等多篇作品。刘半农从第二卷第三号首次发表《欧洲花园》后，也开始在《新青年》发表作品。毛泽东的老师杨昌济在到北京大学任教前，从《新青年》第2卷第4号开始在该刊发表文章。陶孟和从第二卷第五号的《人类文化之起源》起，开始经常在《新青年》发表文章。以上5人，除了陶孟和此时已经在北大任教外，其他4人都是在陈独秀就任文科学长后，被聘请到北大任教的。

---

① 沈寂：《汪孟邹与陈独秀》，沈寂主编：《陈独秀研究》第一辑，东方出版社1999年版，第382页。
② 《陈独秀致胡适》，中国社会科学院近代史研究所中华民国史组编：《胡适来往书信选》（上），中华书局1979年版，第3页。

1917年1月，陈独秀就任北京大学文科学长，编辑部也随之从上海移至北京，但印刷地点仍在上海。按时间推算，1917年2月出版的《新青年》第2卷第6号就应该在北京编辑完成。此后的《新青年》第3卷第1—6号都是陈独秀在北京编辑的。

经过两年的努力，《新青年》杂志已经在新知识界有了相当良好的知名度和声誉。越来越多的北大师生开始关注和支持《新青年》。当时正在北京大学念书的张国焘回忆：北大同学原来知道《新青年》的非常少，直到1917年年初，《新青年》先后于第2卷第5号、第6号发表胡适的《文学改良刍议》和陈独秀的《文学革命论》，提出以白话文代替文言文的主张后，"才引起同学们广泛的注意"，影响日渐扩大，"每期出版后，在北大即销售一空"①。

不过，因当时新文化运动的高潮还没有到来，《新青年》的销量依然较少。社会整体守旧的气氛依然很浓，封建复古派、守旧派与国粹派提倡"尊孔读经"，还大力宣扬鬼神之说。在这种氛围下，1917年7月，乘"府院之争"，张勋率辫子军5000人进京，拥戴废帝溥仪复辟。这是民国建立后短短5年里的第二次复辟。复辟发生时，好多新派人物仓皇出京逃避。这出复辟闹剧只维持了13天便失败了，但对人们思想上的震动是极大的。周作人当时刚刚到北京，目睹了此次事变，他认为："因为经历这次事变，深深感觉中国之改革尚未成功，有思想革命之必要。""以后蓬蓬勃勃起来的文化上诸种运动，几乎无一不是受了复辟事件的刺激而发生的、兴旺的。"② 1917年8月，《新青年》出齐第三卷后，杂志出版商群益书社考虑到经济效益，打算停办《新青年》。"《新青年》以不能广行，书肆拟终止。"③这是《新青年》遭遇的第二次生存危机。

这次停刊又持续了4个月。后经过陈独秀与群益书社反复交涉，《新青年》得以继续出版。经过一番准备，1918年1月15日《新青年》复刊，出版第四卷第一号。

---

① 张国焘：《我的回忆》第一册，东方出版社1998年版，第37、38页。
② 周作人：《周作人回忆录》，湖南人民出版社1980年版，第302、315页。
③ 《致许寿裳》，《鲁迅全集》第十一卷，人民文学出版社1981年版，第345页。

从本期开始，《新青年》又有比较重大的变化。首先是使用白话文出版，并采用新式标点符号和分段。虽然从1917年年初开始，《新青年》已经大力提倡以白话文代替文言文，第二卷第五号、第六号分别发表胡适的《文学改良刍议》和陈独秀的《文学革命论》，但是比较讽刺的是这两篇宣言文字本身还是用文言文写的。这也是比较容易遭人诟病的地方。经历过张勋复辟刺激后，《新青年》同人意识到必须实行更彻底的文学革命、思想革命，来扫荡沉疴太久的中国社会。故决定从第四卷第一号开始，完全使用白话文。其次是不再购买外稿，刊物改为同人刊物，由陈独秀、钱玄同、刘半农、陶孟和、沈尹默、胡适每人负责一期，轮流编辑，删去了前两卷杂志封面上的"陈独秀先生主撰"字样。杂志刊出启事说："本志自第四卷第一号起，投稿简章已取消，所有撰译，悉由编辑部同人共同担任，不另购稿。其前此寄稿尚未录载者，可否惠赠本志？尚希投稿诸君，赐函声明，恕不一一奉询，此后有以大作见赐者，概不酬。"[①]需要指出的是，重新出版的《新青年》并不是如有人说的不再接受投稿，只是对于投稿不再支付稿酬。这一期刊物的文章作者有：高一涵、钱玄同、陶孟和、胡适、刘半农、周作人、陈独秀、傅斯年、罗家伦、刘延陵。除了刘延陵为来信读者外，其他全是北京大学师生。改为同人刊物后，《新青年》对所有的作者都不再支付稿费，这或许也是为了减轻群益书社的经济压力。

幸亏陈独秀把《新青年》带到北京大学，与北大师生结合，使《新青年》获得稳定而且免费的优质稿源支持，才得以继续支撑下去。不过，一直到此时为止，《新青年》也仅仅在北京大学开始赢得越来越多的支持者，其社会影响力和总体销量还是不够大。1918年5月29日，鲁迅还在信中说："该杂志（《新青年》）销路闻大不佳，而今青年皆比我辈更为顽固，真是无法。"[②]

鲁迅曾比喻当时的社会氛围像"一间铁屋子，是绝无窗户而万难破毁

---

① 《本志编辑部启事》，《新青年》第4卷第3号。
② 《致许寿裳》，《鲁迅全集》第十一卷，人民文学出版社1981年版，第349页。

的，里面有许多熟睡的人们，不久都要闷死了"①。当时鲁迅在教育部任佥事，钱玄同来找他为《新青年》组稿。钱玄同负责《新青年》第4卷第2号的编辑。以下是鲁迅所写的一天夜里两人见面的情形：

> 那时偶或来谈的是一个老朋友金心异（钱玄同），将手提的大皮夹放在破桌上，脱下长衫，对面坐下了，因为怕狗，似乎心房还在怦怦的跳动。
>
> "你钞了这些有什么用？"有一夜，他翻着我那古碑的钞本，发了研究的质问了。
>
> "没有什么用。"
>
> "那么，你钞他是什么意思呢？"
>
> "没有什么意思。"
>
> "我想，你可以做点文章……"
>
> 我懂得他的意思了，他们正办《新青年》，然而那时仿佛不特没有人来赞同，并且也还没有人来反对，我想，他们许是感到寂寞了……

鲁迅非常理解这种寂寞。几年前，鲁迅曾经与几个朋友拟议创办一本文学刊物《新生》，但未及出版便夭折了。鲁迅感受到这种无人回应的寂寞："凡有一人的主张，得了赞和，是促其前进的，得了反对，是促其奋斗的，独有叫喊于生人中，而生人并无反应，既非赞同，也无反对，如置身毫无边际的荒原，无可措手的了，这是怎样的悲哀呵，我于是以我所感到者为寂寞。"②

在钱玄同的劝说下，鲁迅开始写了第一篇白话小说《狂人日记》，发表在《新青年》第4卷第5号上。而且"从此以后，一发而不可收"，鲁迅一口气写了10余篇小说。

---

① 《呐喊·自序》，《鲁迅全集》第一卷，人民文学出版社1981年版，第418页。
② 《呐喊·自序》，《鲁迅全集》第一卷，人民文学出版社1981年版，第417页。

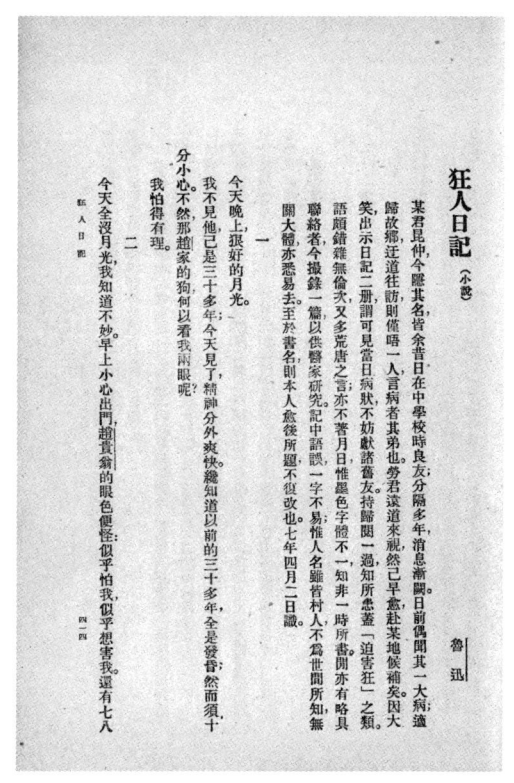

《新青年》第4卷第5号登载的白话小说《狂人日记》

面对"不特没有人来赞同,并且也还没有人来反对"的寂寞状态,《新青年》同人决定主动出击,制造话题。两位积极分子钱玄同、刘半农演了一出戏,由钱玄同化名王敬轩,假扮成一位反对"新文学"的保守分子来信,然后由刘半农作答,进行批驳。这假造的来信和刘半农的答复登在刘半农负责编辑的第四卷第三号上。这出戏设计了关于"反孔""家庭革命""文学革命""白话文""新式标点""近世人物""桐城派"等数个双方论辩的话题,尤其是挑选出林纾一些译著的缺点和一句胡适认为不通的话"而方、姚卒不之踣",刻意嬉笑怒骂,顺带还把严复也损了一番。这通精心设计的答读者来信充分证明了"新"派学者的正确和学识之优秀,刻画了守旧派人士的"顽固胡闹"。"新""旧"人物之间观念的分歧和彼此嫌恶早已经是公开的秘密,但像这样在出版物上指名道姓地叫骂却实在是具有爆炸性,很能吸引眼球的。

自从1917年年初,《新青年》先后发表胡适的《文学改良刍议》和陈独秀的《文学革命论》,提出以白话文代替文言文的主张后,年轻人大多非常欢迎,北京大学内章太炎部分门生弟子如钱玄同、沈尹默也积极响应,只有黄侃等反对,但也只是在课堂或私人交谈中极尽嘲讽。唯有被视为桐城派的林纾公开反对。

针对陈独秀《文学革命论》文中认为"今日中国之文学,委琐陈腐,远不能与欧洲比肩",并将原因归之于"明之前后七子及八家文派之归、方、刘、姚"等"妖魔",林纾在1917年2月8日《民国日报》发表《论古文之不宜废》。文章不长,只是从个人的感性认识提出古文在当下依然有其存在的价值,并举欧洲人不废拉丁文为证,写道:"呜呼,有清往矣!论文者独数方、姚。而攻掊之者麻起,而方、姚卒不之蹯。或其文固有其是者存耶?……亦特如欧人之不废腊丁耳。知腊丁之不可废,则马、班、韩、柳亦有其不宜废者。吾识其理,乃不能道其所以然,此则嗜古者之痼也。"林纾对当时一味以新为尚,满口新词的风气表示担忧:"民国新立,士皆剽窃新学,行文亦泽之以新名词。夫学不新而唯词之新,匪特不得新,且举其故者而尽亡之,吾甚虞古系之绝也。"[1]林纾此文的发表让《新青年》派学人找到了批判的靶子。

陈独秀、钱玄同随即在1917年3月《新青年》第3卷第1号的通信栏里大批桐城派古文,并对林纾进行了不点名的嘲讽:"又如某氏与人对译欧西小说,专用《聊斋志异》文笔,一面又欲引韩、柳以自重。此其价值,又在桐城派之下,然世固以大文豪目之矣。"[2]对林纾更加致命一击的是被蔡元培称为"旧学邃密、新知深沉"的胡适。同年4月7日,胡适在日记里全文抄录了林纾这篇文章,并加了多处批语。随后即在《新青年》第3卷第3号的通信栏里对林纾此文进行批判,尤其是依据当时广受推崇的《马氏文通》,挑出林纾文章中一句"而方、姚卒不之蹯",指为不通文法。这一下子令被称为古文家的林纾名声扫地。这一件事后来被新派人物作为战胜

---

[1] 吴仁华主编:《林纾读本》,福建教育出版社2016年版,第152页。
[2] 《钱玄同致陈独秀》,《新青年》第3卷第1号。

第二章　风云际会

旧派古文家的一件完美案例一再提起。"而方、姚卒不之踣"甚至被设计成北京大学1936年招生考试国文试卷中的一道改错题。

面对掌握着新话语资源的《新青年》学人的轮番打击，只有林纾一人迎战的旧派古文家根本没有招架之力。1919年4月，林纾在《文艺丛报》发表相当于最后声明的《论古文白话之相消长》。文中先历数秦汉以来历代文风变迁、文章大家兴替的规律，认为"文无所谓派……余则但知其有佳文，并不分别其为派"。然后谈及当下白话兴起，"人人争撤古文之席而代以白话"，林纾表白自己也不是反对白话，早在十几年前，他就为《杭州白话报》写过白话道情，"颇风行一时"。他反对的是"尽弃古文，行以白话"，他说："今官文书及往来函札何尝尽用古文？一读古文则人人瞠目。此古文一道已属声消烬灭之秋，何必再用革除之力？"虽然林纾坚持认为"废古文用白话者，亦正不知所谓古文也"。但他也明白自己面对的是社会大众愿意使用白话代替文言，所以说"口众我寡不必再辩"。文章结尾，林纾不无凄凉地写道："吾辈已老，不能为正其非，悠悠百年，自有能辨之者，请诸君拭目俟之。"①

主张白话文的年轻一辈学者毫无悬念地以压倒性胜利结束论战。不过，林纾的门生张厚载又因旧戏改良问题与《新青年》学人展开论辩。张厚载，字采人，号聊子，江苏青浦（今属上海市）人，曾就读于北京五城中学堂和天津新学书院。后转北京大学法科政治学门听讲，1918年12月转为正科生。张厚载深受传统文学的影响，尤其酷爱戏剧，为现代报刊剧评的开拓者，连胡适也承认他"以评戏见称于时"②。他看到《新青年》倡导文学革命，并就中国旧剧发表了一系列值得商榷的文字，于是便写了《新文学及中国旧戏》投稿《新青年》，刊登于《新青年》第4卷第6号《读者来信》栏。

文章首先称赞《新青年》使自己思想上获益甚多，然后就文学改良

---

①　林纾：《论古文白话之相消长》，欧阳哲生主编：《容忍比自由更重要　胡适与他的论敌》，时事出版社1999年版，第34—37页。
②　黄霖：《与一群名教授论争的大学生——论张厚载的理论识见与学术风骨》，《文艺研究》2018年第5期。

谈自己的看法，他赞同提高白话文的地位，但对于《新青年》上发表的沈尹默、胡适等的白话诗提出质疑和批评。关于戏剧改良问题，张厚载则直接表示对于胡适、钱玄同、刘半农等对戏剧批评的不赞同，并以内行的口吻，指陈胡、钱、刘一些说法是不了解戏剧。胡适在这一期《读者来信》的跋语中承认张厚载"以评戏见称于时，为研究通俗文学之一人"，针对张厚载的批评为自己及同人辩护，并表示希望就戏剧问题另作专文进行讨论。钱玄同、刘半农也都针对张厚载的指陈进行辩解和说教。陈独秀在最后对张厚载来信进行总结性批评："尊论治国剧，根本谬点，乃在纯然囿于方隅，未能旷视域外也。剧之为物，所以见重于欧洲者，以其为文学、美术、科学之结晶耳，吾国之剧，在文学上、美术上、科学上固有丝毫价值邪？"显然，以陈独秀为首的《新青年》同人心目中的艺术价值标准与张厚载是完全不同的。不过陈独秀最后也表示希望胡适与张厚载继续就戏剧改良问题展开讨论。

在陈独秀、胡适的鼓励下，张厚载又写了《我的中国旧戏观》，拣了他认为旧戏最重要的三个特点进行了阐述：（一）中国旧戏是假象的，就是把一切事情和物件都用抽象的方法表现出来；（二）有一定的规律；（三）音乐上的感触和唱功上的感情。同时又就钱玄同等对于京剧的"脸谱"和舞台打斗戏的误解和嘲讽，写了《"脸谱"——"打把子"》一文，一起投给《新青年》杂志。两文都发表在1918年10月出版的《新青年》第5卷第4号上。

这一期《新青年》被胡适戏称为"戏剧改良号"，除了张厚载为旧戏辩护的两篇外，还集中发表了傅斯年的《戏剧改良各面观》《再论戏剧改良》、胡适的《文学进化观念与戏剧改良》、欧阳予倩的《予之戏剧改良观》、宋春舫的《近世名戏百种目》。

欧阳予倩的《予之戏剧改良观》以西方戏剧为参照，从组织关于戏剧之文字和养成演剧之人才两方面谈如何改良戏剧，尤其强调剧本创作和戏剧理论研究的重要性。《戏剧改良各面观》是一篇万字长文，傅斯年以西方现代文化为参照，批判旧戏的种种落后，全面阐述新文化学人改良旧戏、创造新戏的设想。傅斯年的《再论戏剧改良》则专门针对张厚载的

《我的中国旧戏观》一文逐段分析，从概念、用词到行文逻辑进行批驳。将张厚载的观点判为"凡是从古遗传下来的，都是好的"。批评他犯了大多数国人常有的安于现状、不思进取的毛病。最后，傅斯年写道："辩论旧戏的当废和新剧的必要……都是费话。现在更觉得多费唇舌，真正无聊。旧戏本没一驳的价值；新剧主义，原是'天经地义'，根本上决不待别人匡正的。"①这与陈独秀关于文学改良的态度简直如出一辙。1917年5月，陈独秀致胡适信中说："独至改良中国文学，当以白话为文学正宗之说，其是非甚明，必不容反对者有讨论之余地，必以吾辈所主张者为绝对的是，而不容他人之匡正也。"②同样的，钱玄同在回应完张厚载《"脸谱"——"打把子"》一文后，也说："但是我现在还想做点人类的正经事业，实在没有功夫来研究'画在脸上的图案'。张君以后如再有赐教，恕不奉答。"③出于反对旧文化、建立新文化的紧迫感，连一向温和的胡适也认为："现在中国的文学已到了暮气攻心，奄奄断气的时候！赶紧灌下西方的'少年血性汤'还恐怕太迟了。"④《新青年》就此结束关于戏剧问题的讨论。

　　无论是关于文言和白话问题还是关于戏剧问题的论辩，其实最终双方谁也没有被说服。但是在表面上以《新青年》同人的胜利结束了论辩。不管事实如何，也不管其本人是否认可，林纾、张厚载师徒从此被作为新文化运动的对立面，贴上"旧"文化代表的标签。虽然当时社会整体守旧气氛还十分浓厚，但是在知识界，尤其是在北大，新文化的优越性在多数人心中是不证自明的。这是林纾、张厚载心里也默认的。而且这两场论辩是《新青年》同人主动发起的，主要在《新青年》杂志上展开，话语权始终掌握在《新青年》同人们手中。《新青年》同人们自信真理在手，新文化必须横扫一切旧文化。至少在北大，到1918年年底，新文化运动已经是人心所向。

---

① 傅斯年：《再论戏剧改良》，《新青年》第5卷第4号。
② 《新青年》第3卷第3号。
③ 《新青年》第5卷第4号。
④ 胡适：《文学进化观念与戏剧改良》，《新青年》第5卷第4号。

五、生机勃勃的学生社团

蔡元培主张以美育代宗教，鼓励北大师生组织各类社团，从事各种健康向上的课外活动。他亲自发起成立北京大学进德会"以挽奔竞及游荡的积习"。又"助成体育会、音乐会、画法研究会、书法研究会以供正当之消遣。助成消费公社、学生银行、校役夜班、平民学校、平民讲演团与《新潮》杂志社，以发扬学生自动的精神，养成服务社会的能力"[①]。

在蔡元培的提倡下，北大各类社团如雨后春笋，纷纷建立，"皆极力谋个性之发展"。据1920年12月17日出版的《北京大学日刊》第二十三周年特刊统计，全校各类学生社团有28个，还不包括那些"各科毕业同学会、各省同乡会、某校同学会"等传统社团组织。[②]这28个社团又可分为两大类，一类是"关于学艺方面者"，另一类是"关于事业方面者"。前一类社团较多，有北京大学音乐研究会、北京大学画法研究会、书法研究社、数理学会、哲学研究会、新潮社、世界语研究会、化学讲演会、佛学讲演会、英文演说会、新闻学研究会、雄辩会、戏剧研究会、地质研究会、罗素学说研究会、社会主义研究会、歌谣研究会、健身会、技击会、新剧团、阅书报社；后一类社团有：北京大学学生会、北京大学学生会平民夜校、平民教育讲演团、校役夜班、北京大学学生银行、北京大学消费公社、青年互助团。

另外还有一些没算成北大学生社团，但是主要参加者为北大学生，并依托北大为基地进行活动的，如国民社、新知编译社、家庭研究社。当时影响很大的少年中国学会也有很多北大师生参加，并经常在北大和红楼活动。李大钊、黄日葵、许德珩（楚僧）、陈宝锷（剑修）、周炳琳（枚荪）、易克嶷（赓甫）、康白情（洪章）、孟寿椿、徐彦之（子俊）、苏

---

① 蔡元培：《孑民自述》，江苏人民出版社1999年版，第119页。
② 《学生生活及活动》，《北京大学日刊》1920年12月17日。

甲荣、刘仁静（养初）、邓康（仲澥、中夏）、张崧年（申府）都加入了少年中国学会。李大钊是学会最初发起人之一。1920年1月，第二次来北京的毛泽东经李大钊、王光祈的介绍加入少年中国学会。

在以上众多社团中，新潮社、平民教育讲演团和国民社是对五四运动产生直接影响的3个社团，将在本书关于五四运动的一章里再详细介绍。这里重点介绍由蔡元培校长亲自推动并在全校有较大影响的北京大学音乐研究会、北京大学画法研究会和北京大学体育会。

北京大学音乐研究会是蔡元培校长亲自推动成立的。在北京大学音乐研究会之前，早在1916年秋，部分北大学生发起成立北京大学音乐团，后觉得音乐团名字不雅，遂改名为北京大学音乐会。

一贯主张美育的蔡元培对音乐会很重视，积极支持音乐会的活动。他认为：“音乐为美术之一种，与文化演进有密切之关系。世界各国，为增进文化计，无不以科学与美术并重。吾国提倡科学，现已开始，美术尚未也。”[①]1918年6月，在蔡元培建议下，音乐会改组为“乐理研究会”，由学校提供资金和场地支持，"内容、范围均加扩充"。蔡元培还亲自草拟了乐理研究会会章，并安排徐彦之协助夏宗淮，联络聘请著名国乐大师王露（王心葵）先生来校指导。经过半年的筹备，最后定名音乐研究会。1919年1月，北京大学音乐研究会正式成立，并开始招收校外会员。音乐研究会以"研究音乐、陶养性情"为宗旨。蔡元培被推举担任会长，会长下设主任干事、干事、文牍员。在北大众多社团中，除了进德会，就只有音乐研究会是由蔡元培担任会长。

音乐研究会刚成立时下设钢琴、提琴、古琴、琵琶、昆曲5组，分别聘请导师进行教习。导师都由会长蔡元培亲自延聘。蔡元培先后聘请著名音乐大家如吴梅（吴瞿安）、王露、萧友梅等任音乐研究会导师。

1920年1月，音乐研究会创办《音乐杂志》。蔡元培亲自撰写了发刊词，阐明创办北京大学音乐研究会的初衷，即"一方面输入西方之乐器、曲谱，以与吾固有之音乐相比较。一方面，参考西人关于音乐之理论以印

[①] 《蔡校长在音乐研究会之演说词》，《北京大学日刊》1919年11月17日。

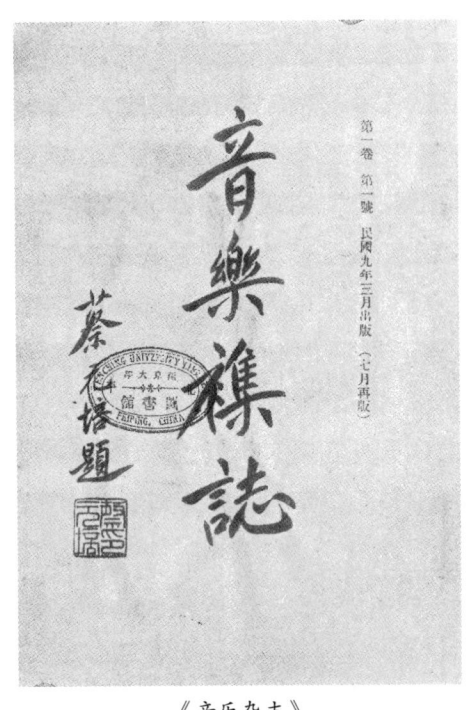

《音乐杂志》

证于吾国之音乐,而考其违合"。希望以此促进中国音乐的改进,并为世界音乐发展做出贡献。

随着音乐研究会教育工作的日益正规化,1922年8月,北京大学在音乐研究会基础上,成立了北京大学音乐传习所,使之成为学校的音乐教育机构。音乐传习所所长由蔡元培校长兼任。音乐传习所招收本科、师范科、选科三类学生。本科以养成专门人才为目的,分理论、作曲、钢琴、提琴、管乐、独唱6科。只定毕业标准,不定毕业年限。师范科以养成中小学音乐教员为目的,分甲、乙两种,甲种修业年限4年,乙种2年。选科专为那些爱好音乐但是空闲时间又不是太多的学生设置,不定修业年限,离校时只在证书上注明修了什么课程。

1917年11月,蔡元培发起成立北京大学画法研究会。截止到1918年2月7日,报名入会的人已经有75人。1918年2月1日,画法研究会召开第一次大会。会上推举狄福鼎、陈邦济为干事,负责起草研究会简章。蔡元培看了简章草案后,认为最好"请画法素有研究者再为审定,方能完密妥善"①。于是写信介绍狄、陈二人去向当时在教育部任职的画家陈师曾请教。蔡元培还写信请陈师曾代为介绍研究会导师数人,并以北大名义聘请各位导师前来指导。3月8日晚,蔡元培在校长室与聘请的画法研究会导师陈师曾、贺履之、汤定之、徐悲鸿、李毅士、钱稻孙、贝季眉召开第一次导师会议,商定指导办法,并且又制定4条特别规定。②这7位导师中李毅士、钱稻

---

① 《画法研究会纪事》,《北京大学日刊》1918年2月21日。
② 《画法研究会通告》,《北京大学日刊》1918年3月11日。

孙、贝季眉为北大教员，后又加聘冯汉叔教授为兼职导师。

画法研究会初成立时，以"集合校内同志，研究画法，互相观摩，以资竞进"为宗旨。分为本国画、外国画二部。会员为"本校职教员及学生有志研究画法者"。1919年2月，画法研究会一周年大会通过修改后的章程，规定以"研究画法，发展美育"为宗旨，并开始招收有一定绘画基础的校外人士入会，但需要审查合格并经校长特许。章程还规定，蔡元培校长每月召集一次导师会议，讨论决定"一、关于指导事项之改进；二、审定会务表及校外会员；三、关于其他发展本会之事项"[①]。学校对画法研究会的经费也给予补助，导师车马费由学校会计课支付，会中一些特别费用也可以经校长批准后由学校支付。

1920年1月，在画法研究会的基础上，北京大学进一步设立了画法研究所，蔡元培担任所长。1920年6月，又创办《绘学杂志》，北大的美术研习完成了从学生业余社团到学校教育机构的转变。

民主革命家出身的蔡元培非常重视学生的体育和军事训练。在他来之前，北京大学的体育非常不受重视。当时的北大一没有正式的体育教学机构，二没有专门的体育经费，最主要的还是喜欢体育运动的人员稀少，校园整体氛围感觉老气横秋。这或许和京师大学堂的传统有关，毕竟当初来这里就读的都是些"老爷"学生，注重的是言谈举止的稳重，蹦蹦跳跳的体育活动自然不受待见。蔡元培对这种情况很焦心，极力推动北大的体育运动。

《绘学杂志》

[①] 《修改北京大学画法研究会章程意见书》，《北京大学日刊》1919年2月17日。

他首先筹集经费，1917年秋季开学，令全校学生每人交体育费一元。"自蔡校长莅校以来，见吾校体育不甚视重，慨然忧之。今年秋下令征收各同学体育费一元，并明示该款交体育会支用。"①

不过，北大同学不重视体育的风气很难一下子改变。虽然收了体育费，但响应体育运动的人寥寥无几，全校统一的体育会迟迟组织不起来，学校的体育活动也自然难以开展。在蔡元培督促下，一直到12月份，部分积极分子才发起召开全体同学大会，想把体育会成立起来。12月8日，在文科第一教室召开体育会成立会，结果到会的同学太少。当时北大全校有2000多名学生，根据这次会议记录的投票情况来看，估计出席的也就三四十人。会议主席对能否成立体育会一度犹豫，只好先让到会的同学表决一下。表决结果，大多数到会同学赞成成立体育会。于是，这几十个同学就讨论通过了体育会简章并选举了职员。简章第一条确定社团名称为"北京大学体育会"，第二条确定体育会宗旨为"练习各种运动技术，强健身体"。会议投票选出杨济华为会长（30票）、俞九恒为副会长（10票），下面又设庶务、文牍、会计等职员。

1918年4月，北京大学体育会合影

① 《体育会纪事一束》，《北京大学日刊》1917年12月12日。

北京大学体育会成立后,在蔡元培的帮助下,逐步推动各项工作开展。组织了网球、足球、篮球、排球、游泳等各类运动组织,修复和新建一些体育设施,购买体育器材和书籍。

经过一年的努力,到1918年秋季学期体育会换届时,规模大大扩充,北大体育运动风气已经大有改观。

1918年10月底,北大选派两名同学去上海青年会体育科专修学校学习,学成后回北大负责体育会事务。显然已经在考虑将体育会发展为学校体育教学管理机构。

1919年3月8日,蔡元培召集一些热心体育的教员与体育会的学生职员开会,聘请教员10人为导师,加强学校对体育会的指导。

1919年春,红楼后面的大操场投入使用。3月,新一届体育会足球部组成,足球日常训练就在红楼后面操场进行。1920年10月,北大又购买了5匹马,组建骑术组。马号设在红楼对面,普通的骑术训练就在马号进行,外出训练则由导师率队一起出动。

1919年10月28日,北京大学学生会成立。不久以后,体育会事务被合并到学生会下面的体育股。但是由于组织反对北洋军阀政府的学生运动,1920年2月,学生会主席方豪等一批学生会骨干被抓,学生会组织陷于混乱,体育股事务也停顿。1920年10月,学校全面接管体育会原来的工作,由代校长蒋梦麟召集教员周象贤、顾孟余、罗惠侨、马衡、陈启修与两位外聘的体育导师王文麟、乐笃周组成体育干事会(习惯还称为体育会)。1920年11月12日,宣布聘请体育导师王文麟为北大体育主任干事,全面负责学校的体育事务。1922年5月4日,经北大评议会议决,体育会改为北大体育部。

鉴于校内各类社团日益增多,北大评议会于1919年12月议决成立学生自治委员会,该委员会职责是协助校长谋学生自治能力之发展。委员会由校长指派的4名教师和由学生评议会公举的学生代表3人组成(学生代表以本科三年级以上学生为限)。李大钊与沈士远、俞同奎、蒋梦麟3位教授一起被蔡元培任命为学生自治委员,直接参与和学生有关各项事务的规划和管理，这便利了李大钊和青年学生加强联系。

1922年3月，学校评议会议决设立学生事业委员会，以便对学生所办的各种社团和公益事业加强指导和管理。《国立北京大学学生事业委员会暂行组织大纲》规定："本大学学生兴办事业，须于未成立以前，将其宗旨、办法及职员姓名，函经本委员会审议，转呈校长察核备案。其已经兴办之事业，本委员会得依其职权调查，或整理之。""本委员会，以总务长为当然委员长，庶务部主任，会计课领袖事务员，为当然委员；其余委员，由校长遴员，经评议会之同意委任之。"[1]按照规定，学生事业委员会的当然委员长为总务长，由于当时的北大总务长蒋梦麟出国未归，学生事业委员会委员长一职遂由时任代理总务长的谭熙鸿担任。但第二年就改由时任校长室秘书的李大钊任委员长。[2]这使李大钊能够更加积极地扶植进步社团，还领导北大学生改组了学生会。北大的社团成为学生从事课外研究和课外活动的重要场所，而一些进步社团后来发展成为共产党人团结进步师生的阵地。[3]

---

[1] 《本校布告》，《北京大学日刊》1922年3月28日。
[2] 《本校布告》，《北京大学日刊》1923年11月1日。
[3] 林齐模：《李大钊的社团活动与中国共产党的创建》，《理论建设》2013年第3期。

第三章 狂飙突进

> 吾族青年所当信誓旦旦,以昭示于世者,不在龈龈辩证白首中国之不死,乃在汲汲孕育青春中国之再生。
>
> ——李大钊

一、五四运动的预演

1918年,第一次世界大战已经进入尾声。在上一年的4月,美国宣布加入协约国方面,对德奥宣战;8月14日,段祺瑞控制的中国北京政府也对德奥宣战,加入协约国集团;11月,协约国方面的俄国爆发布尔什维克党领导的社会主义革命,随后宣布退出战争,并单方面与德国进行停战谈判。1918年3月3日,苏俄与德国签订《布列斯特和约》。

正当苏俄与德国和谈的时候,日本方面以应对俄国"内乱"和在西伯利亚的10万德军俘虏威胁为由,向中国北京政府提出中日共同防敌的建议。段祺瑞控制的北京政府积极响应日本的建议,与日本方面开始中日"共同防敌"秘密军事协定的谈判。日本方面希望通过这个军事协定合法地出兵中国东北,完全控制中东铁路,更进一步则占领西伯利亚。同时,通过有政治条件的借款和军火供给北洋军阀政府,实现对中国内政外交的完全控制。以段祺瑞为首的皖系军阀则希望获取日本的支持,通过编练"参战军",扩充自身实力,消灭其他派系军阀,实现武力统一中国。1918年5月16日、19日,中日两国先后签订《中日陆军共同防敌军事协定》和《中日海军共同防敌军事协定》。

中日之间"共同防敌"密约的谈判引起国际上的强烈反响，在西方各国的压力下，5月29日，中国外交部将条约概要内容通知英、美、法、意等国驻华公使。在中日双方互换照会承认协定的当天，又将该协定全文抄送上述国家驻华使馆。但是，北洋军阀政府对中国本国人民却始终秘而不宣协定的内容。

国内舆论对段祺瑞政府假借参战与日本签署卖国协定非常担忧，尤其是南方国民党势力控制的《民国日报》和北京研究系势力控制的《晨钟报》不断对此事进行报道，揭露段祺瑞政府是"假宣战以媚邻"，"以参战名义借款，而耗损于内斗"[①]，指出日本政府是"阳假出兵之名，而阴行其军事的统治中国之实"[②]。

中国留日学生比较早地从西方和日本的报纸上获悉中日两国正在进行"共同防敌"的秘密谈判。随着有关协定条款的逐渐披露，他们意识到这些协定对中国的巨大危害，开始积极行动起来，反对中日"共同防敌"协定的签署。留日学生纷纷集会、演讲，并向国内各方面进行通告，呼吁拒签协定。从1918年4月底开始，留日学生酝酿全体罢学归国，一方面进行抗议，一方面发动国内民众起来抗争。4月28日，留日学生在东京集会。大会议决三件事：（一）通电国内外各重要机关，一致否认中日密约及有关条件；（二）由各省同乡会或同窗会选派代表数人回国，号召人民举行国民大会，将中日密约条件付诸民意表决；（三）发表中英两种文字的宣言书向全国人民发出警告，同时"求各友邦之仗义帮助"。与会留学生还当场进行捐献，集资数百元用于发表通电等用途。另外，在会上有人提议在留学生中组织募捐，官费生派捐2元，自费生由各省同乡会募集，也得到与会者的一致赞同。

为了统一领导罢学归国及之后的运动，5月5日至6日，各省留日学生同乡会、同窗会负责人和代表在东京开会，决定成立"中华民国留日学生救国团"。会议讨论通过救国团组织法14条，并选举了救国团职员。救国

---

① 《民国日报》1918年3月1日。
② 《晨钟报》1918年4月20日。

第三章 狂飙突进

团干部由各省同乡会会长及其代表组成，设立文事部、庶务部、会计部、招待部兼纠察部、交际部5个部门，又推举出干事长王兆荣，副干事长阮湘、张有桐负责全面协调指挥。

鉴于中日秘密协定签字在即，救国团成立后，立即安排代表回国，分头到北京、上海、天津等地活动，阻止中日密约签字。根据会议决定，各省各派4人以上之先发队半往北京，半往上海，筹备一切；在日本各校的留学生又各派4人以上之先发队，半往北京，半往上海，襄助各省先发队办理一切。先发队由东京出发，日期定为5月7、8两日。救国团干事会往上海的先发队由副干事长张有桐率队，往天津、北京的先发队由副干事长阮湘率

1918年5月21日，留日学生救国团致北京各国公使电

队。5月12日，阮湘、李达、王希天、龚德柏等组成的救国团先发队乘船抵达天津。他们先在天津同各大中专学校、各报馆取得联系，还拜访天津各界社会名流，发动各界群众投入救亡运动。15日，阮湘等自天津乘火车抵达北京。

阮湘等到北京后，在正阳门外的湖南会馆设立留日学生救国团北京分部。北京分部成立时，从日本返国抵京的留日学生已经有三四十人。在阮湘、李达、王希天等组织下，他们遍访北京各报馆，如《中华新报》《晨钟报》《北京日报》《益世报》《群强报》等，以救国团名义刊登启事，宣布留日学生罢学归国的目的。各报均对留学生表示同情和支持，对他们的活动和谈话进行报道。救国团又派代表分别去教育部、国务院、总统府等处拜见教育总长、国务总理、总统，向当局"哀求拒约"。又派代表同北京各大中专学校联络，进行宣传和协商共同行动。5月中旬，留日学生救

国团干事长王兆荣也来到北京，参与领导运动。

北京各校学生早已对中日密约谈判愤愤不平，酝酿举行抗议活动。阮湘等留日学生代表到北京后，进一步点燃了各校学生抗议的激情。5月19日前后，有消息传说中日密约已经签字，将送总统盖印。如北京《益世报》19日发表署名"梦幻"的社评《敬告争约诸同胞》，说政府"以全国同声反对之亡国条约，竟于群情愤懑，众论激昂之际，出其迅雷不及掩耳之手段，突然签字"①。于是，20日夜，北京大学学生紧急在文科大饭厅召开全体学生大会，"到会者不下千人，留日归国学生代表亦至演说，有痛哭泣下者"。会议决定"全体往见总统，要求勿予盖印，并将条文公布"②。

5月21日清早，蔡元培校长提前来到学校，劝阻学生不要去总统府请愿，建议同学们推举代表说明意见，由校长转达政府。但是学生群情激昂，劝阻无效。于是北大同学约一千四五百人9点多整队出发，在校旗的引导下，途中秩序井然，于10点抵达新华门。当时高等师范学校学生数百人已经先到。不久以后，工业专门学校和法政专门学校学生队伍也到达。四校同学到新华门者总数有2000多人。

总统府方面第一次遭遇这么大规模的学生请愿，如临大敌，把步军统领、京兆尹、警察总监、军警督察长统统召来总统府维持秩序。后经过双方交涉，请愿学生推举13名代表进总统府面见总统冯国璋，表达学生请愿的诉求。13名学生代表为：许德珩、方豪、段锡朋、雷国能、刘昂、朱发祥、邓翔海、鲁士毅、夏秀峰、熊梦飞、易克嶷、王政、刘裕房。冯国璋与学生代表见面后，首先批评学生不应干预政治，应该专心学习。然后又和颜表示理解同学们的爱国热忱，并赞许了同学们来总统府的路上秩序整肃。随后，冯国璋拿出中日协定的原文，择要给同学们讲解，证明这些条文"绝非如外间所传丧失权利之甚"，并表白"予绝不至卖国，亦绝非卖国之人，诸君可放心就学"，云云。总统一番貌似推心置腹的谈话让这群青年学生"觉已得圆满结果，遂欣然退出，各率全体学生归校"③。这时已

---

① 《益世报》1918年5月19日。
② 《苏甲荣日记》，民国七年（1918）五月二十一日（1918年），北京大学图书馆藏。
③ 《各校学生质问中日条件》，《益世报》1918年5月22日。

经过了下午两点了。

5月21日的这次北京四校学生联合请愿活动声势浩大,北京和全国的许多报刊都做了详细报道。这次请愿活动学生很文明,2000多人秩序井然。政府方面虽然很紧张,但应对还算得法。冯国璋接见学生代表,假意表现得很坦诚,对条约内容进行了解释,表示没有卖国。参加会谈的各位代表也缺乏经验,相信了总统的话,请愿活动遂和平结束。这次请愿活动没能阻止《中日共同防敌军事协定》的签订。

四校的校长在学生请愿活动后,以未能阻止学生请愿为由,向政府提出辞呈。

当晚7点,北大全体同学又在北大法科礼堂开会。首先由代表汇报见总统的详细情形,然后议决两条办法。一是由各班长做代表去面见蔡元培校长进行挽留,并上书教育部要求挽留校长。二是各班举出代表二人,组织会议,筹议下一步进行办法,并联络京中各校一致行动,以及筹措捐款通电全国。

四校的学生代表在请愿结束后,又召开会议,提出"二种主义:(一)不以国事废学业,决议昨日起四校一律照常上课;(二)不以求学忘国事,决议课余研究时事,保守前日团结之精神。四校互通声气云"[①]。

政府方面在四校学生联合请愿后,向全国各学校一再训令,严禁学生聚众干涉政治,要求各学校严加管理,不许学生出校。又密令各省省长、教育厅厅长等对于学生们要求废约的所有集会和请愿活动严加取缔。

政府对留日学生救国团进一步加强监视和恫吓,一再令他们限期离京返回日本,6月初,决定将留日学生救国团北京分部的人员驱逐出北京。面对政治压迫和经费困难,留日学生救国团的阮湘等陆续撤离北京。6月25日,救国团北京分部发表离京宣言。宣言回顾先发队到北京后一个多月的活动,指出虽经归国的留学生废寝忘食,四处奔走呼号,但留日学生罢学归国所要求的拒约和公布中日密约两项目标均未实现,"救国目的,茫如捕风,内疚良心,外惭多士。所差堪自慰者,迭蒙报学各界指导援助,足

---

① 《四校学生反对中日交涉再志》,《益世报》1918年5月23日。

见人心不死，正义犹存。虽无辅于目的，必有为于异日耳"。宣言再次呼吁国人要行动起来，"多尽一分力量，多得一分爱国分子，多收一分救国效力"①。

不久以后，暑假开始，多数学生离校。这场因反对中日秘密军事协定而发起的学生爱国运动也就渐趋平息。因罢学回国的2000多名留日学生，有的考入国内学校继续学习，有的在各方压力下含恨返回日本完成学业，也有人就此中断了学业。例如，留日学生救国团先发队阮湘、李达、王希天都在当年返回日本继续就读；这次运动中从日本罢学归来的黄日葵则考入北京大学预科，成为北大学生；留日学生救国团干事长王兆荣先是在上海领导救国团继续斗争，1920年到北京任国立北平法政专门学校教务长。

由留日学生发起的这场运动没有达到目的，可以说是失败了，但其意义不容忽视。这场运动可以视为1919年五四运动的预演。它使学生受到一次斗争的锻炼，为五四运动做了组织上和干部上的准备。尤其是5月21日，由北京大学学生发起的四校学生联合请愿，在社会上引起巨大的反响。正是这次联合请愿运动使青年学生认识到建立学生组织的重要性，于是以北京大学学生为主的学生运动积极分子发起成立了学生救国会（最初名称是学生爱国会），参加救国会组织的有北京各校学生。"暑假中，派出了许德珩、易克嶷两人代表学生救国会南下联络，以通声气。"②两人先后到天津、济南、武汉、九江、南京、上海，与各地学生组织和媒体、政界人士建立联系。各地都有学生加入了学生救国会。这样学生救国会的成员就不仅仅限于北京一地，而是遍及全国，一些回日本的留学生也加入了这个组织。

为了加强联系，做好宣传工作，学生救国会筹备出版《国民》杂志。经费由南北各地学生救国会会员凑集，每人出5块大洋，共凑了1500余元。所有捐款的人自然都成为国民社的社员。1918年10月20日，国民杂志社召开成立大会。杂志社编辑部设在北池子53号一处租赁的房子，位于北大法

---

① 《民国日报》（上海）1918年6月28日。
② 许德珩：《回忆五四运动》，中国人民政治协商会议全国委员会文史资料委员会编：《五四运动亲历记》，中国文史出版社1999年版，第20—22页。

科附近。许德珩回忆:"因为办这个杂志的目的是宣传爱国、反帝、反军阀,不是谈文学革命,参加的人又不限于北大的学生,所以北大当局不让我们在北大校内挂牌子(虽然北大的同学参加的很多)。我们只好在北池子骑河楼路南一所房子里租了一大间房子,通信、开会、讨论问题都在这里。"①《国民》杂志原计划1918年10月国民社成立时出版,但是因经费管理人鲁学祺挪用了五六百元,使刊物被迫推迟到1919年1月1日出版。

国民杂志社成立大会合影

据统计,国民社有社员200人左右,这些人基本都是1918年反对中日秘密军事协定运动中的积极分子。例如,1918年5月21日四校联合大请愿中面见总统的13位学生代表中,有7人加入了国民社,他们是许德珩、段锡朋、刘昂、鲁士毅、夏秀峰、熊梦飞、易克嶷。另外,留日学生救国会的干事长王兆荣、副干事长阮湘也加入了国民社。据运动积极分子夏秀峰回忆,学生救国会到1918年秋后便结束了。这样,国民社就继学生救国会之后,成为五四前最大的校际学生社团。

国民杂志社成立时,设评议部和干事部,评议部负责社务的议决和监

---

① 许德珩:《回忆五四运动》,中国人民政治协商会议全国委员会编:《五四运动亲历记》,中国文史出版社1999年版,第23页。

察，干事部负责执行。干事部下设总务、编辑、调查、会计4股。除会计股设干事4人外，其他3股都设干事10人，每股有干事2人担任主任。每年举行一次常会，选举出评议员和各股干事。评议长及各股主任由评议员及各股干事推举。第一届职员62人，绝大多数是北大学生，其中评议部评议长为北大商科三年级学生段锡朋，总务股主任易克嶷，编辑股主任黄建中、周长宪，调查股主任朱一鹗、谢绍敏，会计股主任彭钧都是北大学生。他们在后来的五四运动中成为运动的主要领导者。

二、新旧派之争

1919年3月18日，北京《公言报》发表林纾致蔡元培的公开信《致蔡鹤卿太史书》，挑起著名的"林蔡之争"。此信开头从蔡元培请林纾为明遗民刘应秋遗嘱题词一事，认为蔡元培虽然"崇尚新学"，但也能保全、护惜旧物和名教，表示由衷的感谢和欣慰。随后，林纾列举了外间对于北大的种种议论，以一介清室遗民的立场指责北大一些新派人物提倡所谓白话文、新道德的种种不是，对新派人物一意以"覆孔孟，铲伦常"为快表示极大愤怒。信中林纾一再表明对蔡元培本人没有恶意，说："盖今公为民国宣力，弟仍清室举人，交情固在，不能视若冰炭。"最后表示希望蔡元培能好好管理北京大学，并为推动南北谈判，实现国内和平尽一份力，说："今全国父老以子弟托公，愿公留意以守常为是，况天下溺矣，藩镇之祸，迩在眉睫，而又成为南北美之争。我公为南土所推，宜痛哭流涕助成和局，使民生有所苏息；乃以清风亮节之躬，而使议者纷纷集矢，

林纾像

第三章 狂飙突进

甚为我公惜之。"虽语重心长,但对蔡元培主持北大以来出现的种种新变化明确表示反对,实际也是对蔡元培提出委婉的批评。

林纾的公开信发表后,上海《时报》《神州日报》和天津《大公报》分别在3月21日和23日转载。蔡元培于3月18日当天就写了《致公言报函并附答林琴南君函》,为新文化运动辩护。蔡元培批评林纾不该以谣言为根据对北京大学进行攻击,说:"公书语长心重,深以外间谣诼纷集为北京

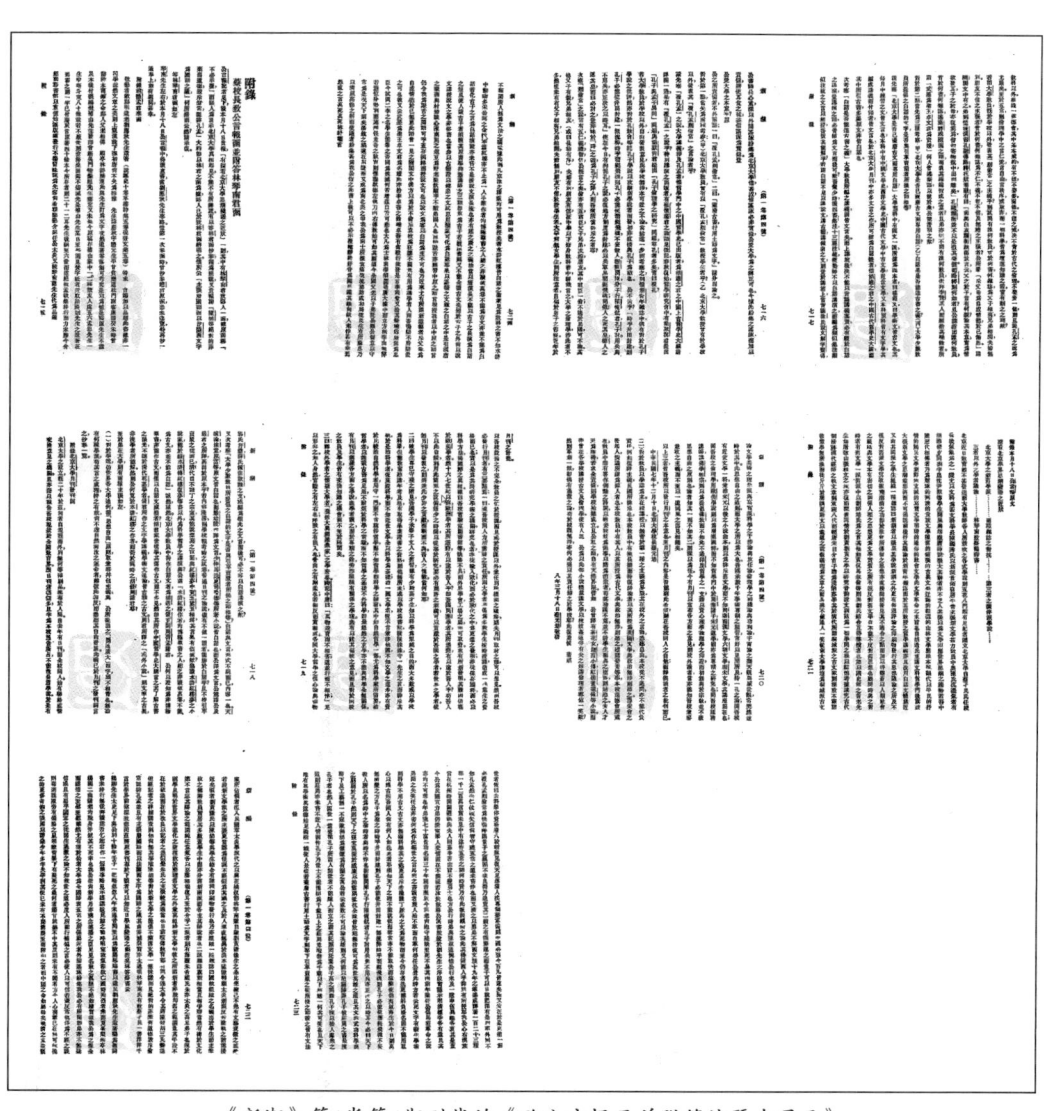

《新潮》第1卷第4期刊载的《致公言报函并附答林琴南君函》

073

大学惜，甚感。惟谣诼必非实录，公爱大学，为之辨正可也。今据此纷集之谣诼，而加以责备，将使耳食之徒，益信谣诼为实录，岂公爱大学之本意乎？"然后，针对林纾公开信中指责北大的两点——一曰"覆孔孟，铲伦常"，二曰"尽废古书，行用土语为文字"——分别进行了反驳。值得注意的是，蔡元培的回函都是否认林纾的指控，并没有否定这两条指控的正当性。由此可见，当时社会氛围依然是守旧思想占据主导地位的。

另外，虽然蔡元培在回函中抓住林纾是道听途说，没有确实证据，否定北大有林纾所指控的这些事实，甚至义正词严地提出类似反问："公能指出谁何教员，曾于何书、何杂志，述路粹或随园之语，而表其极端赞成之意者？""所谓'武曌为圣王，卓文君为贤媛'，何人曾述斯语，以号于众，公能证明之欤？"但是根据现在公开的新文化运动人物的日记、通信，可知当时北大新文化运动代表人物即使没有公开在报刊上发表过这些主张，在日常言说中却是完全有可能有人会这样说的。

其实，如果单就林、蔡公开信中的这些内容来看，似乎不足以构成一件历史性所谓"林蔡之争"事件。"林蔡之争"作为五四运动爆发前新文化运动中的一件重大历史事件，需要放到当时的社会舆论场中才能看出其历史性的象征意义。

林纾的公开信首发的报纸《公言报》在当时被视为安福系的喉舌，其本身在客观上就被视为反动政府的代言人。安福系是当时依附皖系军阀的一批官僚政客。其核心人物为徐树铮、王揖唐等，该系作为皖系军阀左右北方政局的政治力量在政界颇为活跃。在1918年8月的新国会选举中，安福系以非法手段操纵选举。在全部议员的400多人中，安福系即占380余人，王揖唐被选举为众议院议长，因而这届国会被称为安福国会。作为安福系核心人物的徐树铮对林纾执弟子礼，非常尊重。

《公言报》登载林纾公开信时，在前面加有类似编者按语的《请看北京学界思潮变迁之近状》。有意思的是，这篇按语的主要内容照抄《申报》1919年3月6日一篇署名作者为"静观"的报道《北京大学新旧之暗潮》，该报道对北京大学新旧思潮各派代表人物和主要主张的描述是比较客观的。报道称"国立北京大学自蔡孑民氏任校长后气象为之一新，尤以文科为最有声色"。作者将北京大学文科教员分为3派。首先是以陈独秀为首的新派,主张文学革命,并由文学革命进而反对一切旧思想;其次是与新派直接对峙的以刘师培为首的旧文学派;另外还有以朱希祖为首的调和派。作者认为朱希祖一派的主张"较为适当"。报道最后提到传言政府训令北京大学将陈独秀、钱玄同、胡适辞退的事,作者虽然说传言不实,但还是善意地提醒新派应该"缓和其手段,毋多树敌"[①]。

3月18日,《公言报》的《请看北京学界思潮变迁之近状》大部分内容都一字不改照抄上文,只是将最后一段进行了改动。而这一改动正是编者的点睛之笔。现将这两段话照录在下面,可以看出编者改动的深意。

《北京大学新旧之暗潮》结尾:

> 日前喧传教育部有训令达大学,令其将陈钱胡三氏辞退,并谓此议发自元首,而元首之所以发动者,由于国史馆内一二耆老之进言,但经记者之详细调查,则知确无其事。此语何自而来,殊不可解。寄语新文学诸君子,中国文学腐败已极,理应顺世界之潮流,力谋改革,诸君之提倡改革不恤冒世俗之不韪,求文学之革新用,意亦复至善,第宜缓和其手段,毋多树敌,且不宜将旧文学上价值一笔抹杀也。

《请看北京学界思潮变迁之近状》结尾:

> 日前喧传教育部有训令达大学,令其将陈、钱、胡三氏辞退,但经记者之详细调查,则知尚无其事。唯陈、胡等对于新文学之提倡,不第旧文学一笔抹杀,而且绝对的菲弃旧道德,毁斥伦常,诋排孔孟,并且有主张废国语而以法兰西文字为国语之议。其卤莽灭裂,实亦太过。顷林琴南氏有致蔡孑民一书,洋洋千言,于学界前途,深致悲悯。兹将原书刊布于下,读者可以知

[①] 《北京大学新旧之暗潮》,《申报》1919年3月6日。

近日学风变迁之剧烈矣。

《公言报》编者改动的结尾直指新文化运动的两大主将陈独秀、胡适，称其将旧文学"一笔抹杀"，而且"绝对的菲弃旧道德，毁斥伦常，诋排孔孟，并且有主张废国语而以法兰西文字为国语之议"。这些指控的罪状在当时社会绝对属于惊世骇俗的罪过。故蔡元培不得不为北大，为陈、胡一辩。他在《致公言报函》中指出对方的指控皆没有根据，要求《公言报》将自己的来函照登，以正视听。

> 《公言报》记者足下：读本月十八日贵报，有《请看北京学界思潮变迁之近状》一则其中有林琴南君致鄙人一函。虽原函称"不必示复"，而鄙人为表示北京大学真相起见，不能不有所辨正。谨以答林君函抄奉，请为照载。又，贵报称"陈、胡等绝对的菲弃旧道德，毁斥伦常，诋排孔孟"，大约即以林君之函为据，鄙人已于致林君函辨明之。惟所云"主张废国语而以法兰西文字为国语之议"，何所据而云然？请示复。

蔡元培《致公言报函并附答林琴南君函》首先发表于1919年3月21日的《北京大学日刊》上。《公言报》却推迟至4月1日才登载。在此之前，《公言报》于3月24日又刊登林纾《林琴南再答蔡鹤卿书》，3月25日《大公报》、3月26日《时报》也进行了转载。林纾是从3月21日的《北京大学日刊》上看到蔡元培对他公开信的公开回复，然后写了这篇《林琴南再答蔡鹤卿书》。在这封公开信里，他一方面对自己根据传言以公开信指责北大表示歉意，另一方面依然表示坚持自己尊孔、卫道和捍卫古文的立场不动摇。

> 弟所求者，存孔子之道统也，来书言尊孔子矣；所求者，伦常之关系也，来书言不悖伦常矣；所求者，古文之不宜屏弃也，来书言仍用古文矣。餍心遂欲，畅遂无言。……拼我残年，极力

卫道，必使反舌无声，狗不吠而后已。①

应该说林纾虽然性格倔强，但却也是一个坦率的人。他不隐晦自己守旧的思想观点，并公开站出来，孤身一人与主张新文化运动的后辈晚生辩难。双方在争论中时常言辞过激，乃至互相谩骂，但对于蔡元培指出他不该根据传言立论，做无根据的指责，他立即再次以公开信的方式表示道歉。这对于当时享有盛名的林纾来说，是非常不容易的。

林纾发表《林琴南再答蔡鹤卿书》后，蔡元培未再回复，"林蔡之争"遂告结束。但是在这场表面上平淡无奇的"林蔡之争"之外的斗争却是暗潮汹涌。

前文说过林纾、张厚载师生与新文化派之间围绕文言和白话问题、戏剧改良问题进行的论战，在表面上以《新青年》同人的胜利结束了论辩。由反对旧文化自然引申出反对一切旧的伦理道德乃至社会制度，这必然会招致旧文化、旧制度捍卫者的忌恨。于是到1918年年底，北京大学明显地感受到来自社会和政府方面的无形压力。

1919年元旦刚过，钱玄同、沈士远、沈尹默等与徐森玉在一起聚餐。席间，徐森玉透露"现在有陈衍、林纾等为大学革新事求徐世昌来干涉。因此徐世昌便和傅增湘商量，要驱逐独秀，并有改换学长，整顿文科之说"②。徐森玉是浙江吴兴人，与钱、沈等为浙江同乡，当时任职于教育部，同时兼任清史馆协修，与清史馆总裁赵尔巽接近。赵尔巽为清代遗老，在袁世凯称帝时曾与徐世昌等三人被特封为"嵩山四友"。陈衍、林纾等也都以遗老自居，与现在的总统徐世昌能说得上话。所以，徐森玉的小道消息应该不是空穴来风。

两天后的1月7日，钱玄同又在日记里记道："午后到大学，（刘）半农、（沈）尹默都在那里，听说蔡先生已经回京了。关于所谓'整顿文科'的事，蔡君之意以为他们如其好好的来说，自然有个商量，或者竟实

---

① 原函首发于1919年3月24日《公言报》，本引文录自1919年3月26日《时报》。
② 杨天石主编：《钱玄同日记》上册，北京大学出版社2014年版，第338页。

行去冬新定的大学改革计划，废除学长，请独秀做教授。如其他们竟以无道行之，则等他下上谕革职，到那时候当将两年来办学之情形和革职的理由撰成英法德文，通告世界文明国。"显然，沈尹默等已经将前天由徐森玉透露的消息汇报给了蔡元培校长。而蔡元培的态度就是"他们如其好好的来说，自然有个商量"。考虑取消文理科学长，落实成立北大文理科教授会的改革计划，这样既照顾了政府方面的要求，也保全了大学的自主。但是如果政府方面强行干涉，大不了自己不做北大校长，也要彻底揭露守旧势力的黑暗内幕。

这里蔡元培所说的大学改革计划，是由胡适提出的。过去北大实行分科学长制，由学长统一安排每一分科下属各个专业的教师聘任、招生、教学和各种行政事务。学长的权力很大，但是学长本人不可能通晓各专业学术事务，难免在课程设置、教材选择、教学安排上有不如人意之处。1917年年底，胡适借鉴国外大学的经验，提议成立文理科各专业教授会，由各个教授会分工负责本专业教学事务。1917年12月8日，北大评议会通过《学科教授会组织法》，要求"本校各部门之重要学科各自组为一（部），每部设教授会"。由各专业全体教员组成，选举1人为主任。[①]此后，北大文、理、法科下属的各专业教授会相继成立。工科教师、学生较少，且蔡元培打算将之归并于北洋大学，所以没有再分专业成立教授会，依然由工科学长专管。各专业教授会对于本部教授方法的好坏、教科书的选择有"讨论、决议之责"，对于本部学科之增设及废止、本部应用书籍及仪器之添置有"参预讨论之责"。

各专业教授会的成立，提升了学科设置、教材选择、教学安排的合理性，也充分调动起各专业教师的积极性。在此基础上，因应蔡元培加强基础性的文、理2科教学科研的想法，1918年年底，胡适提议取消文理科学长，进一步完善和加强各专业教授会，由各教授会主任组成统一的文理科教务处，并选举1位教务长负责教务处行政领导和执行教授会主任会议议决事项。这便是蔡元培所说的"去冬新定的大学改革计划"的主要内容。

---

① 《北京大学日刊》1918年12月11日。

这个"大学改革计划"的初衷是调动教授们参加教学管理，提升教学科研的专业化水平。但是其一旦实行必然牵涉到校内一系列的人事变动，首当其冲的自然是文、理科学长。当时，北大有文、理、法、工4科学长。其中，理科学长夏元瑮资历最老，他从严复1912年做北大校长时就受聘担任理科学长，并且曾兼任过工科学长、图书馆馆长。蔡元培就任北京大学校长后，续聘夏元瑮任理科学长，文科学长则改聘陈独秀担任，法科学长为王建祖，工科学长为温宗禹。虽然陈独秀是蔡元培亲自请来的，但其主要职权也仅限于整顿文科。在当时的4科学长中，夏元瑮实际权力最大。他不仅统管理科，而且还负责全校性的招生和教学科研事务。北京大学每年的招生章程都由他起草，征求其他学长、教授会主任意见后，发布实施。当时，夏元瑮所拿的学长薪水也是最高的，为350元，陈独秀为300元，温宗禹250元（温宗禹从1919年8月起升至300元）。[①]夏元瑮由于一贯做事"大模大样"，得罪了许多人。于是沈尹默等鼓动蔡元培借文理科合并的改革计划，取消学长，排挤夏元瑮。为了安抚夏元瑮，蔡元培根据评议会于1918年10月刚刚通过的《大学校长等派赴外国考察规程》，安排夏元瑮带薪出国赴美欧考察两年。夏元瑮无奈，只好选择出国考察，于1919年1月22日离京。由秦汾代理理科学长。

夏元瑮出国后，1919年3月1日，北京大学评议会通过《文理科教务处组织法》，并宣布暑假后实行。根据该组织法，文理科将取消学长，由各教授会主任组成教务处，选举一人为教务长。至于为什么合并设立统一的教务处的改革不立即实行，据胡适后来说，这是因为理科代理学长秦汾和沈尹默等人反对由文科学长陈独秀出任教务长。

在北京大学内部酝酿制度改革和人事变动的时候，陈独秀、胡适等倡导的新文化运动影响正日益扩大，引起一些传统势力的不安，各种对新派人物的责难和污蔑也日渐增多，关于政府方面对陈独秀等新派人物不满，有意对北大进行干涉的传言在社会上越传越盛。

2月26日，上海《神州日报》登载了北大法本科学生张厚载写的通讯，

[①] 《北大教职员薪俸册》1919年3月至12月，北京大学档案馆藏。

将这个传言第一次公之于众："近来北京学界忽盛传一种风说，谓北京大学文科学长陈独秀等人即将卸职，因有人在东海面前报告文科学长、教员等言论思想多有过于激烈浮躁者，于学界前途大有影响，东海即面谕教育总长傅沅叔令其核办。傅氏遂讽令陈学长辞职。陈亦不安于位，故即将引退。又一说则谓东海近据某方面之□告，对于陈独秀暨大学文科各教授如陶孟和、胡适、刘半农等均极不满意，拟令一律辞职云云……凡此种种风说果系属实，北京学界自不免有一番大变动也。"[1]东海，即当时的总统徐世昌；傅沅叔，即当时的教育总长傅增湘。张厚载报道的主要内容与钱玄同1月初从徐森玉处听到的"徐世昌便和傅增湘商量，要驱逐独秀，并有改换学长，整顿文科之说"差不多。

没过几天，《申报》也于3月4日报道"北大教员陈独秀、胡适、钱玄同三人被驱逐、辞退，闻与出版物有关"。所谓出版物，自然是指《新青年》《每周评论》。3月6日，《申报》又发表署名为"静观"的《北京大学新旧之暗潮》，详细描述了北大自蔡元培掌校后内部新、旧、调和三派思潮，并再次提到教育部有训令"将陈钱胡三氏辞退"的传言。一时间，关于陈独秀等人和北京大学的消息引起公众舆论广泛关注。上海《时事新报》《中华新报》《民国日报》及北京《晨报》《国民公报》纷纷发表评论，呼吁言论自由，抨击政府，对陈独秀等人被诬陷表示同情和支持。

1919年3月出版的《新青年》发表启事，声明《新青年》杂志"完全是私人的组织，我们的议论完全归我们自己负责，和北京大学毫不相干"[2]。这表明陈独秀等人明显感受到政治压力，希望以此将《新青年》同人的言行与北京大学切割，保护北大不受政治干涉。

《新青年》在同一期还转载了林纾2月17日发表于上海《新申报》上的影射小说《荆生》，并配发编者按，指出"近来有一派学者主张用国语著作文学，本报也赞成这种主张的……有人想用武人政治的威权来禁压这种鼓吹"，"林纾的梦想小说就是代表这种武力压制政策的"。文后又转发

---

[1] 《学海要闻》，《神州日报》1919年2月26日。
[2] 《新青年编辑部启事》，《新青年》第6卷第2号。

第三章 狂飙突进

李大钊首发于《晨报》上的文章《新旧思潮之激战》，痛批林纾《荆生》小说是意图借"伟丈夫"这种"学术以外的势力"压制文化运动，"我正告那些顽旧鬼祟抱着腐败思想的人：你们应该本着你们所信的道理光明磊落地出来同这新派思想家辩驳讨论，……你们若是不知道这个道理，总是隐在人家的背后，想抱着哪位伟丈夫的大腿，拿强暴的势力压倒你们所反对的人，替你们出出气，或是作篇鬼话妄想的小说快快口，造段谣言宽宽心，那真是极无聊的举动。须知中国今日如果有真正觉醒的青年，断不怕你们那伟丈夫的摧残。你们的伟丈夫，也断不能摧残这些青年的精神"[①]。

3月9日，《每周评论》发表署名为"二古"的中学教师（实际为胡适）来信《评林蝎庐最近所撰〈荆生〉短篇小说》。来信的标题故意把林纾的号"畏庐"写成"蝎庐"，这是将林纾贬为"虫"类了。胡适用批改中学生作文的手法从结构、文法、字句几方面对《荆生》进行批驳，以此嘲弄其作者林纾名为大古文家，实际是一窍不通。

3月18日，林纾在《公言报》发表公开信《致蔡鹤卿太史书》，公开向蔡元培校长发难。蔡元培被迫发表《致公言报函并附答林琴南君函》，对林纾进行全面回应和反驳。于是才有了本节开头的"林蔡之争"。在发表公开信的同时，林纾第二篇影射小说《妖梦》于1919年3月18日至22日在上海《新申报》连载，继续谩骂陈独秀、胡适，还顺带捎上了蔡元培。

突然出现的公众舆论关注，给北大校方造成相当大的压力。在回应林纾公开信的同时，蔡元培又给最早发表陈独秀等被驱逐传言的《神州日报》去函，进行辟谣，并同时将《致神州日报记者函》登载在3月19日的《北京大学日刊》上。《神州日报》3月22日在第四版不显眼的地方以"来函"形式刊载了蔡元培的此信，又在标题下加括号注明"此函本报不负责任"。胡适、蔡元培还先后就张厚载所写关于北大的报道致函质问，并把去函和张厚载承认错误的回函公开发表在《北京大学日刊》上，以正视听。尤其是蔡元培致张厚载的信，虽义愤填膺，但又言辞恳切，以理服人，的确让受者不得不口服心服。现摘录如下："豂子兄鉴：得书，知林

[①] 《新旧思潮之激战》，《晨报》1919年3月4日、5日；《新青年》第6卷第2号。

琴南君攻击本校教员之小说，均由兄转寄新申报。在兄与林君有师生之谊，宜爱护林君。兄为本校学生，宜爱护母校。林君作此等小说，意在毁坏本校名誉，兄徇林君之意而发布之，于君爱护母校之心安乎？否乎？仆生平不喜作谩骂语、轻薄语，以为受者无伤，而施者实为失德。林君詈仆，仆将哀矜之不暇，而又何憾焉？惟兄反诸爱护本师之心，安乎？否乎？往者不可追，望此后注意！此复，并候学祺。"[1]

社会舆论的公开关注，给政治人物提供了干涉的理由。于是便有安福系的国会议员张元奇赴教育部要求取缔《新青年》《新潮》等刊物，并威胁要在国会弹劾教育总长、北大校长。总统徐世昌也不止一次要求教育总长傅增湘整顿北大。

面对新旧双方日益激烈的争端，教育总长傅增湘于3月26日致函蔡元培。作为蔡元培的好友，傅增湘信中的语气非常客气委婉，但也坦承对北大师生中激进的新思潮的担忧。信中说："近顷所虑，乃在因批评而起辨难，因辨难而涉意气。倘稍逾学术范围之外，将益起党派新旧之争，此则不能不引为隐忧耳……凡事过于锐进，或大反乎恒情之所习，未有不立蹶者。时论纠纷，喜为抨击，设有悠悠之辞，波及全体，尤为演进新机之累。"[2] 傅增湘的信中还提到北大新思潮已引起了"辇下耆宿"的反感，所以希望北大方面有所调整，给教育部保全北大的理由。这封信使蔡元培切实感受到这位教育总长所受的压力，接信当天夜里就在谋士汤尔和的家里召集沈尹默、马夷初等商量对策。

3月26日的会议到半夜12点才结束，汤尔和在第二天的日记做了补记，非常简略，只有一句话，"昨以大学事，蔡鹤公及关系诸君来会商，十二时客始散，今日甚倦"。胡适批注"此事即是会议辞去陈独秀问题"[3]。会上对于陈独秀的去留问题争论较大，蔡元培是非常不愿意辞退陈独秀的。

---

[1] 《北京大学日刊》1919年3月21日。
[2] 高平叔、王世儒编注：《蔡元培书信集》（上），浙江教育出版社2000年版，第404页。
[3] 中国社会科学院近代史研究所中华民国史组编：《胡适来往书信选》（中），中华书局1979年版，第283页。

第三章　狂飙突进

另外，从后来的公开举措来看，会议也决定了对新派人物心目中"反动派"的报复措施。

当时，北京还流传陈独秀因嫖妓争风吃醋而"挖伤妓女下体"的谣言。据胡适说这谣言被汤尔和等在3月26日晚上的会议中作为说服蔡元培辞去陈独秀的一个重要理由。其实当时的社会，娼妓业是合法公开的服务行业，有钱人和名流雅士出入风月场所很普遍，有所谓吃花酒、打茶围等各种社交活动。胡适说当时的理科学长夏元瑮也去这种地方，所谓"挖伤妓女下体"是当时外人借私行为攻击陈独秀、攻击北大新思潮领袖的一种手段。在此之前几天，蔡元培在回复林纾攻击北大的公开信中也曾明确表态"嫖、赌、娶妾等事，本校进德会所戒也，教员中间有喜作侧艳之诗词，以纳妾、狎妓为韵事，以赌为消遣者，苟其功课不荒，并不诱学生而与之堕落，则姑听之"。可见，蔡元培召集3月26日晚上会议的起因不应该是有些人津津乐道的所谓陈独秀嫖娼谣言。真正迫使他连夜召集会议的还是来自政府的直接压力。傅增湘来信就是迫使他做出决定的直接原因。

会后，蔡元培校长应该是首先将会议决定与陈独秀进行了沟通，取得陈独秀的理解和支持。之所以这么说，是因为陈独秀在大约4月7日左右已经致信上海的汪孟邹，告知自己去职的消息。

在变相解除陈独秀学长职务的同时，北大新派人物决定对林纾在北大的内线张厚载给予惩处。3月31日，张厚载被北大校方明令开除。当天的《北京大学日刊》刊载学校布告："学生张厚载屡次通信于京沪各报，传播无根之谣言，损坏本校名誉，依大学规程第六章第四十六条第一项，令其退学。"

4月1日，是春假的第一天，蔡元培去拜会了教育总长傅增湘，这应该是当面汇报北大方面即将进行的人事调整，取得傅增湘的谅解和支持。

4月8日，也即春假结束后的第一天，蔡元培校长召集文理两科各教授会主任及法科的政治、经济两门教授会主任参加的会议。讨论决定将原计划暑假后实行的《文理科教务处组织法》提前付诸实行。4月10日出版的《北京大学日刊》刊出《大学本科教务处成立纪事》，详细报道了会议的经过情况，并说明之所以提前实行《文理科教务处组织法》，是因为理科代理学长秦汾调任教育部司长（笔者注：秦汾接替出国考察的夏元瑮代理理科学长不久，4月4日，政府宣布秦汾为教育部司长），文科学长陈独秀恰好也要请假回安徽。出席当天会议的有秦汾、沈尹默、胡适等8人，经投票选举经济门教授会主任马寅初为教务长。这样，北大文科、理科两科学长都自动取消了。

陈独秀很理解蔡元培和北大校方面临的来自社会和政府的压力，4月9日，主动提出辞职，但是蔡元培不同意，给了陈独秀一年假期，安排他从下一年开始在北大做教授授课。不料五四运动突然爆发，在狂飙突进的激荡社会氛围里，陈独秀、李大钊等一批激进民主主义者迅速地接受了俄国革命送来的马克思列宁主义，走上"根本改变"中国社会的道路，朝着建立中国共产党，进行社会主义革命的道路大步迈进。正如后来汤尔和回应胡适来信中所说的，陈独秀"为不羁之才，岂能安于教授生活"。从参加推翻清王朝的辛亥革命到发起涤荡旧思想的新文化运动，再到接受马克思主义，成为中国共产党的创始人之一，陈独秀一直在与旧世界奋战，以实际行动不断探索救国救民的大道，这应该才是陈独秀离开北大的根本原因。

三、新潮萌动

在一战胜利的狂欢中，红楼告别1918年，迎来充满生机和希望的1919年春天。按照民国教育部发布的《学校学年学期及休业日期规程令》，此时的北大每学年分为3个学期，1919年1月7日是北大年假结束，春季学期开学的第一天。在红楼图书馆阅览室内，许多人在翻阅报刊，了解14天年假期间的各种信息。在1月5日出版的《每周评论》第3号上，一篇题为《新纪元》的社论令大家热血沸腾。

这是李大钊为1919年元旦而写的。李大钊敏锐地意识到第一次世界大战对世界的深刻影响和俄国十月革命后人类新纪元的到来。他在文中指出："一九一四年以来世界大战的血、一九一七年俄国革命的血、一九一八年德奥革命的血，好比作一场大洪水——诺阿以后最大的洪水——洗来洗去，洗出一个新纪元来。这个新纪元带来新生活、新文明、新世界，和一九一四年以前的生活、文明、世界，大不相同，仿佛隔几世纪一样。"他看到现代战争迫使统治阶级不得不授予劳工阶级武器，使劳工阶级有了自卫的方法。认为"从今以后，生产制度起一种绝大的变动，劳工阶级要联合他们全世界的同胞，作一个合理的生产者的结合，去打破国界，打倒全世界资本的阶级"，"人心渐渐觉醒"。李大钊从中看到了新纪元的"曙光"，希望"在这曙光中，多少个性的屈

《每周评论》创刊号

枉、人生的悲惨、人类的罪恶，都可望象春冰遇着烈日一般，消灭渐净。多少历史上遗留的偶像，如那皇帝、军阀、贵族、资本主义、军国主义，也都象枯叶经了秋风一样，飞落在地"。为此，他大声欢呼、热烈拥抱这新纪元："这个新纪元是世界革命的新纪元，是人类觉醒的新纪元。我们在这黑暗的中国，死寂的北京，也仿佛分得那曙光的一线，好比在沉沉深夜中得一个小小的明星，照见新人生的道路。我们应该趁着这一线的光明，努力前去为人类活动，作出一点有益人类工作。"这篇充满感染力的文章深刻反映了李大钊对于世界局势和人类发展进程的洞见，预示着1919年将是一个不平凡的年份。

自从庆祝第一次世界大战以协约国胜利结束开始，"劳工""平民"受到中国知识界的普遍关注和推崇。1918年11月16日，北京大学在天安门举办庆祝协约国胜利讲演大会，蔡元培做了题为"劳工神圣"的讲演，从

此，"劳工神圣"成为当时在社会上广泛传播的口号。蔡元培认为"凡用自己的劳力作成有益于他人的事业，不管他用的是体力、是脑力，都是劳工"。同月28日，李大钊在中央公园讲演会上又满腔热情地发表题为"庶民的胜利"的著名演说。他指出一战胜利是民主主义战胜帝国主义，而"民主主义战胜，就是庶民的胜利。社会的结果，是资本主义失败，劳工主义战胜"。李大钊所说的与"资本主义"相对的"劳工主义"，在当时隐隐已经对应俄国十月革命所奉行的马克思列宁主义。所以李大钊后来很自然成为中国第一个主张走俄国革命道路的马克思主义者。

不过此时，中国大多数人还沉浸于"公理战胜强权"的幻觉里，他们欢呼美国总统威尔逊提出的14点和平建议，寄希望于1919年1月18日在法国开幕的巴黎和会能给中国主持公道，把德国从中国攫取的胶州湾租借地和在山东的各种权益归还中国。

此时国内"和平"的呼声高涨，皖系军阀控制的北洋政府与南方孙中山领导的广州政府也派出代表，于1919年1月20日在上海召开国内和平会议进行谈判。

在这充满和平的欢欣和对未来美好希望的氛围里，在红楼一层的新潮社办公室内，傅斯年、罗家伦等新潮社同人也在欢庆《新潮》创刊号的问世。在校方大力支持和陈独秀、李大钊等老师们的热情帮助下，经过几个月的筹备，《新潮》第1期于1919年1月1日正式出版。"新潮"的名字是罗家伦提出来的，徐彦之建议与之对应的英文名字用"The Renaissance"，这在西语里是指欧洲的"文艺复兴"，大家觉得这与同人们办杂志的初衷非常贴合，于是就定了下来。《新潮》杂志的宗旨有3条：一、批评的精神；二、科学的主义；三、革新的文字。《新潮》积极响应《新青年》的号召，用白话文出版。虽然《新潮》与《新青年》一样都是面向青年的刊物，但"《新青年》的读者偏重在大青年、高级知识分子；《新潮》的对象，主要是小青年、中学生"。《新青年》偏重于议论，《新潮》更偏重于翻译和创作。《新潮》与《新青年》互相配合、互相呼应，大大推动了文学革命和白话文的推广。

在《新潮》创刊号的《新潮发刊旨趣书》里，傅斯年回顾北京大学自蔡元培校长掌校以来，在办学宗旨、教学内容和人才培养目标等方面发生的巨大变化，称现在的北大"幸能渐入世界潮流，欲为未来中国社会作之先导"。他说："本次精神，循此途径，期之十年，则今日大学固来日中国一切新学术之策源地；而大学之思潮未必不可普遍国中，影响无量。"文中表示新潮社同人希望为北大实现这一目标"竭尽思力，勉为一二分之赞助"。"一则以吾校之真精神喻于国人，二则为将来之真学者鼓励兴趣。"这就是《新潮》创办的初衷。

罗家伦在《新潮》创刊号发表《今日世界之新潮》，以形象化、富于感染力的语言把"俄罗斯的革命、奥匈的革命、德意志的革命"称之为世界"新潮的起点"。他高呼："现在的革命不是以前的革命了！以前的革命是法国式的革命，以后的革命是俄国式的革命！"他分析了两种革命的种种不同之处，宣称："这次的革命是民主战胜君主的革命，是平民战胜军阀的革命，是劳动者战胜资本家的革命！总而言之，以前法国式的革命是政治革命，以后俄国式的革命是社会革命。"他还预测新的革命之后，应该是"民主主义同社会主义必定相辅而行"，将建立平民统治的民主、公开的平民政府。他呼吁："现在世界的新潮来了，我们何妨架起帆桨，做一个世界的弄潮儿呢！"

对国家兴亡强烈的使命感是中国传统知识阶层的优良传统，北京大学前身京师大学堂的建立就是戊戌维新变法运动的产物。这种强烈的使命感在蔡元培出任北京大学校长后，又被激活了。这种使命感使北大师生更加关注社会、关注民生，使他们天然地具有民主主义的思想。从蔡元培、李大钊到罗家伦，他们都敏锐地意识到劳工、平民、庶民在新世纪的重要性。正是在这种思想背景下，一些北大学生在1919年的春天创建了"平民教育讲演团"，开始走出书斋，走出红楼，深入群众，开展对民众的教育和启蒙工作。

1919年3月7日，邓康、廖书仓等14名北大同学在《北京大学日刊》刊登《北京大学平民教育讲演团征集团员启事》，发起成立"北京大学平民教育讲演团"。宣称"以教育普及与平等为目的，以露天演讲为方法"。他们认为："共和国家以平民教育为基础。""北京大学固以平民主义之大学为标准者也。"鉴于当时的中国平民识字的人少，能阅读印刷品出版物者只限于少数人，发起人认为"欲期教育之普及与平等，自非从事演讲不为功"，号召同学中热心平民教育的人报名加入平民教育讲演团。

启事附了3位联系人的姓名和联系住址，他们是：廖书仓，住东斋宙5号；周炳琳，住东斋宇3号；邓康，住东斋宙7号。3人恰巧都住在位于红楼西侧的东斋，这东斋是对应于马神庙公主府的西斋而命名，也被称为北大第二宿舍，建于京师大学堂时期。3位联系人中，廖书仓，字大酉，湖南永兴县人，法本科政治学门1918年毕业，时为法科研究所研究生。廖书仓是一位在社团活动方面的积极分子，他在北大参与发起的社团就有音乐研究会、国民杂志社、平民教育讲演团，还是书法研究会执事和进德会评议员。邓康，字仲澥，又名邓中夏，湖南宜章人，1917年秋入文本科国文门（中文系）学习，结业后又于1920年转入哲学系学习，1923年毕业。周炳琳，字枚荪，浙江黄岩人，时为法科经济学门三年级学生。他们还都是国民杂志社首届职员，在随后的五四运动中都成为运动骨干。

3月23日上午，平民教育讲演团在位于马神庙的理科学长室召开成立大会，其时报名入团的团员已经有39人。会议公推廖书仓为临时主席并由他报告讲演团筹备和报名情况，然后讨论讲演团章程和开展工作的方法，最后进行职员选举。廖书仓以最高票当选总务干事，邓康以次多数票也当选。罗家伦和康白情当选为编辑干事，周炳琳当选为文牍干事，易克嶷当选为会计干事。这6

东斋旧照

位当选的干事中,罗家伦和康白情是新潮杂志社的骨干,其他4人是国民杂志社的骨干。这两大社团的骨干在1919年春天不约而同地携手致力于平民教育事业,也是很能反映这个春天一种新的气息。

北京大学平民教育讲演团成立后,立即高效地开展工作。讲演团章程规定讲演团工作开展方法分为定期讲演和不定期讲演两种。3月27日,讲演团通告,已经与京师警察厅接洽好,报告讲演团将于春假后在京中各相当地点开展讲演活动,请警察厅转知各区警察。随后,他们请北京大学出函与京师学务局联系,商定在京师学务局下属的10处讲演所中选了4处为北京大学平民教育讲演团提供讲演时段,每周日下午1点后,由平民教育讲演团安排团员讲演1次。这4处讲演地址和讲演时段为:京师公立第一讲演所,珠市口南路东,下午2时至4时;京师公立第四讲演所,东安门外丁字街路南,下午2时至4时;京师公立第五讲演所,西单牌楼南路西,下午3时至5时;京师公立第十讲演所,地安门外大街路西,下午1时至3时。这样便确定了讲演团定期讲演的时间、地点。

讲演团的不定期讲演在讲演团刚成立后的春假里首先开始了,4月3日至5日,讲演团组织团员在东便门内蟠桃宫庙会开展了连续3天的讲演。讲演安排在每天午后1点到5点。虽然这几天天气不太好,但听讲的人却非常之多,"是时黄沙满天,不堪张目,而其听讲者之踊跃,实出乎意料之外"[①]。在3天的时间里,北京大学平民教育讲演团的同学们一共发表38场讲演。先后有26位同学进行了讲演。他们讲演的题目丰富多彩,如"如何求幸福""大家都受教育""做一件事当一件事""念书的利益""什么是善""现在的皇帝倒霉了"等。

学校对平民教育讲演团的工作给予大力支持,将红楼3层东边的一处房间拨给讲演团作为事务室,使平民教育讲演团办公、开会有了固定场所。

---

① 《北京大学日刊》1919年4月11日。

四、划时代的爱国运动

1919年5月2日,一个令人绝望的消息在北京各界传播开来:中国在巴黎和会上外交失败,德国侵占中国山东的权益将转给日本。

5月2日,《晨报》新闻版头条刊登林长民署名的文章《外交警报敬告国民》,披露巴黎和会将把德国在山东的权益全部交由日本的消息,疾呼"今果如此,则胶州亡矣,山东亡矣,国不国矣……国亡无日,愿合我四万万众誓死图之"[1]。同日,北京《益世报》也用醒目的大标题登出《山东殆矣可奈何》,大声疾呼国民起而抗争:"青岛一去而山东不保,山东不保北京亦不可保也。""日人既迫我于死地,我国民岂甘为朝鲜之续,惟有舍命力争。盖战亦死,国亡亦死,等死耳,复何所顾忌哉。"[2] 同日,《京报》也在头条醒目位置发表记者"评论"《请看日本朝野与山东问题》,大声疾呼国人行动起来,"吾人为国家生命自救灭亡起见,安得不一致奋起,以决一生死也哉!"

《晨报》刊登的《外交警报敬告国民》

---

[1] 林长民:《外交警报敬告国民》,《晨报》1919年5月2日。
[2] 北京《益世报》1919年5月2日。

第三章 狂飙突进

自从巴黎和会开始中国山东问题的谈判以来，国人经历了从满怀希望到希望不断破灭的过程，深刻体会到弱国无外交的悲愤。日本在和会内外积极活动，蛮不讲理。1月28日，中国出席巴黎和会代表顾维钧在关于中国山东问题讨论中发表精彩演讲，博得除日本以外与会各国代表的好评。2月2日，日本驻华公使居然向北洋军阀政府提出抗议，要求中国政府限制顾维钧发言，甚至要求中国政府撤换出席和会的顾维钧、王正廷两位专使。对于这种蛮横干涉内政的行为，软弱的北洋军阀政府竟然也没有驳斥日本公使。北大同学因此在校内召开全体大会，抗议日本公使干涉中国内政，决定一方面打电报给巴黎和会中国代表团，要他们坚决维护国家利益，另一方面通电全国，揭露日本干涉中国内政的阴谋，反对因为外国压迫而撤换本国专使。同学们在校内发起募捐，师生踊跃捐款，教员邵骥一人就捐了票洋20元。[①]发完通电，捐款还剩余300元左右，于是用组织运动的4位干事的姓名，共同负责，存在北大学生银行。

北洋军阀政府内的亲日派配合日方，一心推动和约签字，驻日公使章宗祥从3月起就谋划回国，曹汝霖、陆宗舆等密谋打算让章宗祥去欧洲替换顾维钧。4月27日，章回到天津，受到亲日派和日本方面人士的隆重欢迎。[②]

4月24日，身在欧洲的梁启超给国民外交协会致电，告知因日本恃强力争，英法等国偏向日本。他提议国民外交协会动员政府和国民对中国出席和会代表团严厉督责，让他们千万不要在和约上署名。

国民外交协会是由梁启超、张謇、熊希龄、林长民、王宠惠、蔡元培、范源廉等社会名流发起的民间组织。由于新闻媒体的跟踪报道，关于巴黎和会上中国外交失利的消息不断传来，国人的焦虑感日益增强。于是，国民外交协会倡议于5月7日的国耻日发起大规模集会，向政府和列强施加影响。北京各界起而响应，积极筹备，"北京之市民、政界、商人、学生以及少数军人皆有种种秘密之结合以策进行，惟是人人心中之理想，

[①] 《北京大学全体学生致谢》，《北京大学日刊》1919年2月11日。
[②] 《章宗祥归国情形》，《时报》1919年4月28日。

皆在五月七日国耻纪念开一空前之国民大会以示威"①。以梁启超、林长民等为首的进步党机关报《晨报》从5月5日起，连续3日刊登5月7日午后2时将在中央公园召开国民大会的预告，号召国人赴会，商讨山东问题的对付方法。北大新潮杂志社、国民杂志社的同学们积极担负起组织北大学生参加"五七"国耻集会的筹备工作。

正是在这种社会情绪下，5月2日的消息成了点燃五四运动的导火索。这条消息是从最接近政府决策层的外交委员会传出来的。外交委员会是附设于总统府的咨询机构，正式成立于1918年12月18日，其权限为承总统之命调查审议涉外事项。会长汪大燮，另有委员14人，都是现任或特任的国务员、特任官或外交次长等。总统指定林长民为外交委员会事务主任，负责日常办事。因其特殊地位，中国出席巴黎和会外交使团与政府间来往函电，一般都要抄送外交委员会。4月30日，英、美、法主导的巴黎和会决定在对德和约中将德国在山东的权益转交日本。5月1日，中国外交使团首席代表、外交总长陆征祥来电报告了这一结果，并且建议为了避免将来与德国直接交涉的可能麻烦，还是在和约上签字。外交委员会建议总统徐世昌下令拒签和约，但是政府方面却倾向于签字，有消息说国务院于5月2日密令专使在和约上签字。汪、林等无奈，只有把政府即将在不利于中国的和约上签字的消息告知外界。于是5月2日，这一消息通过媒体和私人关系迅速传遍了京城。远在上海的复旦大学校长也接到外交委员会内部人员匿名发来的电报："政府主签，我们在此已尽其所能反对，请上海响应。"②

蔡元培校长获悉这一消息后，立即在学校的大饭厅召集学生班长和部分学生代表100余人开会，痛陈巴黎和会中国外交失败，政府将被迫在和约

---

① 蔡晓舟、杨亮功编：《五四》，中国社会科学院近代史研究所近代史资料编辑组编：《五四爱国运动》（上），中国社会科学出版社1979年版，第453页。

② 中国人民政治协商会议全国委员会文史资料委员会编：《五四运动亲历记》，中国文史出版社1999年版，第10页。

上签字。①与会的同学们都非常激动。会后，许德珩等便在北大西斋饭厅召集参加国民杂志社的各校代表商讨应对办法。最后决定5月3日晚7时在北大法科礼堂召开全体学生大会，并约北京13所中等以上学校学生代表参加。当时为国民杂志社总务股干事之一的北大预科三年级学生张国焘参加了这次会议，他回忆说，在5月2日国民杂志社社务会议上，决定发起3日的全体会议，并推易克嶷为大会主席，杂志社其他同人在大会中发表演说。②于是参加国民杂志社的各校同学立即分头展开活动。

1919年5月3日晚7点，在位于北河沿的北京大学法科大礼堂内，人声鼎

北大法科大门旧照

---

① 关于北大学生从蔡元培处得到巴黎和会中国外交失败的消息见于多人回忆。当时为文本科哲学门一年级的学生班长何思源、国民杂志社的活跃分子许德珩作为亲历者都提到5月2日从蔡元培处得到这一消息（见何思源：《五四运动回忆》，中国人民政治协商会议全国委员会文史和学习委员会编：《回忆五四运动》，第85页；许德珩：《回忆五四运动》，《五四运动亲历记》，第27页）。另外还有其他人的一些回忆提到是蔡元培将这一消息通知北大学生，不过具体时间稍有不同。如：叶景莘说是5月3日"蔡即电召北大学生代表于当晚9点在他家开会商议"。（见《巴黎和会期间我国拒签和约运动的见闻》，《五四运动亲历记》，第11页）又如北大学生田炯锦在回忆时说5月3日下午同宿舍的狄福鼎（本名狄膺，字君武）回来告诉他："今天下午在一个会议上，蔡先生言巴黎和会的情势，对我国极为不利，列强对日本要在山东夺取我许多权益之无理要求，有认可之意，而我政府将被迫在和约上签字，倘不幸而如此，国家前途不堪设想。散会后，许多同学商议，欲今晚在法科大礼堂召集全体同学大会，共商对策。"（见田炯锦：《五四的回忆与平议》，陈占彪编：《五四事件回忆（稀见资料）》）因何思源、许德珩是蔡元培召开的谈话会的直接参加人，所以他们两人的回忆应该更可靠些，即5月2日，蔡元培将巴黎和会中国外交失败，政府将被迫签约的消息通报给北大学生。

② 张国焘：《我的回忆》第一册，东方出版社1998年版，第50页。

沸，群情激昂，1000多名北大学生和来自北京工业专门学校、高等师范学校、法政专门学校等校学生代表紧急集会，商讨抵制巴黎和会将德国在中国山东权益转给日本的对策。

北大理本科化学门一年级学生易克嶷被推举为大会主席，主持会议。首先请《京报》主编邵振青（字飘萍）介绍巴黎和会中山东问题之经过及当下的危急形势。邵振青，浙江金华人，时为北京大学新闻学研究会导师。他是我国现代新闻事业的先驱者，被毛泽东称赞为"一个具有热情，理想和优良品质的人"。5月2日《京报》头条记者评论《请看日本朝野与山东问题》就是他所写的。他在会上详细介绍了山东问题的经过和中国面临的危险局势，再次大声疾呼同学们行动起来，挽救国家于危亡。随后国民杂志社的北大学生许德珩、张国焘、谢绍敏等纷纷上台发表演说，工业专门学校、高等师范学校和法政专门学校3校的代表也上台发表了演说。会议中，北大法科法律学门学生谢绍敏演讲到激动处，咬破手指，撕下衣襟，血书"还我青岛"4字，昭示全场，会场情绪达于高潮。据亲历大会的北大学生苏甲荣的日记记载，当晚的会场"掌声如雷，为之泣下"。5月11日出版的《救国日报》描写当晚会场情形："次各人发表意见，均极痛哭淋漓之致，大有不达归还青岛之目的毋宁死之慨。座下掌声雷动，甚至有愤极大叫者，会场中现出一种如火如荼、不屈不挠气象。"[①]

当晚大会议决四项：（一）联合各界一致力争；（二）通电巴黎专使坚持不签字；（三）通电各省于5月7日国耻纪念日举行游街示威运动；（四）定于次日（星期日）举行全北京学界大示威。然后就是讨论次日游行示威需要做的工作，如举派代表到英美等使馆陈述对于青岛问题的意见等。议决事项定下后，各校代表即分头回校组织，北大的一些学生们则连夜准备第二天示威游行需要的标语、旗帜。

5月2日下午，当国民杂志社的许德珩等决定发动同学的时候，法政专门学校的学生骨干也召开了紧急会议，决定联络北京各大专学校举行一次

[①] 陈占彪编：《五四事件回忆（稀见资料）》，生活·读书·新知三联书店2014年版，第99页。

请愿或示威游行，他们的计划是3日分头联络各校学生代表，于5月4日上午10点到法政专门学校开会，议定进行方法。没想到在他们分头与各校代表联系的同时，北大同学已经先行一步，于3日晚召开全体学生大会，并在大会上当场议定4日各校全体同学示威游行。法政专门学校的学生领袖刘琪出席了当晚的北大全体学生大会，并做了精彩发言。大会决定4日上午在法政专门学校召开各校学生代表会议，进一步讨论下午游行示威的具体事宜。5月2日的噩耗令广大爱国学生一刻也不愿多等，一场伟大的爱国运动遂提前爆发了。

5月3日还有一个耐人寻味的小插曲，在以国民杂志社为主体的同学紧锣密鼓筹划晚上的全体学生大会时，作为当时学生界重要领导力量的新潮社众多主要人物却缺席了。据罗家伦回忆，"那一天清华大学举行纪念典礼[①]，许多北大的人都到清华去参观，那天我也去了。直到晚上八九点钟才回来"[②]。于是当晚7点在法科礼堂召开的全体学生大会完全由国民杂志社的成员主导。大会主席、书记员都是国民杂志社的成员，上台发表演讲的也以国民杂志社成员为主。[③]

罗家伦等晚上9点钟从清华回来后，发现大会已经快开完了，5月4日游行等决议已经做出。他们虽然有点埋怨许德珩等国民社同学提前发动学生游行示威，但也只好顺应大势，一起参与运动的组织领导。罗家伦与其他3位干事一起签字，将上次发通电后结余款300多元从学生银行取出，买来竹布。请来北大书法研究会及画法研究会的同学，在红楼的新潮社办公室，连夜赶制了3000多面游行示威用的旗子。除了北大学生个个有旗子外，其余的送给旁的学校。[④]罗家伦还应狄福鼎的要求，起草了《北京全体学界通

[①] 5月3日为周六，清华周年纪念日活动详情见《清华周刊》第169期《周年纪念日之盛典》。

[②] 罗家伦：《北京大学与五四运动》，中国人民政治协商会议全国委员会文史资料委员会编：《五四运动亲历记》，中国文史出版社1999年版，第64页。

[③] 据许德珩、张国焘和杨亮功3人回忆中提到的当晚会议中的人物，除了邵飘萍、丁肇青、刘琪3人外，廖书仓、易克嶷、许德珩、黄日葵、孟寿椿、谢绍敏、张国焘、夏秀峰都是国民杂志社成员。

[④] 罗家伦：《北京大学与五四运动》，中国人民政治协商会议全国委员会文史资料委员会编：《五四运动亲历记》，中国文史出版社1999年版，第65页。

告》，并连夜印制成传单，用于4日游行时散发。

5月4日上午，北大、高师、法政、工专等13所学校学生代表在法政专门学校开会，商议下午到天安门游行请愿事宜。会议推举北大学生代表傅斯年为主席，议决5项内容，其中有一条就是要组织北京学生对外的永久机关。[①]会后，各校代表纷纷回校，组织同学参加游行。

下午，13校学生在天安门前集会。高师、汇文两校同学到得最早，北大的游行队伍最后到达，因为北大同学在红楼后面的大操场集合时，有教育部代表和军警来劝阻，耽误了出发时间。大会通过了由许德珩起草的《学生界之宣言》[②]。随后游行开始，傅斯年担任游行总指挥。游行队伍原定通过东交民巷使馆界，但却被使馆界的巡捕阻拦，声称须得总统的同意才能准许游行队伍进入。于是，各相关方面通过电话往来交涉了两个小时，依然不得要领。几千人的游行队伍在烈日下暴晒，人心益发激奋。大约下午3点30分，部分早有准备的国民杂志社活跃分子乘机提议去找卖国贼算账，群情激昂的游行队伍遂改道奔向位于赵家楼胡同的曹汝霖家。"这

五四学生游行队伍

---

① 王学珍、王效挺、黄文一、郭建荣主编：《北京大学纪事》，北京大学出版社2008年第2版，第91页。

② 这一游行集会时宣读的宣言还提前登载于当天早晨面世的《京报》第二版。显然宣言在3日晚已拟好，连夜送达报馆。

时候负责总指挥责任的傅斯年,虽恐发生意外,极力阻止勿去,却亦毫无效力了。"①据罗家伦的回忆,傅斯年把指挥权交给段锡朋后,提前离队走了。随后便发生了学生冲进曹汝霖住宅,痛打章宗祥,火烧曹宅的事。起火后,警察、侦缉队、步军统领衙门一起下手,逮捕了在场的32名学生和1名市民。被捕的人里有北大学生20人,其中就有易克嶷、许德珩。

为营救被捕同学,5月4日晚8点,北大学生在北大三院法科礼堂集会,各校学生也有代表参加。开始大家推方豪担任大会主席,但方豪认为段锡朋更适合,遂推荐段锡朋为会议主席。蔡元培校长也来到会场。许多人主张发动北京各校学生从5日起全体罢课营救被捕同学。蔡元培肯定了同学们的爱国热情,但建议同学们不要进一步激化与政府的矛盾,5日继续上课。他告诉同学们他正在找人向官厅保释被捕同学,望同学们信任他。蔡元培说完话即匆匆离去,部分同学也随之散去。但还有很多同学留在会场就是否罢课发生争论,秩序混乱,一时难以议决。为了避免警察的干涉,会议主席段锡朋建议有意见要发表的人转往红楼进行讨论。②北大法科礼堂与红楼距离约1公里,当时只能步行前往,可以推测这次会议应该是深夜了。

不过会议最终还是没有就是否罢课达成一致,而且在会议上还发生了傅斯年被打之事。据时为文预科二年级学生的田炯锦回忆:"记得以后在新文化运动有大贡献的一位年长同学当时率直言被捕同学应该听候校长设法保释,罢课是一件大事,我们不可轻易用作营救同学的武器。他的话尚未说完,一个姓桂的年轻同学,冲上前去,一拳将其眼镜打落地下,旁边的人将其一脚踩为粉碎。于是段及一些年长的同学,苦口劝解。卒决定五日早晨再开大会商决。"③据笔者分析,田炯锦回忆里提到的"年长同学"就是傅斯年。这有傅斯年好友,同为新潮社同人的罗家伦的回忆为证。罗

---

① 匡互生:《五四运动纪实》,北京师范大学校史资料室编:《五四运动与北京高师》,北京师范大学出版社1984年版,第8页。
② 田炯锦:《五四的回忆与平议》,陈占彪编:《五四事件回忆(稀见资料)》,生活·读书·新知三联书店2014年版,第195页。
③ 田炯锦:《五四的回忆与平议》,陈占彪编:《五四事件回忆(稀见资料)》,生活·读书·新知三联书店2014年版,第196页。

家伦回忆："在五四那天，曾经开了一个会，大家本来要推傅斯年做临时主席，忽然有一个浙江籍的学生姓陶的，打了傅斯年一拳，这一拳就把傅斯年打的不干，自此以后，五四运动和傅斯年便不发生关系了。"①关于傅斯年被打的另一个版本来自傅斯年侄儿傅乐成，据他说"当天孟真先生和一位名叫胡霹雳（陕西人）的同学，因误会而发生冲突，被胡一掌把金丝眼镜打掉"②。傅乐成不是五四运动的参加者，他所说的应该是听别人转述。不过他提到的打人者"胡霹雳"倒是可能确有其人，在田炯锦回忆五四运动的文章中就提到一个"呼延霹雳"是参与五四游行并冲进曹汝霖住宅的北大同学。但是田炯锦回忆说"年长同学"眼镜是被一个姓桂的年轻同学一拳打掉，旁边的人"一脚踩为粉碎"。综合上面3人所说，基本可以判定傅斯年在五四游行后当晚北大文科大楼教室会议中被打掉了眼镜，并因此退出了学生运动。至于打人的学生是姓桂、姓呼，还是姓陶，不同的回忆显然有点儿乱，也或者本来就不止一人。但一个事实是：新潮社的首领，曾经的五四游行总指挥傅斯年从此便淡出了学生运动。

4日当晚，参加白天游行的其他各校学生也都召开了全体大会，商讨营救被捕同学的办法。

5月5日上午9时，各校学生代表和北大同学在北大红楼最大的教室——位于大楼2层最西头的第三十六教室开会③。会议由段锡朋主持，大家纷纷发言，最终议决全体罢课，并发表通电陈述罢课理由。随后，经推举成立了北大学生干事会，并决定成立北京中等以上学校学生联合会。会议决定由北大和高师代表起草学生联合会组织大纲。④

---

① 罗家伦：《北京大学与五四运动》，中国人民政治协商会议全国委员会文史资料委员会编：《五四运动亲历记》，中国文史出版社1999年版，第67页。
② 傅乐成：《傅孟真先生与五四运动》，陈占彪编：《五四事件回忆（稀见资料）》，生活·读书·新知三联书店2014年版，第291页。
③ 根据罗家伦、田炯锦等人回忆，并结合当时红楼教室分布图确定。
④ 匡互生：《五四运动纪实》，中国社会科学院近代史研究所编：《五四运动回忆录》（上），中国社会科学出版社1979年版，第310页。关于学生联合会会纲的起草人还有不同的说法。时为工专学生代表的夏秀峰（后改名为夏明钢）回忆说起草人为段锡朋（北大代表）、瞿秋白（俄文专科学校代表）、夏秀峰（工专代表）等3人。（见夏明钢：《五四运动亲历记》，全国政协文史资料委员会编：《中华文史资料文库 政治军事编》第2卷，中国文史出版社1996年版，第35页。）

第三章 狂飙突进

紧接着于5日下午，北京各校学生在北京大学法科大礼堂召开联合大会，有3000多人参加。先由大会主席段锡朋报告当日上午各校代表会议议决事项："各校代表呈请各校长请大总统释放被捕同学，再由各校联合上书大总统惩办曹汝霖、章宗祥、陆宗舆。且各校一律罢课至被捕同学回校为止。又各校公推代表进谒教育总长陈述游街情形及理由并本日罢课理由。再宣言中外通电全国教育会、商会，请其一致行动。电请上海和平会议主持公理，电请我国赴欧专使对于青岛问题抗死力争，万勿签字。"然后方豪、罗家伦等分别报告对外联络情况，各校学生代表也相继登台发表演说。参会同学还在大会当场进行捐款，募集活动经费数千元。第二天（5月6日）出版的《晨报》《京报》对此做了详细报道。[①]

5月6日上午，学生联合会组织大纲起草完毕，即日就交各校代表会议讨论，经过一整天的讨论，大纲被通过。

新成立的北京大学学生干事会，初设总务、交际、文书、会计、庶务、新闻6股。后来随着事务增加，又增设国货维持股、法律股、稽查股。据罗家伦回忆："各股的主任几乎是《国民》杂志和《新潮》杂志二社的人平分的。"[②]现在各种回忆文章中关于干事会各股名称和负责人各种说法不尽相同，其原因估计一方面因为记忆差错，另一方面也因为当时的学生运动瞬息万变，组织和人员经常发生变化。据当年运动的积极分子北京高工学生夏秀峰、易克嶷回忆，当时易克嶷为干事会总务股主任，邓康为宣传股主任，罗家伦为外交股主任，傅斯年为文书股主任，康白情为交际股主任，陈锡为庶务股主任。这6人中，易、邓、陈3人是国民杂志社社员，罗、傅、康3人为新潮社社员，恰好各占一半。根据张国焘的回忆：5月5日上午，北大学生大会上段锡朋、方豪被推举为北大参加北京学联的代表。狄福鼎、罗家伦、康白情、周炳琳、陈剑修、鲁士毅、钟巍、张国焘等被

[①] 《昨日各校学生联合大会详情》，《晨报》1919年5月6日；《昨日之北京学生大会》，《京报》1919年5月6日。
[②] 中国人民政治协商会议全国委员会文史资料委员会编：《五四运动亲历记》，中国文史出版社1999年版，第63页。

推举分别担任北大学生干事会的文书、总务、讲演等各部门的工作。①罗家伦、夏秀峰、张国焘3人回忆各有侧重，内容有所不同，但各人回忆中提到的参加北大学生干事会或北京学生联合会的代表基本都是国民杂志社和新潮社的人。

5月6日下午，在北大举行各校学生第一次代表会议，约有20个学校的学生代表参加，通过了学生联合会组织大纲。北京中等以上学校学生联合会正式成立。北京中等以上学校学生联合会会纲共13条，详细规定了会名、宗旨、组织和议事规则等②。

根据会纲，北京中等以上学校学生联合会设评议会作为决策机构，评议会由参加的各校按每校推选代表2人组成。北大作为当时的最高学府，学生人数最多（当时北大学生数约2400多人，其他学校人数都大大少于北大，一般为200人左右，只有北京高师和法政专门学校人数较多，分别为900人、500人左右），又是五四运动和学生联合会的发起者，有8人参加了学生联合会评议会会议。但按照会纲，每校只有两名正式代表有表决权。这样，不管是哪所学校都不能单独操纵学生联合会评议会的决策，充分体现了各校平等的原则。学生联合会评议会设正、副评议长各1人，"正评议长综理本会一切事务，副评议长襄助之"，北大学生段锡朋被推举为学联首任评议长。由于此后的学联会议都由段锡朋主持，所以习惯上人们就称段锡朋为北京学生联合会"主席"。后来，段又出任在上海成立的全国学生联合会首任会长，也因为同样的原因，有时他也被称为全国学联"主席"。会纲还规定参加学联的各学校分别在"每校组织一学生干事会，其组织细则由各校自定之"，负责各自学校学生的组织联络工作。

北京中等以上学校学生联合会设在北大。关于学生联合会评议会议决事项的执行，会纲规定："（甲）关于全体者由本会暂行委托北京大学学生干事会执行。（乙）关于各校者由各校代表传达，各该校学生干事会执行之。"这样，人数最多的北京大学学生干事会不仅要负责组织本校的学

---

① 张国焘：《我的回忆》第一册，东方出版社1998年版，第53页。
② 《北京中等以上学校学生联合会会纲》，《京报》1919年5月10日；《北京学生联合会会纲》，《新闻报》1919年5月12日。

生，而且成了北京学生联合会的执行机构。据苏甲荣5月6日的日记记载："文科人士云集，几成国民对外活动之策源地。"[1]文科办公地址就是红楼，新潮社和平民教育讲演团办公室都设在里面。这些社团的骨干也是五四运动的骨干，运动初起，这里自然而然成为整个学生运动的中心。不久以后，为躲避军警监视和破坏，北大学生干事会和北京学联迁往马神庙的理科院内。

随着北大学生干事会和北京学联的成立，参加运动的北京各校学生干事会都相继成立了。这些在五四运动急风骤雨中成立的学生干事会以北京学生联合会为指挥中心，协调北京各校学生，互相配合、共同行动，推动运动不断发展。

当时谣言纷纷，甚至有说要将被捕学生枪毙，解散北大等。于是解救被捕学生成为当时最紧迫的问题。学生方面宣布从5号开始全体罢课。蔡元培等13所参与运动的学校的校长们也连续紧急开会商量办法。经过多方努力，最后校长们与警方达成协议，被捕学生由学校履行保释手续后回校，各校学生一律复课。

但是，随后政府的一些举措却激化了学生与政府的对立情绪。

被捕学生于5月7日早晨被保释，北洋军阀政府先后于6日、8日签发总统令，要将学生送交法庭"依法办理"。[2]9日，京师检察厅就发出传票，要被保释的学生于10日上午9点到庭接受第一次预审。[3]虽然到庭的学生在否认自己有伤人、放火行为后被放回，但这件案子还没了结，从法律上来说，在法庭正式宣判无罪前，这些学生还属于犯罪嫌疑人身份。

在北洋军阀政府对学生采取公开的法律手段的同时，各种小道消息还传来政府将对北大和北大校长不利的传言，甚至说要"焚毁大学，暗杀校长"。5月8日，有接近政府的好友告诉蔡元培：政府方面"以去君为第一义"，打算以审判32名学生要挟蔡元培，逼其主动辞职。[4]于是，5月9日，蔡元

---

[1] 《苏甲荣日记》，北京大学校史馆藏。

[2] 中国社会科学院近代史研究所、中国第二历史档案馆史料编辑部编：《五四爱国运动档案资料》，中国社会科学出版社1980年版，第184页、187页。

[3] 《被捕学生初次传讯》，《晨报》1919年5月11日；《昨日开庭审学生》，《京报》1919年5月11日。

[4] 《蔡元培辞去校长之真因》，《晨报》1919年5月13日。

培被迫匆匆离开北京，前往天津，后来又南下杭州。蔡元培出走令北大师生十分震惊，此后，挽蔡也成为运动的一个重要动力。北京高师、工专各校的校长也采取相同立场，相继辞职。甚至也传出教育总长傅增湘出走的消息。[①]

在学生方面，"外争主权、内除国贼"的运动目的还没有达到，政府的压制却不断加强。于是北京学生联合会决定由各校组织讲演团上街演讲，"唤醒人民对外之觉悟"，5月11日，"清华学校首先实行该议案，派出讲演员六队，每队十人。闻演说时被军警捕去二人云"[②]。面对政府的镇压，学生联合会毫不退缩。5月12日，各校组织的讲演团纷纷上街，按照学生联合会分配的区域开展演讲宣传。高师在前门一带，北大在内城，清华在西城，"均分段分团巡行讲演"。据《晨报》报道，北京师范学校还派出讲演团赴北京近郊的昌平、南口、西郊等地讲演。[③]在开展街头讲演的同时，学生联合会又推选了6名学生代表于5月13日谒见总理、总统，表达学界的诉求。[④]

在学生运动影响下，北京各学校教职员纷纷组织干事会，并于5月11日下午成立了北京各学校教职员联合会，李大钊被推选为北大教职员的代表。教职员联合会与学生联合会互相呼应，要求北洋军阀政府挽留蔡元培校长，恢复原来的教育秩序。

学生运动也影响了正在上海举行的南北和平会议。5月12日，南方首席代表唐绍仪在和平会议上提出了有名的"八条件"，在南方政府原先坚持的恢复旧国会等立场前面新增几点：（一）青岛问题政府不得签字于欧洲和约。（二）惩办订定中日密约之祸首。（三）参战军、国防军、边防军一律撤废。（四）撤换不合舆情之督军省长。[⑤]这些与当时学生爱国运动的主张是一致的。

5月14日，北京中等以上学校学生联合会发出两则通电，一为致参加巴黎和会的中国各专使电，要求他们不能在损害中国利益的和约上签字；

[①] 《雨黯风悽之北京教育界》，《晨报》1919年5月13日。
[②] 《清华学生被捕说》，《晨报》1919年5月12日。
[③] 《雨黯风悽之北京教育界》，《晨报》1919年5月13日。
[④] 《雨黯风悽之北京教育界》，《晨报》1919年5月13日。
[⑤] 《国内和局又破裂矣》，《晨报》1919年5月15日。

一为致全国各省各团体通电，阐述学生联合会成立的原委，并提出目前要"一本'五四运动'之宗旨，合群策群力以遂我外争国权、内除国贼之初怀"①。这应该是目前所知的公开文献里第一次提出"五四运动"一词。

同时，学生联合会派出学生代表方豪（北大）、张明纲（高师）、王秉乾（法政）、祁大鹏（中国大学）、肖镇湘（高工）、刘深恩（汇文）、陆梅增（清华大学）、李序辉（北京高等警官学校）南下上海进行宣传联络。②

面对影响日益扩大的学生运动，5月14日、15日北洋军阀政府连下两令，一为禁止学生干政，威胁对于不听话的予以开除。③一为命令京畿警备总司令"督同步军统领、京师警察厅总监、军警督察长、京兆尹等"加强武力镇压，"遇有纠众滋事不服弹压者，仍遵照前令，依法逮惩"。④

北洋军阀政府的高压措施没能吓退学生，反而激起广大学生更大的义愤。5月18日，北京学生联合会发出罢课宣言，宣布从1919年5月19日起，发动全体总罢课。宣言指出此次罢课的原因是对政府在外交、内政、学生运动三个方面的严重失望，宣称罢课将延续至"三失望之回复为止"。⑤在发表罢课宣言的同时，学生联合会还发表《北京学界上大总统书》，提出拒签巴黎和约，惩罚曹汝霖、章宗祥、陆宗舆等卖国贼，挽留教育总长傅增湘、北大校长蔡元培，撤废压制学生集会、演讲的命令等6项要求。⑥

总罢课后，学生和政府间的对立更加升级，学生方面开始大规模地外出讲演宣传，并开展提倡国货、抵制日货的活动，"自五月十九日以后北京全城各街、各胡同、各游戏场无不见有演讲员及贩卖国货之踪迹"⑦。

---

① 《北京学生之通电》，《京报》1919年5月16日。
② 《民国日报》1919年5月15日，上海社会科学院历史研究所编：《五四运动在上海史料选辑》，上海人民出版社1980年版，第24页。
③ 中国社会科学院近代史研究所、中国第二历史档案馆史料编辑部编：《五四爱国运动档案资料》，中国社会科学出版社1980年版，第192页。
④ 中国社会科学院近代史研究所、中国第二历史档案馆史料编辑部编：《五四爱国运动档案资料》，中国社会科学出版社1980年版，第194页。
⑤ 《北京学生界罢课宣言》，《京报》1919年5月20日。
⑥ 《北京学界上大总统书》，《京报》1919年5月20日
⑦ 中国社会科学院近代史研究所近代史资料编辑组编：《五四爱国运动》（上），中国社会科学出版社1979年版，第466页。

北洋军阀政府派教育次长袁希涛和私立中国大学校长姚憾吾出面，到学生联合会来进行调停。学生联合会为了表示接受调停的诚意，决定自5月22日起，暂停讲演，只派学生上街以贩卖国货名义宣传抵制日货。袁、姚两人到学联后，软硬兼施，一方面劝说学生取消讲演，恢复上课；另一方面对于学生提出的政治要求则多方搪塞，甚至为北洋军阀政府辩护，以政府将实行戒严威胁学生。调停很快无果而终。北洋军阀政府遂严厉执行戒严令，加强对学生运动的镇压。

5月23日夜，北洋军阀政府以北京《益世报》转载的关于山东军人通电的新闻涉嫌妨害治安罪，查封北京《益世报》，逮捕该报总编辑、发行人、印刷人。北京《益世报》与学生救国会及北京学生联合会联系密切，学生救国会的《国民》杂志一直由该报印刷所代印，五四运动爆发后学生们编发的宣传品《救国周刊》《五七日刊》也是由该报代印。

5月24日，学生联合会邀请北京商界代表在北大法科礼堂召开商学恳亲会，大批警察突然袭击，强行入校，试图逮捕会议主席段锡朋，段锡朋在同学们掩护下迅速躲避，随后潜往上海。

5月25日，教育部下令，限各校学生3日内一律上课。北大、高师和工专等校门内外开始有成队的武装警察驻守。[①]街面上也派出大批军警到处驱逐学生，没收其宣传品。于是"街衢中步马军队往来如织，凡讲演团所至处必夺其旗帜，碎其传单，驱遣其众而后已"[②]。

在北洋军阀政府的严厉镇压下，学生联合会无法在北大公开开会，被迫转入地下。此后，"学生联合会虽然每日改换会议地点，亦屡次为政府所探知而施行强迫的解散"[③]。这时学生联合会内部对罢课的意见有所分

[①] 本段内容主要依据苏甲荣《一年之回顾》；夏明钢《五四运动亲历记》；中国社会科学院近代史研究所近代史资料编辑组编：《五四爱国运动》（上），中国社会科学出版社1979年版，第466、509页。

[②] 蔡晓舟、杨亮功编：《五四》，中国社会科学院近代史研究所近代史资料编辑组编：《五四爱国运动》（上），中国社会科学出版社1979年版，第467页。

[③] 匡互生：《五四运动纪实》，北京师范大学校史资料室编：《五四运动与北京高师》，北京师范大学出版社1984年版，第12页。

化，有少数学校的代表主张退让，停止罢课，但多数代表坚持罢课。①

此时，北京大学学生干事会已经移到理科校园院内。为防止坏人破坏，5月27日干事会成立稽查股，对于前往干事会办公室的人实行身份查验。

北京学生联合会决定进一步发动京外各地学生、民众起来支援北京的学生运动。于是，北大参加学生联合会的一些活跃分子先后南下上海，筹划建立全国学生联合会。27日，许德珩、黄日葵作为北京学生联合会代表被派往上海。28日，为躲避军警的追捕，段锡朋、陈宝锷也秘密离京前往上海，随后也被北京学联追认为赴沪组织全国学生联合会的代表。②

在段锡朋等骨干相继离京南下后，北京学生联合会的工作受到较大影响，开会时一度变为临时推举学生担任主席。在此情况下，易克嶷临危受命，被推举为北大学生干事会总务股主任、北京学生联合会主席，代替段锡朋的工作。作为学生界众所熟知的学生代表，易克嶷是学生救国会、国民杂志社、平民教育讲演团的骨干，他是五四游行的主要发动者，也是当天被捕的32名学生之一。他被捕保释后，因恐北洋军阀政府追究，故未积极参加学生活动。③据同学回忆："五四运动期间，主持学生会最久，而最受人称许者，段锡朋而外，当推易氏。"④ "易担任学联主席后，即于当晚（28日晚）假北大理科后院的化学实验室，召开学联评议会的秘密会议，重新估量了斗争的形势和学联本身以及全国各个方面的力量，决定采取更加踏实的斗争方法，把恢复讲演一事，逐校作了具体的布置；又对派到外地去求援的代表人选，进行了一番审查和调整。"⑤

---

① 夏明钢：《五四运动亲历记》，全国政协文史资料委员会编：《中华文史资料文库·政治军事编》第2卷，第39页。

② 苏甲荣：《一年之回顾》。

③ 五四游行当天被捕的学生于5月7日以保释的名义被释放。从法律上来说，都还面临着被起诉的风险。为了避免不必要的麻烦，有一些同学还改了名或以字号代替学名。如北京高师的陈宏勋改名陈荩民，杨荃骏改名杨明轩，初铭晋改名初大告。甚至有些没有被捕的运动积极分子也改了名，或许也有避祸的考虑。如五四当日带头冲进并火烧曹宅的高师学生匡济后来改用匡互生的名字，工专的夏秀峰改名为夏明钢。

④ 田炯锦：《五四的回忆与平议》，陈占彪编：《五四事件回忆（稀见资料）》，生活·读书·新知三联书店2014年版，第198页。

⑤ 夏明钢：《五四运动亲历记》，全国政协文史资料委员会编：《中华文史资料文库·政治军事编》第2卷，第40页。

易克嶷主持的北京学联先采取合法手段与警厅交涉，要求允许恢复街头演讲，但交涉几次都没有结果。北洋军阀政府反而再次重申禁止集会演讲和宣布戒严的大总统令。"到了五月三十一日，徐世昌的禁止集会演讲和宣布戒严的命令更堂哉皇哉贴到各学校的门口。"①

面对高压，6月1日晚学联在北大法科礼堂开会，群情悲愤，决定从2日起恢复大规模的街头讲演。"易克嶷、张廷济等都心情沉重的讲话，勉励大家不顾牺牲，加强奋斗，以求外争国权，内除国贼。"②为了防止政府提前放假破坏学生运动，学联还通过决议，号召同学们6月20日前誓不离京。对于大规模上街讲演可能面临的大逮捕，北京学联也做了周密的组织安排，规定：如果2日出外演讲的完全被捕，次日就加倍再出，3日又完全被捕，4日就全体齐出。

6月2日，张国焘等7名以贩卖国货名义进行街头宣传的北大学生被北洋军阀政府逮捕。此事激起各校学生的义愤，学联紧急召开秘密会议，决定3

被作为学生监狱的北大法科校门口的看守

---

① 匡互生：《五四运动纪实》，北京师范大学校史资料室编：《五四运动与北京高师》，北京师范大学出版社1984年版，第13页。

② 田炯锦：《五四的回忆和平议》，陈占彪编：《五四事件回忆（稀见资料）》，生活·读书·新知三联书店2014年版，第199页。

日发动更大规模的街头讲演宣传。政府方面3日开始大规模抓人。一以被捕人数太多,一以政府想回避逮捕拘留学生的恶名,于是将当日逮捕的140多名学生软禁于北大法科院内,在法科周围扎了20多顶军警帐篷驻守。[①]校内外军警密布,校门外贴了"学生监狱"四个大字。[②]

3日的大逮捕激起学生更大的反抗。当晚,北京各校学生干事会即根据北京学生联合会的部署,组织更多的同学于4日上街演讲宣传。政府方面也实施更大的抓捕,于是4日又有七八百名学生被捕,以至于北大法科校区不够用,又将北大理科校区作为关押学生的场所,并在大门外贴上"学生第二监狱"[③]。军警还在北大文科校区门外扎了8个帐篷,显然有把北大三个院区都变成学生监狱的打算。

法科、理科校区相继被军警占领、封锁,北大学生干事会不得不迁入与理科校区相邻的西斋宿舍区办公。好在同学们熟悉地形,4日当晚,文书股的苏甲荣与康白情偷偷从后门进入设在国史馆内的文书股办公室,将干事会的各种文件搬运到西斋。

6月5日,按照北京学联之前的部署,各校在校的同学几乎全体出动,走上街头游行、演讲。"是日讲演的学生共五六千人。按照东、西、南三城预定地点集合。分三大队游行讲演……每队之后都有干事会雇的大车,载各人的卧具,跟着走,也有背负衣包的,就是预备入狱的表示。"[④]此时,对北京学生大逮捕的消息已经传遍国内外,全国各地民众纷纷声援学生的爱国运动,上海、南京、天津、汉口等城市工人罢工、商人罢市、学生罢课的消息接踵而至。北京商界也做出决议,通知政府如果5日下午5点前政府还不撤走拘押学生的军警,就立即宣布罢市。

面对5日更大规模的学生游行、讲演,北洋军阀政府已经无心捕人。当日下午,北洋军阀政府宣布释放前两日大逮捕中被逮捕的学生。北大校园

[①] 张国焘:《我的回忆》第一册,东方出版社1998年版,第57页;《再起之学生风潮》,《京报》1919年6月4日。关于3日被捕学生人数,苏甲荣在《一年之回顾》文中说是共176人。当晚各校学生中传闻的被捕人数则更多。
[②] 苏甲荣:《一年之回顾》。
[③] 苏甲荣:《一年之回顾》。
[④] 苏甲荣:《一年之回顾》。

周围驻扎的军警仓促撤退。

军警撤退后,被关押在北大法科、理科的学生却拒绝"出狱",迫使政府派代表来向被捕学生道歉后,才于7日回到各自学校。

8日晚,北京学生联合会电话通知教育部,让其转告大总统徐世昌,宣称将于9日上午10时,全体学生赴总统府直接谈判,要求罢免曹、陆、章。北洋军阀政府连夜召集国务会议,通过罢免曹汝霖、陆宗舆、章宗祥3人的决议。随后立即由教育部电话通知学生联合会,力劝学生联合会转告同学9日不要去总统府请愿,以免酿成其他不测的祸变。在学联的要求下,政府答应9日上午9时以前将登载罢免曹、陆、章3人命令的政府公报送到各校为证。6月9日上午8点,曹、章、陆免职的政府公报就送到各校。①

政府宣布罢免曹、陆、章3人,表明五四运动取得阶段性胜利,实现了"内除国贼"。但巴黎和会上中国外交失败,政府却依然倾向于在和约上签字。

此时五四运动的中心已经转移到上海,1919年6月16日,全国学生联合会在上海成立。来自北京、天津、南京、上海等21个地区的学生代表50多人在上海大东旅馆举行了联合会的成立大会。6月18日,大会选举段锡朋(北大)为会长,何葆仁(复旦)为副会长,陈宝锷(北大)为评议长。全国学联成立后,立即号召和组织各地学生,投入拒签和约运动。

为了阻止中国政府在丧权辱国的和约上签字,北京学生联合会决议于6月27日,由各校推举代表数百人到总统府请愿,要求拒签和约。27日晚,代表们露宿新华门内。代表们头顶烈日晒了两天,最终迫使徐世昌当面答应:"专使如未签字,即电令拒绝签字,如已签字,则将来和约交到中国时,一定予以批驳。"但事实上,北洋军阀政府并没有命令参加巴黎和会的代表拒绝签字,而是电告出席和会的中国代表团"签字一事请陆总长自行决定"。②在巴黎的中国留学生和华侨包围中国出席和会

---

① 匡互生:《五四运动纪实》,北京师范大学校史资料室编:《五四运动与北京高师》,北京师范大学出版社1984年版,第18页。

② 顾维钧:《巴黎和会的历史真相》,陈占彪编:《五四事件回忆(稀见资料)》,生活·读书·新知三联书店2014年版,第48页。

的代表，阻止其前往和会签约。在国内外民众的共同努力下，6月28日，中国出席巴黎和会的代表没有出席和约的签字仪式。五四运动的两大目标基本实现。

在五四运动"外争主权、内除国贼"的两大目标基本实现后，学生组织的主要工作就是争取蔡元培校长复职，恢复运动爆发前的教育秩序。为此，北大学生干事会、北京学生联合会先后派多名学生代表南下，面见蔡元培，请求其复职。1919年7月9日，在学生们的一再要求下，蔡元培同意复职，并致电全国学生联合会、北京中等以上学校学生联合会、北京大学学生干事会。[①]全国学生联合会、北京中等以上学校学生联合会、北大学生干事会立即回电表示欢迎。北大学生干事会以北大全体学生的名义致电蔡元培，表示听从蔡元培的教诲，将以学业为重。[②]

经过反复考量，7月21日，蔡元培宣布回任北大校长，但以身体未好为由，派蒋梦麟为其代表到北大处理校务。同日，蔡元培致电全国学生联合会，要求学联通电全国学生复课。7月22日，全国学联宣布终止罢课。北京学生联合会、北大学生干事会也随之宣布终止罢课。轰轰烈烈的五四运动至此告一段落。

五、新文化运动新的高潮

轰轰烈烈的五四运动是"北大精神的大爆发"，这自然是指以《新青年》为代表的新文化的精神。五四运动在政治上沉重打击了北洋军阀政府和与之联系紧密的封建保守势力，促进了新文化的广泛传播，使新文化运动迎来发展的高潮。白话文开始广泛使用，国语取代文言，逐步成为中小学语文教材编写和课堂教学的通用语言；北大率先实行男女同校，女子解放运动取得重大进展；知识分子进一步深入普通民众，平民教育运动蔚然成风。

---

① 高平叔编：《蔡元培全集》第3卷，中华书局1984年版，第307页。
② 高平叔编：《蔡元培全集》第3卷，中华书局1984年版，第307页。

红楼百年话沧桑

五四运动后，白话文被越来越多的人接受，各种白话文报纸、期刊如雨后春笋，大量涌现。读者施存统致信《新潮》，说他所在的浙江第一师范"同学关于新文学新思想也极注意。大概看过《新青年》和《新潮》的人没有一个不被感动，对于诸位极其信仰。学白话文的人，也有三分之一"[①]。胡适在1922年所写的《五十年来中国之文学》回顾白话文学的发展，谈到五四运动的推动作用时说："五四运动时代，各地的学生团体里忽然发生了无数小报纸，形式略仿《每周评论》，内容全用白话。此外又出了许多白话的新杂志。有人估计，这一年（1919）之中，至少出了四百种白话报。"除了《新青年》《新潮》之外，影响比较大的白话文期刊有《星期评论》《建设》《少年中国》等。过去一些登载八卦新闻或故事的日报附张也改变风格，大量登载白话文章、译著、小说、新诗等。这方面比较有名的是三大副刊：《晨报》副刊、《民国日报》副刊《觉悟》和《时事新报》副刊《学灯》。1920年以后，一些历史悠久、发行量和社会影响力大的杂志如《东方杂志》《小说月报》等也都日益倾向登载白话文了。在这一背景下，《新青年》发行量猛增，从原先每期一千多份增长至"最多一个月可以印一万五六千本了"。

伴随着白话文运动影响日益扩大，由胡适首倡的"国语的文学"概念被越来越多的人接受。早在1918年7月，胡适在《新青年》第4卷第4号发表《建设的文学革命论》，提出"国语的文学，文学的国语"口号，指出"中国若想有活文学，必须用白话，必须用国语，必须做国语的文学"。"国语的小说、诗文、戏本通行之日，便是中国国语成立之时……中国将来的新文学用的白话，

英文系主任胡适像

[①] 《通信》，《新潮》第2卷第2期。

就是将来中国的标准国语。造将来白话文学的人，就是制定标准国语文学的人。"胡适都没有想到他期望的现实来得如此之快，在文章里还说"要在三五十年内替中国创造出一派新中国的活文学"。五四运动后的下一年，教育部就颁令从小学一、二年级起逐步采用国语为语文课本。从此，"国语"开始取代"文言""国文"，成为中小学教材编写和课堂教学的通用语言。

女子解放也是新文化运动兴起以来，一个比较引人关注的问题。北大首开中国大学男女同校之先河，为推动女子接受高等教育起到引领和示范作用。

1919年3月15日，蔡元培在北京青年会发表《贫儿院与贫儿教育的关系》演讲，他希望贫儿院能做一个教育实验，顺应世界潮流，改良男女关系，养成欧美那样男女同校、男女同工的习惯。他的这一讲演稿后来在4月23日、25日、26日的《北京大学日刊》上连载。

1919年5月4日，正是五四运动爆发的当天，《晨报》在二版（头版为广告版）头条用大字刊载《本报特别启事》："妇女问题为今日世界上之一大问题，本报现于第七版特设妇女问题一栏，征求海内学士、名媛对于本问题研究之言论逐日登载。无论赞否两方之意见，经本报认为有登载之价值者便当发表。"在同日《晨报》第7版登载的第一篇《妇女问题》专栏文章为《男女交际问题杂感》，作者是北大文科哲学门二年级学生徐彦之。

徐彦之是新潮社骨干，学生活动积极分子。他后来回顾这篇文章写作缘起，大约是4月中下旬的一天，当他与同学王若愚、康白情闲聊时，悟到没有女性参与，聊天不痛快。于是3人决定响应蔡元培校长讲话的精神，制造男女交际的氛围，约定"在一个星期内，每人做一篇鼓吹的文字，送到《晨报》去登"。他们的计划得到罗家伦、李大钊和张申府的支持，表示要加入他们鼓吹的行列。年轻人说干就干，于是在5月4日便诞生了《晨报》《妇女问题》专栏。徐彦之的《男女交际问题杂感》在4日、5日两日连载完，然后是康白情写的《大学宜首开女禁论》于5月6日、8日、9日、10日分4次在《晨报》连载完。由于在此期间，五四运动正如火如荼展开，鼓吹者们没空继续鼓吹，大众的注意力也都集中于五四运动上。按徐彦之后来的说法，"这一波'洪水'几乎把这一点微火湮灭了。志希的第三篇、守常和申府都没能做"①。

直到5月20日，《晨报》才又在第7版《妇女问题》专栏登载了康白情的第二篇文章《北京学生界男女交际的先声》，这是一篇新闻短评性质的小文章，写于5月14日。文章连呼"'妇女问题'悖时！"刚开始写文章讨论就赶上五四运动发生，大家注意力都忙于运动，把妇女问题"轻轻的看过了"。康白情以五四运动中诞生的北京中等以上学校学生联合会中有不少女校加入，女校代表参加联合会会议带来的新气象，感叹"这真是北京学生界男女交际的先声啊"！文章举了几点女校代表出席会议带来的明显好处，再次鼓吹大学宜首开女禁。

就在《晨报》刊登康白情的文章《北京学生界男女交际的先声》，再次鼓吹大学宜首开女禁的前一天，在几千里外的甘肃兰州，一位叫邓春兰的女子给北大校长蔡元培写了一封信。她写信的直接诱因也是看到《北京大学日刊》上刊登的蔡元培《贫儿院与贫儿教育的关系》演说稿，她在信中写道：男女平等"应以教育平等为基础……我国提倡男女平等者，民国二年先生任教育总长宣布教见于参议院曾一及之，乃如昙花一现，遂无人过问矣。今阅贵校日刊，知先生在贫儿院演说仍主张男女平等"。她因此非常受鼓舞，觉得"我辈欲要求于国立大学增女席不于此时更待何时？"表示自己愿意来北京"联络同志，正式呈请"②。从信中可以看出邓春兰对北大和蔡元培都非常了解，虽然偏处数千里之外的兰州也能及时阅读到《北京大学日刊》。这是因为她独有的有利条件。当时邓春兰丈夫蔡晓舟已经在北京大学图书馆工作，她一个弟弟邓春膏在北大法预科读书，另一个弟弟在清华学校中等科读书。因这些联系，她得以及时收到《北京大学日刊》及其他出版物，及时了解新文化运动的各种主张。

五四运动爆发后，蔡元培校长辞职南下，邓春兰的信未能及时送达蔡元培。但邓春兰写信后不久即通过北京女子高等师范学校招生考试，于

---

① 徐彦之：《北京大学男女共校记》，《少年世界》1920年第1卷第7期。
② 《邓春兰女士来书》，《晨报》1919年8月3日。

1919年7月25日与5名同伴一起从兰州出发进京。出发之际，邓春兰又拟了《告全国女子中小学毕业生同志书》寄给蔡晓舟，直接转交报界，公开呼吁全国女生组织请求大学开女禁请愿团，争取女子能与男子同样入北京大学读书。8月上旬，当邓春兰一行还在途中时，北京、上海一些大报如《晨报》《民国日报》等就发表了邓春兰的这份呼吁书和她致蔡元培校长的信。邓春兰的呼吁在社会上引起广泛的反响，使关于"女子问题"的讨论成为一个热点。各方面人物纷纷在报刊上发表文章展开讨论，北大师生除了前面提到的罗家伦、康白情外，李大钊、陈独秀、胡适、黄日葵、陈宝锷、苏甲荣等都撰写文章，支持妇女解放，支持男女同校。《少年中国》《少年世界》等杂志还出版了妇女问题专号。后来结集出版的《女性问题讨论集》就有好几册。

1919年9月20日，蔡元培回任北京大学校长。面对已经成为社会舆论热点的大学开女禁问题，蔡元培校长举重若轻地予以应对，他认为："大学之开女禁问题，则余以为不必有所表示。因教育部所定规程，对于大学学生，本无限于男子之规定，如选举法中之选举权者。且稽诸欧美各国，无不男女并收。故余以为无开女禁之问题。即如北京大学明年招生时，倘有程度相合之女学生，尽可报考。如程度及格，亦可录取也。"①

蔡元培的谈话公开后，很快便有女生王兰到北大提出就读申请。王兰为江苏无锡人，家住北京。当时，其弟弟王昆仑在北大文科读书，其父亲在东北做官，她自己原在北京女子高等师范读书，离毕业还有一学期时因病退学在家养病已经一年。她的家就在位于北大旁边的东老胡同。她在家养病期间，正是新文化运动蓬勃发展的时候。正所谓近水楼台先得月，她弟弟王昆仑常把新思潮的杂志带给她看，又经常和她讲新思潮的道理。于是，她"从此以后脑筋里便渐渐的添了些新思想，从前的旧思想逐渐减少，从前的旧生活也就逐渐觉得否认起来了"②。她想入北大读书的念头在心中已经酝酿很久了。邓春兰致蔡元培信公开发表后，关于大学开女禁

---

① 《中华新报》1920年1月1日，高平叔《蔡元培年谱长编》中册，第271页。
② 王兰：《北大男女共校以前的我和以后的我》，《晨报》1920年3月31日。

的呼声日益高涨。蔡元培校长关于大学开女禁的谈话进一步燃起了向往北大的女学生们心中的希望。王兰觉得"我何不就去碰一碰呢？"王兰母亲也是很开通的人，虽然不少亲友来劝说她不要让王兰进北大读书，但是她"打定主意，终久不为人言所动"。在母亲的支持下，王兰到北大找到教务长陶孟和提出申请，没想到一说就成了。她两天内便办理完手续，成为北大哲学系旁听生。她是北大第一位女生，也是中国国立大学的第一位女生。1920年2月18日的《晨报》报道称："此为北京大学收取女生之嚆矢……教育界之新纪元"，并展望"想全国女子得此消息，必接踵而至"[①]。同年3月份出版的《教育杂志》也称此为"北京学界……空前之一事""我国高等教育学校男女同校，当然以此为嚆矢"[②]。

右起，北大第一批女生中的王兰、奚浈、查晓园合影

借助五四运动后新思潮磅礴之势，北京大学率先实现了男女同校。这在当时的社会，确实是一个十分轰动的新闻。北京《晨报》进行跟踪报

---

① 《北京大学实行男女同校》，《晨报》1920年2月18日。
② 《北大收纳女生之由来》，《教育杂志》1920年第12卷第3期。

道，随时报道新增女生申请入学情况。社会上对此也议论纷纷。为此，教育部专门致函北大，要求北大"惟国立学校为社会视听所系，所有女生旁听办法，务须格外慎重，以免发生弊端"①。教育总长发了公函还不放心，又于4月15日下令给步军统领衙门的侦查长王光宇，让他实地调查北京大学究竟已经招收了几名女生。王侦查长立马派侦查员吴象谦前往北京大学调查。这位吴侦查员大约是乔装打扮到北大四处打探，问了不少人，但各人说法"莫衷一是"，准确的真相实在难以搞清楚。最后只得上报："该校文科有王兰、查晓园、奚浈等十名，理科一名，其余姓名难以侦悉。"侦查员的报告对于教育总长比较担心的问题还算是给予了比较好的解答，"闻该校女生均回私宅住宿，并无同舍寄宿情事。蔡校长对于男女合校极为注意，深恐有伤名誉，致碍女学前途……现在校规尤觉森严"②。为慎重起见，王侦查长还派了另外一位侦查员再次去复查，证实所报情况属实后，才上报教育总长。

步军统领衙门的两位侦查员本不用如此费事，在1920年3月11日出版的《北京大学日刊》中已经详细登载了当时文科已经录取的9名女旁听生信息，包括姓名、籍贯、年龄、经历学校、在北大就读年级和学门。这9名女生为王兰、奚浈、查晓园、杨寿璧、赵懋云、赵懋华、邓春兰、程勤若、韩恂华。根据当时媒体的报道，另外还有一位姓易的湖南女生被录取为理科化学系旁听生，其父亲为当时的国会议员易宗夔。

五四运动后，大学女禁被冲破之快超过了许多人的预期。这在中国教育史上开一新纪元。在北大之后，全国高等学校纷纷跟进，陆续解除女禁。男女同校，男女教育平等，蔚然成风，大大推动了中国现代女子解放运动。正在北京讲学的美国哲学家、教育家杜威的夫人，为表示对中国女子解放运动的支持和祝贺，特于1920年3月14日在王府井大街135号楼上举行茶会，宴请北京大学女学生和著名女子活动家吴若男女士等人，并合影留念。

---

① 《教育部公函　函字第一三七号》，《北京大学日刊》1920年4月15日。
② 《王光宇关于查报北京大学开始实行男女同校情形呈》，第二历史档案馆编：《中华民国史档案资料汇编》第三辑，江苏古籍出版社1991年版，第217页。

五四运动后，北大学生发起的平民教育迎来更大的发展。平民教育讲演团工作进一步加强，开始深入丰台农村和长辛店工人中开展平民教育。北大部分同学又发起组织了平民教育研究社。以北京大学学生会名义先后创办了北大学生会平民学校（夜校）、北大学生会第二平民学校。

北大平民教育讲演团以"增进平民知识、唤起平民之自觉心"为宗旨。成立后不久，五四运动爆发。平民教育讲演团的同学们在运动中走上街头演讲宣传，对于唤起民众响应和支持学生运动，发挥了非常巨大的作用。

讲演团成立时有团员39人，经历了五四运动，到10月份，一共新增团员28人，队伍进一步扩大。1920年春天，讲演团第三次大会前后，又迎来一拨新团员加入的高潮，3至5月份的3个月里，新入团团员27人。3月，讲演团职员也进行了改选，邓康（邓中夏）、杨钟健当选为总务干事，高尚德（高君宇）当选为文牍干事。

讲演团的活动更加活跃。讲演团将团员初分为4组，每周分别到东西南北4城的讲演所进行讲演。后又增加在虎坊桥模范讲演所的讲演，每周六晚7时半至8时半和每周日晚9时半至10时半由平民教育讲演团派人讲演。此处听讲人数较多，约在400人上下。1920年5月，讲演团在原有4组基础上，又增设科学讲演组，由潘元耿、杨钟健两人负责。讲演时用到的仪器、标本由讲演团向学校借用。

北大校方对于平民教育讲演团也给予大力支持。经讲演团申请，1921年年初，北大出面在红楼附近的松公府夹道8号租下两间临街房屋，整修为讲演团的固定讲演所，并安排一个听差做服务工作。固定讲演所建成后也作为平民教育讲演团的办公、开会场所，总务干事朱务善被推举负责在此处常驻办公。

从1920年春开始，讲演团进一步扩大讲演范围，利用春假，派人到郊区的丰台等地进行讲演，并开展社会调查。4月2日这天清晨，讲演团团员李荟棠、唐炳荣、王星汉等一行5人，乘京奉铁路火车到丰台。因为担心巡警误会他们是五四、六三那种露天讲演而干涉，避免不必要的麻烦，他们登车时把讲演团的旗子收起，"偃旗息鼓、给他个神不知、鬼不觉"，悄

国立北京大学平民教育讲演团讲演所

然来到丰台。下车后,他们又步行3里多路,到达一个叫七里庄的地方。这是一个有50多户人家,300余人的村落,有一所国民小学。"教室就是厨房,书案就是菜床,气味龌龊,鼠洞一般的黑暗。"学生用的教材是《千字文》《三字经》《论语》。"炕上躺着的一位流氓式的年轻先生。"经讲演团的同学们一再请求,教书先生才让孩子们出来听讲演。村民们过来看热闹、听讲演的也有20多人。讲演团有两位同学先后讲演了"北大平民夜校与本村国民学校的比较""女子应当和男子一样的读书"。在七里庄讲完后,讲演团同学们又赶往另一个较大的村庄大井村。这里设立了一所叫"南郊第十二日新学校"的国民小学,小学门外墙上贴着一篇黄纸的学校介绍,大意就是"新旧兼授,加讲经传策论",也是一所号称改良的私塾。这里教书的先生,在讲演团同学们眼里有三长:"辫子长、烟袋长、戒尺长。"同样是经过再三请求,教书先生才答应同学们的要求,让全体小学生成排站立,听讲演。这次讲演,村民来听的有60多人。讲演团同学们首先由王星汉讲缠足的害处,然后由李荟棠讲平民教育的重要,郭衍盈讲为什么要读书。中午时分,几位同学回到丰台镇上吃午饭,顺便调查了一下镇上的学校设置情况。饭后赶往火车站,在车站旁边又讲演两场,听众约有200多人。随后便乘火车返回学校。

李荟棠总结这次丰台讲演的感受，一是认为乡里人思想单纯，但极其清白，易于灌输新思想；二是中国的教育还太落后，以至于像丰台这样一个大镇，"离北京才几十里路，教育一途，就糟糕到这步田地。其他的地方，就可想而知了"。所以，他呼吁中国的教育"还要靠我们的努力"[①]！

讲演团的同学们还深入长辛店的各个工厂，向工人做讲演。1920年4月，北京大学平民教育讲演团的成员在李大钊的介绍下，到长辛店进行讲演，受到长辛店工人们的热烈欢迎。各工厂的工人纷纷邀请讲演团前去讲演。

同年冬，由平民教育讲演团发起，以北京大学学生会和平民教育讲演团名义发起北大师生捐款，由邓中夏、张国焘、张太雷等负责在长辛店开办劳动补习学校。1921年1月1日，劳动补习学校开学。11日，正式上课。学校设在长辛店大街祠堂口1号院。学校的体制采取委员会议制，下设议事部和办事部，各项工作先由议事部讨论研究，做出决定，提出实施方案，再交办事部执行。学校的教务是二部制，白天是工人的子弟上课，用普通小学的课本，主要是学文化知识。夜间是工人上课，学高小的课程，先教文化知识，再讲革命道理，以深入浅出的方法宣传马克思主义和无产阶级的革命理论。通过教学，既使工人们学到了文化知识，也提高了他们的政治觉悟。学校教员分为专职教员和兼职教员两种。专职教员叫常驻教员，先后有李实、张纯、贾祝年、吴容沧、吴汝铭、卜世润（卜润舟）等。兼职教员每星期来校讲课一次或两次，讲完课就走，先后来讲课的有王铮、王光祈、朱务善、何孟雄、陈为人、杨人杞、邓中夏等。长辛店劳动补习学校是我国北方最早的一所工人学校，是共产党北京早期组织向工人宣传马克思主义，培养工人运动骨干的重要场所。

1920年1月18日是个星期天，上午9时，在北大法科礼堂举行了隆重的北大平民夜校开学典礼。平民夜校也称平民学校，由北京大学学生会创办，学生会教育股具体管理。当天出席典礼的除了学生及学生家属外，

---

① 《九年春假本团农村讲演报告》，《北京大学日刊》1920年4月28日。

还有受邀的来宾,共七八百人之多。典礼开始,全体学生起立先向国旗行三鞠躬礼,再向教员行一鞠躬礼。然后由平民夜校主任干事、北大学生会教育股正副主任分别致辞,学生会代表、来宾、教职员、学生家长、学生先后发表演说,最后合影。蔡元培、陈独秀都作为受邀来宾发表了演说。

蔡元培的演讲称赞学生会此举"不惟关系重大,也是北京大学准许平民进去的第一日"。他特意解释了"平民"的含义,解释北大同学创办平民夜校的初衷,"'平民'的意思,是'人人都是平等的'。从前只有大学生可受大学的教育,旁人都不能够,这便算不得平等。现在大学生分其权利,开办这个平民夜校,于是平民也能到大学去受教育了。大学生为什么要办这个平民夜校呢?因为他们自己已经有了学问,看见旁的兄弟姊妹没有学问,自己心中很难过!好像自己饱了,看见许多的兄弟姊妹都还饿着,自己心中就很难过一样"。

在平民夜校之前,北京大学曾由校方出面开办校役夜班。校役夜班于1918年4月开学。大约持续到1920年年底。校役夜班为校方开办并派职员参与管理,教务处设在红楼,教学工作聘请北大学生承担,也有个别教员参与授课。平民学校(夜校)为学生会主办,完全由学生管理,教职员全部由北大学生担任。平民学校设相当于校长的主任干事统管学校事务,又设教务会专门负责教务上一切事务,设教授会负责教材的审定和教学工作。平民学校刚开始时,曾请北大老师给学校教职员做一些培训,如蒋梦麟曾每周六在红楼第三十六教室给平民学校教职员讲两个小时的教育原理及教授法。

平民学校的校舍由学校提供,设在二院理科校区。平民学校1月18日开学,到3月份时,在校学生已经有350人,其中男生240人,女生110人。学生年龄最大的38岁,最小的6岁。全体学生不管男女老少,只根据入学的知识程度,分为3个年级,16个班。学习内容一开始计划安排国文、修身、历史、地理、算术、理科共6门,后来又陆续添加英文、乐歌、讲演、游戏等课程,还计划设缝纫、跳舞、手工、注音字母等课程。

平民学校的学生在上课

  平民学校的办学经费由学生会拨付，主要支出是给学生购买文具，按照每人每年3元文具费计算，如果达到招满500名学生的计划，每年需要1500元。这对于主要依靠同学们交纳会费的学生会来说，是一笔很大的开支。当时会费是按照每人每年1元3角收，还要上缴2角给北京中等以上学校学生联合会。①平民学校开办后，学生会成立了筹款委员会，并选举鲁士毅、方豪、周炳琳、高尚德4人为起草委员，制定募捐章程。同时，经学生会评议部讨论，决定先将学校划归学生会体育股管理的体育费借出一半，用于平民学校的开支。②

  平民学校学生的修业年限不固定，教务会认为"有普通知识时即令其出校，或酌量给与相当证书"③。

  五四后，平民教育得到越来越多人的重视，"学生界最有价值的建设，大家都认为是平民教育"。为了将平民教育做得更好，部分热心平民教育事业的北大同学于1921年4月成立了北京大学平民教育研究社。该社主要发起人为胡致、陈方绶、魏建功、邹延芳、饶铗鸣等16名同学。他们在

---

  ① 《学生会评议部启事》，《北京大学日刊》1919年11月20日。
  ② 《学生会评议部开会纪事》，《北京大学日刊》1920年1月31日。
  ③ 《北大的学生事业》，北大生活编辑部编：《北大生活》，北京大学北大生活社1921年版，第26页。

五四后"大都曾短期从事于平民教育",但是自觉"素无经验的学生,来办要收好效果的平民教育,恐怕是一件不容易的事"。于是他们集合同志成立了平民教育研究社,决心下一番研究讨论的功夫,以"求其适合社会上实在的需要"[①]。该社初成立时计划开展4项事业:开办平民学校;调查平民事业;刊行通俗刊物;筹办通俗图书馆。但是由于种种原因,社务未能积极推进。直到1921年秋季开学后,研究社的同学们才决心先将开办平民学校的计划付诸实施。

平民教育研究社与学生会沟通后,商定研究社社员以北大学生资格开办北大学生会第二平民学校。校方将三院工字楼楼下东边的两间房屋拨给他们,作为第二平民学校教务办公处及阅览室。房屋事情定了后,胡致等即紧锣密鼓地展开招生工作。由于先前的北大学生会平民学校办在二院。所以这第二平民学校就设在北大三院,其招生对象就是三院周边的平民。胡致等讨论后决定将第二平民学校的广告贴在汉花园以南的区域,并在三院周边的胡同里发放一些传单。

第二平民学校11月24日开始新生报名,12月4日上午举行新生考试。330多人报名,实际参加考试的220多人,最后录取157人。在招生的同时,平民教育研究社的同学们将平民学校的各项规章制度制定出来,成立了教务办公、教师队伍,制定了第二平民学校学生徽章样式和校徽样式。

12月11日,第二平民学校在三院法科礼堂举行了开学典礼。12月12日晚7时,学生正式到校上课。当天到校上课学生130余人。第二平民学校在第一次招生后,又举行过两次招生,共录取190人。这些人中有人因未填写保证书、志愿书被取消入学资格,也有人因故自请退学的。到12月31日,共有在校生142人。全校学生年龄最小的8岁,最大的26岁。

第二平民学校的学生依照学生的国文程度分为第一到第四4个班。第一班学生程度约相当于高小毕业,第二班学生程度约相当于高小三年级,第三班学生程度约相当于国民小学三年级,第四班学生程度约相当于国民小学二年级。又依据学生的算术程度,将学生分为第一到第四4个算术班,分

---

① 《北大平民教育研究社纪事》,《北京大学日刊》1921年11月19日。

别教授从难到易的算术知识。开学两周后，又应多数学生的要求，开设了英文班。

第二平民学校规程确定学校宗旨为："养成健全人格之平民，求社会改良实效。"北大平民教育研究社的同学是把第二平民学校当作他们研究平民教育的实验学校来办。根据研究社章程的规定，所有研究社的同学每个月至少交纳1元经费。这对于没有收入来源的学生来说，是一笔不小的支出。

经费问题一直是困扰北大学生会平民学校（后来为了区别，有时也称第一平民学校）、第二平民学校的共同问题。前者由北大学生会筹集经费，招生规模较大。后者主要靠北大平民教育研究社的十几位同学全力支持，带有研究、实验性质，招生有所筛选，规模较小。北大学生会创办平民学校时，曾明确宣布经费不够"则向北大教职员及学生方面募捐，但决不乞助外人"[①]。平民教育研究社创办第二平民学校时，财力有限，于是从一开始便积极开展募捐活动。如1922年3月7日，第二平民学校在《北京大学日刊》刊登募捐启事："拟于春假后，添加班次，购置图书。惟同人等身为学生，撙节膏火，开办斯校，经济能力，异常薄弱……敬乞热心平民教育诸君，成美为怀，解囊匡助。" 1921年年底，因一部分北大同学发起改组学生会，北大学生会遂无形中解散。这直接导致学生会开办的平民学校经费来源断绝。主持平民学校的学生教职员也只好想方设法募集经费。后来争取到京师学务局于市政公所补助费下拨给平民学校津贴每月40元，勉强维持平民学校的日常开销。平民学校的教职员又向北大师生募捐、通过办游艺会出售门票筹集经费。虽然始终被经费困扰，但在北大师生的支持下，这两所北大学生创办的平民学校一直坚持办学，直到1927年后，北大被军阀张作霖取消校名并入京师大学校为止。

---

① 《北京大学学生周刊》第十三号。

第四章 光辉起点

我在李大钊手下，在国立北京大学当图书馆助理员的时候，就迅速地朝着马克思主义的方向发展。

——毛泽东

一、中国最早的马克思主义者

1919年6月11日晚，位于北京南城珠市口香厂附近的新世界游艺场里人流如织。这里有各种戏曲、曲艺演出，有露天电影及各种游艺等。一个身穿西服、戴一顶当时流行的草编礼帽的中年男子，与两名同伴走了进来。这两位同伴每人也戴了一顶礼帽，帽檐压得都比较低。3人进门后即分成两路，穿西服的中年男子与一位穿长衫的同伴径自走上5楼楼顶的屋顶花园。这里没有什么游人，显得很安静。两人很快从怀里掏出一卷传单撒了下去。在一片惊呼声中，有几个暗探突然出现在穿西服男子的身旁，将其抓获。穿长衫的男子见势不妙，赶紧从花园另一边逃下楼，并迅速脱去长衫，扔掉草帽和传单，混进看戏的人群中观察动静。很快，穿西服的男子被暗探们簇拥着走下楼，边走还边大呼小叫道："暗无天日，竟敢无故捕人。"他显然是在有意给同伴报警。

这位被捕的穿西服男子就是被毛泽东称为"五四运动时期总司令"的陈独秀。他的两位同伴是他的安徽同乡，一位是北大政治学教授高一涵，另一位是内务部佥事邓初。他们散发的传单名为《北京市民宣言》。这是由陈独秀起草的中英文对照传单。传单对政府提出5点"最低"要求：1.对日外交，不抛弃山东省经济上之权利，并取消民国四年、七年两次密约；2.免除徐树铮、曹汝霖、陆宗舆、章宗祥、段芝贵、王怀庆六人官职，并驱逐出京；3.取消步军统领及警备司令两机关；4.北京保安队改由市民组织；5.市民须有绝对集会言论自由权。传单宣称："倘政府不愿和平，不完全听从市民之希望，我等学生、商人、劳工、军人等惟有直接行动，以图根本之改造。"

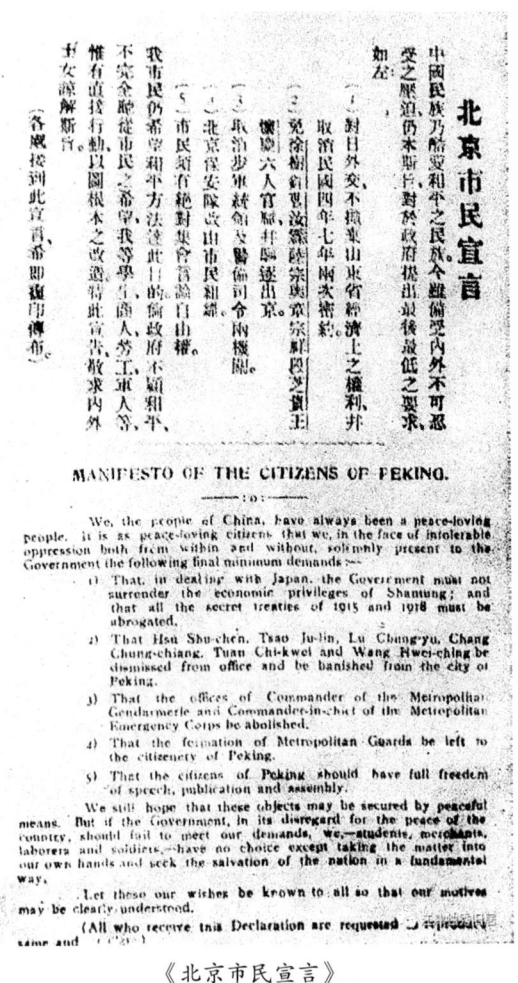

《北京市民宣言》

陈独秀被捕的消息很快见报，舆论哗然。此时正当六三大逮捕引发全国范围的学生罢课、商人罢市、工人罢工之后。一般舆论都认为这是政府

第四章　光辉起点

迫害新思潮的领袖。学、商、工界各种团体、安徽省省长等地方大员纷纷致电北洋军阀政府，要求释放陈独秀。其至连被视为新思潮对立面的顽固派马通伯、姚永朴、姚永概等安徽同乡也递交书状要求保释陈独秀。虽经各方营救，陈独秀依然被关3个月，于9月16日才被保释出狱。

当局之所以能关陈独秀这么长时间，固然有因五四运动而惩戒新思潮领袖的心思，但也因为他们认为有陈独秀的违法行为的确凿证据在手。一直以来，《新青年》《每周评论》不断发表宣传新思想、揭批政治黑暗的文章，早已被北洋军阀政府视为眼中钉。五四运动爆发后，陈独秀与李大钊一起，积极组织舆论声援和指导学生的爱国运动。他们在《每周评论》开辟《山东问题》专栏，跟踪报道山东问题交涉经过、学生和各界爱国运动的消息、经验，并撰写大量指引性的文章，指出山东问题的根源在于北洋军阀政府的卖国政策，不能仅仅局限于惩处曹、陆、章等几个卖国贼。对这些公开的发文，政府不好怎样，毕竟在法理上是共和国家，言论自由是法律规定应该保障的。但是散发《北京市民宣言》传单，号召学生、商人、劳工、军人等"直接行动，以图根本之改造"，则已经具有模仿俄国革命的嫌疑。陈独秀既有散发传单的实际行动，而且又被当场抓获，这自然就被政府视为合法惩治他的好机会，不会轻易放过。

其实在陈独秀被捕前，他和李大钊、邓康等已经被京师警察厅秘密监控。《北京市民宣言》是6月9日印刷出来的。10日，陈独秀、李大钊等已经在中央公园、北京学生联合会、京师总商会等处秘密散发传单。警察厅已经知道他们秘密印刷传单的地点在大沟头18号，并下令"立即按照所开地址，分别按名严密监视"[①]。当陈独秀被捕时，他口袋里还装着一卷没来得及散发的传单，可谓"人赃俱获"。不过陈独秀在供状中谎称传单不是自己所写，是别人给他的。那个秘密印刷所在印完传单后就把底稿等相关东西销毁，也没留下什么证据。警察随后搜查陈独秀住家，也只有《新青年》刊物及一些文稿。正是由于警方没有起获更多能证明陈独秀搞"过激"革命的确凿证据，所以3个月后，北洋军阀政府迫于舆论压力，让陈独

---

① 唐宝林、林茂生编：《陈独秀年谱》，上海人民出版社1988年版，第102页。

秀保释出狱。

陈独秀起草和散发《北京市民宣言》并因此被捕入狱是一个具有转折性的标志事件。在此之前，作为新文化运动的旗手，陈独秀反对旧礼教、旧文化，反对复辟、专制，提倡新道德、新文化，提倡白话文，其根本目的是建立西方资本主义国家那种民主共和国，他只是一个比较激进的资产阶级民主革命家。在此事件之后，陈独秀在思想上迅速向一个马克思主义者转变。他出狱后不久就离开北大，前往上海，成为职业革命家，于1920年8月在上海创建中国共产党第一个早期组织。

陈独秀首创中国共产党早期组织，并成为中国共产党成立后中央局书记，然而他接受马克思主义比李大钊却还要晚些。李大钊1918年先后发表《法俄革命之比较观》（7月）、《庶民的胜利》和《Bolshevism的胜利》（11月）3篇文章，对俄国十月革命给予高度评价，开始积极宣传十月革命和马克思主义。此时的陈独秀还在1919年1月份出版的《每周评论》上，批评俄国苏维埃政权"用平民压制中等社会，残杀贵族及反对者"，表现出的依然是一种资产阶级民主革命家的态度。但是受李大钊的影响，到了1919年4月，陈独秀发表《二十世纪俄罗斯的革命》一文，已经开始改变对十月革命的看法，吸收了李大钊文章中称俄罗斯革命为"二十世纪的社会革命"的提法，认为"十八世纪法兰西的政治革命，二十世纪俄罗斯的社会革命，当时的人都对着他们极口痛骂，但是后来的历史家都要把他们当做人类社会变动和进化的大关键"[①]。

李大钊是中国最早认识到俄国十月革命的意义并为之积极宣传的第一人。在这个过程中他认真研读马克思主义和俄国革命的相关理论，迅速地转变为一个马克思主义者。从1918年7月发表《法俄革命之比较观》开始，李大钊在《新青年》和《每周评论》上发表了一系列文章，宣传十月革命，传播马克思主义思想。原定于1919年5月出版的《新青年》第6卷第5号由李大钊主编，而5月5日是马克思的诞辰，李大钊就把这期《新青年》做

---

① 《二十世纪俄罗斯的革命》，《每周评论》1919年第18期。

第四章 光辉起点

成"马克思主义研究"专号。①发表了一组介绍和研究马克思主义的文章，有顾兆熊的《马克思学说》，黄凌霜的《马克思学说批评》，刘秉麟的《马克思传略》，陈启修的《马克思的唯物史观与贞操问题》，渊泉（陈

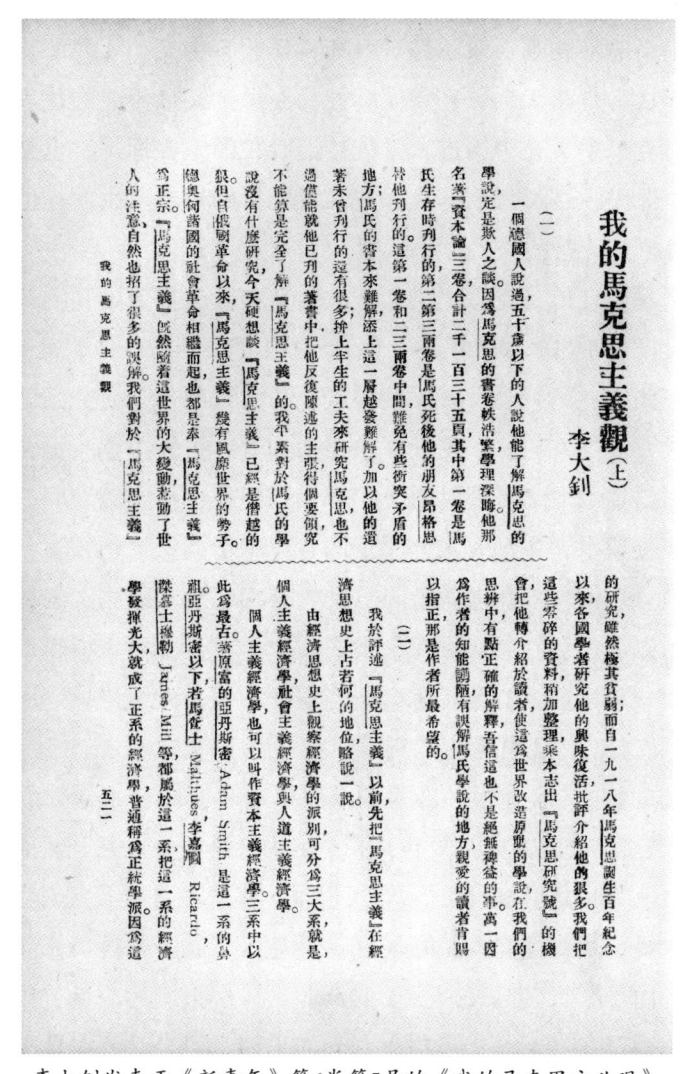

李大钊发表于《新青年》第6卷第5号的《我的马克思主义观》

---

① 据学者杨琥考证，由于五四运动的爆发，该期杂志实际出版时间为1919年9月初，杨琥：《李大钊〈我的马克思主义观〉一文若干问题的探讨》，牛大勇、欧阳哲生编：《五四的历史与历史中的五四——北京大学纪念五四运动90周年国际学术研讨会论文集》，北京大学出版社2010年版，第318—340页。

溥贤）的《马克思的唯物史观》和《马克思奋斗的生涯》。最重要的还是李大钊自己写的《我的马克思主义观》。该文将近3万字，包括序言在内共分10个部分。分两期连载于《新青年》第6卷第5号和第6号。在文章中，李大钊首先指出马克思主义在经济思想史上的价值和地位，然后系统地介绍了马克思主义的唯物观、政治经济学和科学社会主义。《我的马克思主义观》被学界认为是李大钊"宣传原真性马克思主义最重要的代表作，该文的发表是马克思主义在中国进入系统传播阶段的主要标志，也是李大钊本人实现从革命民主主义者到马克思主义者转折的标志。由此，他成为在中国系统传播原真马克思主义的第一人"[1]。

为了更好地宣传马克思主义，李大钊又在《晨报》副刊上开辟了第二阵地。《晨报》原名《晨钟报》，创刊于1916年8月15日，本属于北洋军阀政府政客集团中"研究系"一派的报纸。李大钊因与"研究系"的首领汤化龙、孙洪尹等关系较好，受托在该报初创时，担任主编（编辑主任）。当时李大钊给报纸取名《晨钟报》。李大钊担任该报主编期间，不以自己是主编而多领薪水，主动要求与手下的各位编辑同人平均领薪，所以很受大家的尊敬。后因与汤化龙等意见分歧，李大钊主动辞去《晨钟报》的职务。但表示以后还会在《晨钟报》发表文章，只是不负责编辑责任，"鄙人此后倘于一事一理，有所指陈，仍当寄登本报，就正当世。所有编辑部事项，概不负责，特此声明"[2]。

1918年7月，《晨钟报》因为刊登段祺瑞政府向日本借款的消息被查封。同年12月，《晨钟报》复刊，并更名为《晨报》。复刊后的《晨报》于1919年1月31日刊登启事，宣布《晨报》将从2月7日起对第二张（副刊）进行改良，增设《自由论坛》和《译丛》，鼓励宣传新修养、新知识和新思想。由于李大钊与《晨报》的渊源，《晨报》的改良工作请其进行了策划。陈溥贤名义上是《晨报》副刊的主编，但当时还在日本，4月1日才回到国内。李大钊与陈溥贤一直关系很好，于是《晨报》副刊实际由李

---

[1] 石仲泉：《热话题与冷思考——五四运动与马克思主义在中国的早期传播》，《当代世界与社会主义》2019年第2期。

[2] 张静如等编：《李大钊生平史料编年》，上海人民出版社1984年版，第23页。

第四章　光辉起点

大钊主导完成改良工作。

2月7日，改良后的《晨报》副刊面世，版面安排上，除了3个主要专栏《自由论坛》《译丛》《文苑》，还有一些小栏目，如《小说》《笔记》《剧评》《家庭常识》等。《自由论坛》的头条文章就是李大钊的《战后之世界潮流——有血的社会革命与无血的社会革命》，该文比较长，在《晨报》副刊连载3日才登完。李大钊在文章里介绍了由俄国和德国开始的"社会革命的潮流"，他认为"这种社会革命的潮流虽然发轫于德俄，蔓延于中欧，将来必至弥漫于世界"。当天《译丛》栏发表的是罗家伦翻译的一篇介绍实验主义哲学的文章。

随后一段时间，李大钊的文章频繁地刊发于改良后的《晨报》副刊。如《劳动教育问题》《青年与农村》《新旧思潮之激战》《大亚细亚主义与新亚细亚主义》《现代青年的方向》《现在与将来》《"五一节" May Day 杂感》。由于文章大多比较长，往往采用连载的方式登完。

这期间，《晨报》副刊的作者群大多是与李大钊熟悉的北大师生或朋友。如志希（罗家伦）、若愚（王光祈）、涵庐（高一涵）、一湖（彭一湖）、张赤（张申府）、鲁迅、徐彦之、孟真（傅斯年）、胡适、只眼（陈独秀）、舍我（成舍我）等。这些作者大多数也是《新青年》和《每周评论》的作者。《每周评论》、《新青年》和《晨报》副刊3家刊物也经常互相转载文章。

1919年5月5日，是马克思诞辰101年纪念日，《晨报》专门开设《马克思研究》专栏。发的第一篇文章是陈溥贤翻译的日本社会主义者河上肇所著的《马克思的唯物史观》。从5月到11月，《晨报》《马克思研究》专栏通过连载的方式陆续发表了《劳动与资本》（由马克思的《雇佣劳动与资本》转译而来）、《马氏唯物史观概要》（原载于日本《社会主义研究》杂志）、《马氏资本论释义》（由考茨基的《马克思的经济学说》翻译而来）。这些著作向读者介绍了马克思主义的基本内容，虽然有些地方还存在翻译和解释不甚明白的缺陷，但是所宣传的马克思主义理论基本上是符合原著思想的，尤其关于马克思主义唯物史观的介绍，对处于"社会改造""人心改造"热潮中的中国知识分子，放弃唯心主义，树立唯物史观，具有重大意义。需要指出的是，既然号称《马克思研究》专栏，除了大量登载介绍马克思主义的论著，该专栏也刊登了少量反对马克思主义的论著，例如《马氏唯物史观的批评》（原载于日本《改造》杂志）。

在《新青年》和《晨报》副刊的带动下，《民国日报》、《时事新报》和稍后的《京报》等迅速跟进，先后辟出专栏专刊，研究和宣传马克思主义。五四运动后各地涌现的大量新刊物也都积极介绍马克思及其学说。如毛泽东创办的《湘江评论》、周恩来参与创办的《觉悟》等。借助众多报、刊大量介绍和宣传，马克思主义在五四后迅速传播开来。

李大钊将大量精力放在《新青年》《晨报》副刊等报刊工作上，推动了马克思主义研究和宣传，营造了马克思主义在全国范围内传播的舆论氛围。陈独秀则更倾向于"直接行动"，并且做好了被捕入狱的准备。他在1919年6月8日《每周评论》上发表了著名的随感录《研究室与监狱》，提出"我们青年要立志出了研究室就入监狱，出了监狱就入研究室"。结果在6月11日晚，他就因散发《北京市民宣言》传单被捕入狱。在狱中的3个月，陈独秀经过研究与思考，进一步加深了对马克思主义的理解，以自己的实际行动诠释了《研究室与监狱》。陈独秀被捕后，李大钊为躲避北洋军阀政府拘捕，趁暑假回到老家乐亭，隐居在五峰山。当陈独秀在狱中研究和思考马克思主义时，李大钊正在五峰山奋笔疾书，完成了《我的马克思主义观》。

1919年9月16日，陈独秀被保释出狱。出狱后的陈独秀在思想上有了明显的进步。12月1日，陈独秀主编的《新青年》第7卷第1号出版。在这一期的《随感录》里，陈独秀开始转而旗帜鲜明地支持俄国革命。在《国际派与世界和平》一文中，他批驳各国政府污蔑列宁领导的布尔什维克是过激派的错误论调。他指出，布尔什维克原意是指多数派，事实表明不是布尔什维克扰乱世界和平，而是痛恨布尔什维克的各列强在扰乱世界和平。在这一期的《本志宣言》里，他宣布："我们主张的是民众运动社会改造，和过去及现在各派政党，绝对断绝关系。" 在同期发表的《实行民治的基础》一文里，他明确宣布"军人、官僚、政客是中国的三害"，要"冲出这三害的重围，另造一种新世界；这新世界的指南针，就是唤醒老百姓，都提起脚来同走'实行民治'这一条道路"①。这表明陈独秀已对辛亥革命以来的资产阶级革命道路感到失望，希望探索直接发动民众改造中国社会，他开始由一个激进民主主义者向无产阶级革命家过渡。同月，他在《告北京劳动界》一文中提出，18世纪以来的民主是资产阶级向封建阶级做斗争的旗帜，20世纪的民主是无产阶级向资产阶级做斗争的旗帜，"如今二十世纪的'德莫克拉西'乃是被征服的新兴无产劳动阶级，因为自身的共同利害，对于征服阶级的财产工商界要求权利的旗帜"②。他明确指出以广大劳动群众为主体的无产阶级争取民主权利的斗争是20世纪民主革命的方向。不过此时陈独秀也表示："不情愿阶级争斗发生，我们渴望纯粹资本作用——离开劳力的资本作用——渐渐消灭，不至于造成阶级争斗。"③这也反映出他此时思想的过渡性和摇摆性，还不是纯粹的马克思主义。

以李大钊、陈独秀为代表的一批中国最早的马克思主义者诞生了。不过，他们在思想上还或多或少地残留着资产阶级民主主义的印迹。尤其是陈独秀，尽管他1920年9月发表《谈政治》一文，宣布承认"列宁的劳动专政"，主张用"革命的手段建设劳动阶级的国家"，表明在思想和行动上接受马克思主义和无产阶级专政思想，但他对什么是马克思主义的理解依然是比较模糊的。时势的快速演变使他们不再仅仅满足于文字的批判和宣传，开始走出红楼，尝试"直接行动"，在"边做边学"中，逐步走上以俄国革命为师，与工农群众相结合的革命道路。

二、中国最早学习和研究马克思主义的团体

1921年11月17日，《北京大学日刊》上登载了一则《发起马克斯学说研究会启事》。启事称本社团是为了对"马克斯学说"进行研究而成立的"分工互助的共学组织"，在1920年3月已经成立。筹备了120元的购书

---

① 《新青年》第7卷第1号。
② 陈独秀：《告北京劳动界》，《晨报》1919年12月1日。
③ 陈独秀：《实行民治的基础》，《新青年》第7卷第1号。

费，准备购买英、德、法3种文字的《马克思全集》各一套。并且马上就要有一个事务所，可以供藏书、阅览、开会、讨论使用。启事欢迎校内外有兴趣研究马克思学说的同志报名入会。启事附了一个草拟的研究会规约六条。列名"马克斯学说研究会"发起人的有罗章龙、王友德、邓仲澥（邓中夏）、王复生、黄日葵等19位同学。启事的发布表明这个以北大学生为主体的马克思学说研究会开始公开活动。

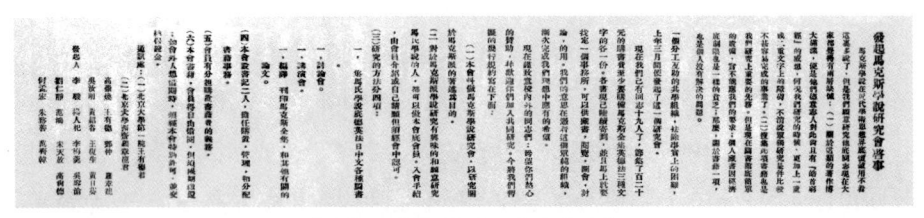

《发起马克斯学说研究会启事》

马克思学说研究会1920年3月已经成立，为何迟至一年多以后才公开发布征集会员启事呢？这主要是因为当时官方敌视马克思主义和苏俄，社会舆论称之为"过激派"。马克思学说研究会的最初发起者们觉得大家对马克思主义都还没有深入了解，为了避免不必要的干扰和非议，便专心于研究马克思主义和俄国十月革命，在李大钊的指导下，学会成立初期保持秘密状态。

在秘密活动的这个时期，会员人数不多，经常聚集在红楼李大钊办公室开会或自由讨论。有时候也和其他主张社会主义、无政府主义的同学互相辩难。1920年时，"这间图书馆主任室的马克思主义色彩，就这样日益浓厚起来"①。在李大钊的引领下，许多同学对俄国十月革命有了更多了解，向往俄国，希望建立俄国布尔什维克那样的组织。李大钊经常教育大家"我们应该组织起来，要吸收很多人，只有这样才能做一番事业"②。

1920年4月，俄共（布）代表维经斯基来北京后，经李大钊介绍，一些

---

① 张国焘：《我的回忆》第一册，东方出版社1998年版，第83页。
② 罗章龙：《椿园载记》，东方出版社1989年版，第73页。

参加五四运动和马克思学说研究会的骨干分子如张国焘、罗章龙、刘仁静等参加了在红楼图书馆召开的与维经斯基的座谈交流。大家向维经斯基介绍了中国新文化运动和五四爱国运动的情况，听维经斯基介绍十月革命、苏俄当前的各项政策、国内经济、社会状况等。会后，罗章龙等又应邀与维经斯基做了个人谈话，建立了联系。此后，马克思学说研究会便源源不断地收到经维经斯基安排寄来的外文书刊。

1920年10月初，紧随中国共产党上海早期组织之后，李大钊、张国焘、张申府在红楼李大钊的办公室发起成立了中国共产党北京早期组织，建党工作进入实际实施阶段。北京大学马克思学说研究会的罗章龙、刘仁静、李梅羹等首先被发展入党。11月份，马克思学说研究会的骨干邓中夏、高尚德、何孟雄、缪伯英、吴汝明、范鸿劼、王仲一、宋天放等被发展为党员。在李大钊的亲自指导下，马克思学说研究会的会员们一方面抓紧研读马列著作，提高对马克思主义的了解，一方面依托一些公开的社团组织，如平民教育讲演团、平民学校等展开社会调查和宣传发动工人群众的工作。

1921年7月，党的第一次代表大会正式宣布了中国共产党的诞生，各方面的工作迫切需要进一步开展。此时的马克思学说研究会已经发展到19人，其中一些核心会员都已经成为中共党员。为了扩大影响，加快组织的发展，党组织决定将马克思学说研究会由秘密转为公开活动。经过一番努力，1921年11月17日，《发起马克斯学说研究会启事》在《北京大学日刊》上登载出来。

启事登出后，报名者十分踊跃，不仅北大学生，北京国立8校的学生也有许多人报名，外地也有来信要求入会者。到1921年年底开成立大会时，已有50余人。到1922年2月，会员增至63人。

马克思学说研究会的成立和活动得到了蔡元培校长的积极支持。在当时政府敌视马克思主义的背景下，蔡元培身边的一些人如蒋梦麟、胡适等对马克思学说研究会也持反对态度。按照北大先前对待社团的办法，马克思学说研究会发起人不完全是北大学生，其征集的会员也不是仅限于北大校内，这是很难获得学校支持的。但是蔡元培力排众议，给研究会以北大

1921年马克思学说研究会会员合影

校内社团同样待遇，不仅批准马克思学说研究会在《北京大学日刊》刊登启事，还批了西斋两间宽大的房屋给研究会做事务所。研究会成立大会召开时，蔡元培又应邀出席并发表讲话，更是表明了对研究会的支持态度。

马克思学说研究会成立后主要围绕以下3方面开展活动：一、讨论会，每星期开一次，先由会员一人围绕一个问题阐述其内容及要点，然后大家讨论；二、讲演会，每月开一次，暂时请名人学者到会讲演，等日后会员研究有成绩后，就可以由会员自行担任讲演；三、特别研究，这是由会员们自由组合，承担不同的问题展开研究。研究会成立时已经开展3个问题研究：劳动研究、《共产党宣言》研究、远东问题研究。各组会员分工合作，定期召开会议，切磋交流。另外还规划开展如下问题的研究：唯物史观、阶级斗争、剩余价值、无产阶级专政及马克思预定共产主义完成的3个时期等10个问题。

1922年2月19日下午，研究会在北大二院大礼堂召开第一次公开讲演会。由李大钊主讲，题目为"马克思经济学说"。这次讲演不仅在《北京大学日刊》提前预告，还在当日北京《晨报》第二版（第一版为广告版）

的头条登载了醒目通告,称"不论会员或非会员皆欢迎自由来听"[①]。这足以表明马克思学说研究会从秘密转为公开后,是不完全局限于北大校内,而是面向全社会的。据说听众都为李大钊的精彩讲演所深深吸引,反响很强烈。此后,研究会又多次组织这样的讲演会、纪念会,吸引更多的人,马克思学说研究会也随之日渐发展扩大起来。

在学校拨给的西斋办公室,马克思学说研究会建立起学会的图书室,收藏中外各种图书报刊,供会员借阅。图书馆刚建立时便已经拥有西文书籍40多种,中文书籍20余种。其中,社会主义丛书有包括《共产党宣言》《家庭的起源》等在内的13种马克思主义外文原版和翻译著作;经济丛书2种,历史丛书3种,俄国问题丛书有列宁著的《劳农会之建设》《讨论进行计划书》2种;另外还有中外文报刊19种。随后,会员集资订阅和俄方赠阅的图书、报刊也陆续到来。会员们将这个办公室起名为"亢慕义斋",意思是"共产主义小屋"。其中,"亢慕义"是德文"共产主义"的音译。

"亢慕义斋"既是图书室又是翻译工作室,也是研究会办公室。当时的党支部和社会主义青年团经常在这里开展各种活动,李大钊也经常到这里进行指导。"亢慕义斋"室内墙壁正中挂有马克思像,挂像两边贴有一

"亢慕义斋"旧址

---

① 《马克思学说研究会通告(五)》,《晨报》1922年2月19日。

副对联——"出研究室入监狱，南方兼有北方强"，分别取自陈独秀与李大钊的诗句，体现了青年学生在陈独秀、李大钊两位导师的引领下，投身共产主义革命的豪迈气概。墙上四周还贴有一些抄写的革命诗歌、格言、警句，气氛显得庄严而热烈。

为了更好地学习研究和宣传马克思主义，研究会还组织了德语、俄语、英语、法语、日语等几个翻译组，大量翻译外文马克思主义著作。先后翻译出版了四五十种马克思主义和介绍俄国革命的书籍。其中，包括《共产党宣言》《马克思传》《震撼十日记》《资本论》等书的全部或部分。

在以李大钊为首的北京党组织的领导下，马克思学说研究会还积极派会员深入工人群众中开展活动，发展工人加入研究会，并组织他们发动工人运动。到1923年二七大罢工前，研究会已经拥有250～300人。其中有25人是工人，且大多是铁路工人。马克思学说研究会已逐步发展成党的外围组织，成为知识分子与工人群众紧密联系的一个社会政治团体。

1922年10月底，唐山开滦五矿的工人发起要求改善待遇的罢工，资本方勾结军队进行镇压。马克思学说研究会以社会团体的名义公开出面声援罢工，在《晨报》刊登启事，呼吁"同胞们！快起来援救你们底兄弟啊！"号召各界捐款，援助罢工工人。又参与发起成立"北京开滦矿工罢工经济后援会"，通电全国，发动募捐，支持罢工工人。

马克思学说研究会作为以社团名义公开活动的党的外围组织，在北大一直活动到1926年前后。1925年11月7日，《北京大学日刊》登载"北大马克斯学说研究会启事"，为纪念苏俄革命8周年，在法科大礼堂召开规模盛大的讲演大会。这一天应邀到会发表讲演的有吴稚晖、罗觉、赵世炎、蒙古代表和北大本校的3位教授陈启修、陈翰笙、谭熙鸿。讲演会后播放革命电影《孙中山阅操》。部分嘉宾讲演题目如下：吴稚晖——中俄关系；陈启修——周年之苏俄（详述苏俄之政治、经济状况）；罗觉——苏俄革命之根据及其在世界革命上之意义；赵世炎——鲁纳会□与关税会议；蒙古代表——蒙古问题。这是目前能看到的马克思学说研究会公开活动的最后一次记录。从1926年年初开始，掌控北京政权的奉系军阀张作霖开始与直系军阀吴佩孚互相勾结对抗国民革命。5月,双方公开宣布合作"讨赤"。张作霖开始在北京大肆镇压革命活动,4月26日,杀害《京报》社长邵飘萍。北京被白色恐怖气氛笼罩,北大许多进步师生被迫南下或躲藏起来,许多进步社团此时也都无法公开活动了。马克思学说研究会也不再有公开活动的报道,要么是停止活动,要么是转入地下秘密活动。

马克思学说研究会自创立到结束,前后达7年之久。其会员之众,来源之广都是当时北大其他社团无法比拟的。该研究会为研究和宣传马克思主义,引领广大青年走上俄国革命的道路起了巨大作用。据担任过马克思学说研究会书记的罗章龙回忆,研究会绝大多数会员后来都成为共产党员、共青团员,"在全国各地分别担任党、团领导工作或参加北方劳动组合书记部的工作"[1]。

三、青年毛泽东的红楼缘

青年毛泽东像

青年毛泽东曾先后两次来到北京,第一次是1918年8月19日至1919年3月12日,第二次是1919年12月18日至1920年4月11日。这两次在北京期间,他频繁出入北大,结识了一批志同道合的北大人,使自己在学识和能力上得到巨大提升,尤其是在李大钊、陈独秀等的影响下,迅速成长为一名马克思主义者。

1918年8月19日,毛泽东、罗章龙等一行10余名湖南青年学生风尘仆仆来到北京。他们此行的目的是准备参加由蔡元培、李石曾等发起的留法勤工俭

---

[1] 罗章龙:《椿园载记》,东方出版社1989年版,第72页。

学。在前门火车站下车后，他们分头赶往各自有关系的地方住下，有亲友的投奔亲友，多数人则找到自己家乡设在京城的会馆落脚。毛泽东独自一人携带简单的行李来到位于鼓楼大街附近的恩师杨昌济先生家暂住。

杨昌济是毛泽东在湖南省立第一师范学校读书时的老师，他此前不久刚受聘为北京大学教授，举家移居到北京。杨家的宅子是一所小型四合院，有两进院落，坐北朝南。临街的大门开在整座宅子的西南角，与大门并排的是坐南朝北的南房三间。进到院内，北边三间正房是杨昌济先生夫妻居住，东边三间厢房为杨先生女儿杨开慧和他寡嫂居住。在正房后面的院子里还有后罩房四间，住着杨先生儿子杨开智夫妇。毛泽东被安排在靠近大门的南房里，与先期到京的蔡和森同住。蔡和森与毛泽东是同学，他们是杨昌济最青睐的两位学生。

杨昌济先生为湖南长沙人，生于1871年。他年轻时候信奉程朱理学，"慨然有必为圣人之志"。曾经与比他小一岁的族孙杨毓麟（杨笃生）一起在岳麓书院苦读。1903年留学日本，东京高等师范学校肄业。随后，又因杨毓麟、章士钊的引荐，于1908年赴英国留学深造。于是3人得以在英国相聚，"吾三人同处一地，交相淬厉者亘三、四年"[①]。1913年回到湖南，执教湖南高等师范专科学校和第一师范学校，讲授伦理学、心理学、教育学、修身等课程。他主张学校教育应该德、智、体三育并重，尤其强调德育的重要性。他认为德育的关键是"立志"，就是培养学生树立远大的理想和抱负。在毛泽东的眼里，他是"一个道德高尚的人。他对自己的伦理学有强烈信仰，努力鼓励学生立志做有益于社会的正大光明的人"。在他的感召下，毛泽东、蔡和森、萧子升等一批立志"使个人及全人类的生活向上"的学生经过一段时间的酝酿，于1918年4月组织了新民学会。他们希望通过学会"集合同志，创造新环境，为共同的活动"。

1918年上半年应蔡元培邀请，杨昌济出任北京大学文科教授，讲授伦理学课程。他到北大后得知蔡元培、李石曾等组织的华法教育会正在发起

---

① 章士钊：《杨怀中别传》，袁景华著：《章士钊先生年谱》，吉林人民出版社2001年版，第308页。

青年学生赴法国勤工俭学活动，立即写信告知毛泽东、蔡和森等这些自己的学生，建议他们抓住这个出国留学的机会。

正在为毕业后的出路发愁的毛泽东、蔡和森等人接信后大喜，立即组织新民学会会员准备赴法勤工俭学，并派了蔡和森先到北京，详细了解勤工俭学的情况。蔡和森到北京后，经杨昌济的引见，拜见了蔡元培先生，详细了解了勤工俭学计划的细节。6月30日，蔡和森从北京写信告知毛泽东，汇报相关情况，并告知恩师杨昌济希望毛泽东能入北京大学学习。蔡和森觉得最好毛泽东、萧子升和自己3人都进北大学习，一边学习，一边办报。他说："吾三人有进大学之必要，进后有兼事之必要，可大可久之基，或者在此。"[①]于是毛泽东、萧子升、罗章龙等一行便来到北京。

毛泽东一行到北京后，拜见了蔡元培、李石曾等华法教育会的组织者。经过协商，华法教育会同意为湖南青年先办3处留法预备班，分设在北京大学与河北保定、蠡县。以后又在长辛店机车车辆厂开办半工半读的留法预备班。北京这边联系好后，新民学会又组织了第二批湖南青年30多人，于10月初从湖南到达保定。两批湖南青年共40多人都安排进不同的留法预备班学习法语和相关工作技能，准备赴法勤工俭学。

安顿好留法勤工俭学事宜后，毛泽东于10月份经蔡元培批准，被安排到北大图书馆做书记员，开始在北大工作、生活。其时，罗章龙也已经考取北大预科，进北大读书。为了便于互相交流、互相帮助，经罗章龙建议，毛泽东、罗章龙、萧子升等7个新民学会同学合租下三眼井吉安所夹道7号3间小房子。此处距离北大不远，就在北大马神庙理科校址北侧。不久以后，蔡和森也从河北保定的布里村回到北京，加入他们的集体生活。8个人睡两张炕，"隆然高炕，大被同眠"，生活清苦。为了省钱，他们自己做饭，"各事所宜，无分劳逸"。可惜大家做饭手艺都不行，最常吃的就是炒面加点葱花和盐调成的糊糊。房东大嫂实在看不落忍，就教他们怎样做发面蒸馍。后来，一位挑水的山东工人主动提议他可以帮着做馍，报酬

[①] 《蔡林彬致毛泽东信》，清华大学中共党史教研组编：《赴法勤工俭学运动史料》（第二册），北京出版社1980年版，第10页。

就是与他们一起吃馍。

8位同学只有两件像样的外套,出门办事时轮流穿。北京的冬天比湖南冷得早也冷得多。他们租的小房子很简陋,保暖差,又只有一个煤炉取暖。于是,大家白天大多数时间都跑到北大红楼的阅览室看书、避寒,晚上才回到小房子里,围炉聊天。虽然生活很艰苦,但这群年轻人沉浸在北大生机勃勃的新文化氛围里,精神生活是丰富的。所以大家"不以为苦,反以为乐"。

毛泽东利用在图书馆工作的便利,更加如饥似渴地学习新的知识。他利用业余时间去旁听感兴趣的课程和讲演,又参加了新闻研究会、哲学研究会,大大开阔了眼界。也结识了一些令他一生感念的师友。

陈独秀是青年毛泽东心中的偶像,早在来到北大之前,毛泽东已经读了许多陈独秀的文章,对陈独秀和他办的《新青年》杂志十分崇拜,称陈独秀为"思想界的明星"。来到北大,毛泽东终于见到了这位新文化运动的旗手。只要有陈独秀的演讲,毛泽东是一定去听的。而陈独秀激情澎湃的演讲也总是能让听众热血沸腾。十几年后,毛泽东回忆说:"我在北京大学的时候,他之影响也许比任何人还大。"[①]

李大钊是毛泽东在北大接触得最多的人。身为图书馆主任,李大钊是毛泽东的直接领导。李大钊温和的性格,平易近人的作风,使他自然而然地与青年人打成一片。他在工作、生活和思想上都给予毛泽东很大的帮助。在他的引导下,毛泽东认识到俄国革命在人类历史上的划时代意义,大量阅读马克思主义的著作,开始"迅速地朝着马克思主义的方向发展"。

邵飘萍是又一位让毛泽东怀念的北大故人。邵飘萍是《京报》社长,著名记者。1918年秋,被蔡元培聘为北京大学新闻研究会导师。新闻研究会(1919年2月改称新闻学研究会)由蔡元培先生亲自创办,并亲自草拟研究会简章。研究会以"输灌新闻智识,培养新闻人才"为宗旨。研究内容有:新闻之范围、新闻之采集、新闻之编辑、新闻之造题、新闻之通信

[①] [美]埃德加·斯诺著:《西行漫记》,董乐山译,生活·读书·新知三联书店1979年版,第133页。

法、新闻纸与通信社之组织，涵盖了新闻事业的理论知识和实务操作。研究会每周在导师的带领下学习3小时。会员面向校内外招收，校内会员每人每年交纳9元，校外会员交18元。当1918年9月底新闻研究会正式招收会员时，毛泽东虽然经济很不宽裕，但还是毫不犹豫地报名参加了学习。

邵飘萍每周在新闻研究会讲课2小时，负责指导会员"评论新闻之练习，并新闻记者之外交术"。研究会另一位导师徐宝璜每周讲课一小时，负责指导大家"编辑新闻之练习"。在这里，毛泽东受到系统的新闻理论与实践训练，为他以后创办《湘江评论》等刊物、撰写各类文章打下了良好基础。在这期间，毛泽东还多次拜访邵飘萍。邵飘萍不仅热情接待和指导青年毛泽东，还在经济上多次给予接济。多年后，毛泽东对到访延安的美国新闻记者斯诺说，邵飘萍"对我帮助很大。他是新闻学会的讲师，是一个自由主义者，一个具有热烈理想和优良品质的人。一九二六年他被张作霖杀害了"[①]。当时毛泽东还不知道，邵飘萍其实已经在1925年由李大钊和罗章龙介绍，秘密加入中国共产党。邵飘萍不仅是个自由主义者，也是一个热烈的爱国者，一个为了民族解放而牺牲的共产党人。

1919年3月12日，因惦念病重的母亲，毛泽东离京南下。1个多月后，五四运动爆发。五四运动中，毛泽东在湖南领导学生运动，始终与北大方面保持联系。他积极投入五四爱国运动，广泛接触长沙教育界、新闻界和青年学生，进行各种联络活动。5月中旬，北京学生联合会派邓中夏到湖南联络，毛泽东、何叔衡积极支持邓中夏展开工作，出面邀集长沙各校学生骨干会商发动学生的办法。5月25日，毛泽东邀集各校学生代表易礼容、彭璜、柳敏等20余人在他任教的楚怡小学开会。由毛泽东介绍邓中夏与各校代表见面。邓中夏报告北京学生运动发生经过，希望湖南学生实行总罢课，声援北京学生。会议决定：成立新的湖南学生联合会；发动学生总罢课，以推动反帝爱国运动。5月28日，新的湖南学生联合会成立。不久以

[①] 《毛泽东1936年同斯诺的谈话》，胡哲峰、孙彦编：《毛泽东谈毛泽东》，中央党校出版社1993年版，第29页。

后，新民学会会员彭璜被选为学联会长。毛泽东经常到学联同负责人研究问题，商讨工作，还一个人担负起筹办学联会刊《湘江评论》的重任。

7月14日，《湘江评论》创刊号面世，5000份刊物很快销售一空。虽然存活时间只有短短的1个多月时间，但是这份4开4版的小型周报却引起广泛的关注。它仿效《每周评论》的形式，用白话写作，内容包括《湘江大事述评》《西方大事述评》《东方大事述评》《世界杂评》《湘江杂评》《新文艺》等栏目，在创刊宣言里公开宣布：《湘江评论》出版的任务就是研究、传播新思潮。尤其是毛泽东在《湘江评论》第二、三、四期上连载的《民众的大联合》一文，被北京的《新青年》《晨报》《新潮》，上海的《时事新报》《星期评论》和成都的《星期日》等大小报刊纷纷转载。

毛泽东在这场运动中的卓越表现和在《湘江评论》上所展现出来的才华令陈独秀印象深刻。连曾经不太看得起毛泽东的胡适也由衷地称赞："《湘江评论》的长处，是在议论的一方面。《湘江评论》第二、三、四期的《民众的大联合》一篇大文章，眼光狠远大，议论也狠痛快，确是现今的重要文字。"[①]《湘江评论》的成功离不开毛泽东在北大期间参加新闻研究会所学到的新闻理论和相关技巧训练，也与他通过北大获得思想上的提升和人际关系的建立息息相关。

1919年10月23日，邓中夏将毛泽东寄来的《问题研究会章程》刊登在《北京大学日刊》上。毛泽东在该章程中列举了七十一大类，共135个问题，内容涉及当时社会的各个方面。他希望能集合同志共同研究和解决这些问题。这体现出毛泽东对社会现实的关注和强烈的问题意识，"在北京的朋友看了，都说很好，有研究的必要"。与北大师生始终保持的频繁联系和交流，使毛泽东在陈独秀等新文化运动人物心里有了深刻印象。

1919年12月18日，毛泽东为了反抗军阀张敬尧的压迫，率领湖南驱张请愿团，第二次来到北京。经历过五四运动的洗礼，此时的毛泽东已经大

[①] 胡适：《介绍新出版物》，《每周评论》第36号。

大不同于一年前。一年前来北京，他虽然胸怀大志，但毕竟只是一名刚从湖南第一师范毕业、初出茅庐的学生，率领志同道合的十来个新民学会会员来京寻找出路。这一次，他俨然已是湖南学运领袖，开始受到许多重要人物的关注。

第二次来京的毛泽东一行人在前门车站下车后，受到邓中夏率领的10余位在京湖南同学的热情欢迎，随后被安排住进位于北长街的福佑寺内。此处在故宫西侧，距离北大不到两公里。毛泽东把这里作为驱张请愿团的办公地点，不久以后又在这里成立了平民通讯社。

安顿停当后，毛泽东立即赶去医院探望恩师杨昌济。杨昌济到北京后，身体一直不好。1919年秋季开学后就没能开课，一直在西山卧佛寺养病。到11月中旬，感觉稍好，强撑着回校上课。但很快又病情加重，住进了德国医院。一方面因为久病，另一方面家庭负担较重。住院期间的费用全赖故人章士钊、杨度、陈衡恪等和一些湖南同乡帮忙筹措。

此时毛泽东已经与杨开慧确立了恋爱关系。在京期间，他一有空就前往医院陪侍恩师。病中的杨昌济很欣慰地看着这位自己的得意门生和未来女婿，听他讲述近一年来学生爱国运动的蓬勃发展、新民学会的壮大、湖南各界驱逐军阀张敬尧的运动。他勉励毛泽东继续努力，组织和带领新民学会的同学，求学、奋斗、救国。他牵着毛泽东和杨开慧的手，希望他们互相爱护，白头偕老。他强忍病痛，在病床上执笔给在上海的老友章士钊写信，向他推荐最心爱的两位学生毛泽东、蔡林彬（蔡和森），"吾郑重语君，二子海内人才，前程远大，君不言救国则已，救国必先重二子"[①]。

1920年1月17日，杨昌济在北京病逝。毛泽东在为驱逐张敬尧的事四处奔走的空暇，就赶往杨家，一方面与杨开慧、杨开智一起守灵，另一方面筹划运送恩师灵柩回湖南之事。杨家平时唯一生活来源就是杨昌济在北大任教所得薪资，要运灵柩回湖南老家十分困难。在毛泽东的奔走下，以蔡元培为首的北大同人和一些在京的湖南同乡决定为杨家筹集一笔资金，安

---

① 中共中央文献研究室编：《毛泽东年谱一八九三——一九四九》上卷，中央文献出版社2005年版，第50页。

排好后事。1月22日，由蔡元培、范源廉领衔，章士钊、杨度、胡适、黎锦熙、陈衡恪、朱剑凡、毛泽东等29人联名，在《北京大学日刊》发出为杨家筹集赙资《启事》。在众人的鼎力相助下，杨昌济的后事和家属生活得到妥善安排。

1920年1月28日，毛泽东等率湖南各界请愿团、教职员代表团、学生代表团数百人，高举团体大旗和驱张标语，浩浩荡荡来到国务院，要求见总理靳云鹏。经协商，政府方面同意请愿团派6名代表进去。请愿团方面于是推举公民代表毛泽东、张百龄，教职员代表罗教铎、杨树达，学生代表柳敏、李思安6人进国务院谈判。但是靳云鹏却只派了一个秘书出来应付各位代表。谈判3小时，毫无结果。6位代表出来将交涉情况告诉外面守候的人群，大家异常愤怒。遂集合队伍再到棉花胡同靳云鹏私宅请愿。终于迫使靳云鹏接受了代表们递交的《上靳氏书》，并答应第二天在国务会议上，将湖南问题提出，并在一星期内答复。可是靳氏却食言，并没有在国务会议上提出湖南问题。一周以后，毛泽东等6位代表再去见靳云鹏，面对的却是大批军警封锁胡同入口，根本无法见到靳。此后，请愿团虽然又发动去府学胡同向段祺瑞请愿，派代表去保定找曹锟请愿，但都没什么效果。驱张代表团的活动虽然声势浩大，并得到全国各界的同情和支持，但和平请愿的方式显然赶不走拥有枪杆子的军阀。

在北京从事驱张活动期间，毛泽东经常出入北大红楼，与李大钊及邓中夏、罗章龙等北大同学见面。

此时由李大钊发起的马克思主义宣传已经如火如荼，在李大钊的指导下，罗章龙、邓中夏等正秘密发起马克思学说研究会。在北大，毛泽东读到一些刚刚翻译过来的马克思主义书籍，有3本书给他留下了深刻印象。它们是：马克思、恩格斯的《共产党宣言》、考茨基的《阶级斗争》和柯卡普的《社会主义史》。这些书籍使毛泽东对马克思主义理论有了更系统的了解，进一步坚定了他走俄国十月革命道路的决心。

他和李大钊曾商量组织一个留俄队，赴俄勤工俭学。还实地考察了由蔡元培、陈独秀、李大钊、胡适、王光祈等人发起的北京工读互助团运作情况。经过仔细考虑，毛泽东决定自己留在国内，集合同志，研究国内问题，改造社会。他致信新民学会会员周世钊说："我觉得求学实在没有'必要在什么地方'的理，'出洋'两字，在好些人只是一种'迷'。中国出过洋的总不下几万乃至几十万，好的实在很少。""因此我想暂不出国去，暂时在国内研究各种学问的纲要。"①

1920年1月，李大钊和王光祈介绍毛泽东加入少年中国学会，使毛泽东结识了更多有志改造中国的青年。特别是作为少年中国学会灵魂人物的王光祈，以全副身心投身致力于"中华民族复兴"的"少年中国运动"，他的热情和无私奉献精神给毛泽东留下深刻印象，以至于全国解放后，毛泽东不止一次打听王光祈的下落。当得知王光祈已经客死德国后，还想了解王光祈在四川老家是否还有亲人。

通过请愿的方式进行驱张运动一时难有实质性的结果，而新民学会发起的湖南赴法勤工俭学运动正如火如荼进行。这时聚集在上海的新民学会会员又催毛泽东南下。为了给留法勤工俭学运动募集资金，也为了欢送即将出国的第三批新民学会会员，1920年4月11日，毛泽东离京南下，前往上海。

毛泽东在上海住了近两个月。这期间，他与陈独秀就马克思主义和中国革命道路进行了充分的交流，在理论和实践上都成为一个马克思主义者。"到了一九二〇年的夏天，在理论上——某种程度地也在实践上——我成了一个马克思主义者了，而且从此以后，我便自认为是一个马克思主义者。"②正因如此，这年的冬天，在陈独秀指示下，毛泽东、何叔衡等在长沙秘密成立了共产党早期组织。

在毛泽东思想上和行动上成长为一个马克思主义者的过程中，李大钊、陈独秀这两位导师起了直接的教育和引导作用。其中，在精神和行动上受陈独秀的感召更大，在思想和理论方面则深受李大钊的影响。

一方面因为工作关系，一方面因为年龄相近，毛泽东与李大钊接触更多，受其照顾也多。对此，毛泽东始终充满感激之情。1949年，中共中央

---

① 《致周世钊信》（1920年3月14日），中共一大会址纪念馆编：《中共一大代表早期文稿选编》（1917.11—1923.7）上册，上海人民出版社2011年版，第871页。

② ［美］埃德加·斯诺著：《西行漫记》，董乐山译，生活·读书·新知三联书店1979年版，第134页。

机关从西柏坡迁来北平。遥望北平城，毛泽东充满感情地说："三十年前我……在北平遇到了一个大好人，就是李大钊同志。在他的帮助下我才成了一个马列主义者。他是我真正的老师，没有他的指点和教导，我今天还不知道在哪里呢！"[1]

四、北大红楼两巨人

北大红楼两巨人，

纷传北李与南陈，

孤松独秀如椽笔，

日月双悬照古今。

这是五四时期，进步青年赞誉李大钊和陈独秀的一首诗。"北李"，就是李大钊；"南陈"，就是陈独秀。他们一起在红楼掀起新文化运动、传播马克思主义；又一个在北京、一个在上海，遥相呼应，相约建党。1936年毛泽东在延安和美国记者斯诺谈话时说："1921年五月（农历五月），我到上海去出席共产党成立大会。在这个大会的组织工作中，起主要作用的是陈独秀和李大钊，这两人都是当时中国知识界领导人。"[2]毛泽东讲这话的时候，李大钊已经在10年前为革命事业献出了自己的生命，陈独秀则因托派问题被开除出党，正被蒋介石关在南京监狱中。但是毛泽东高度肯定两位革命导师对于建立中国共产党的历史贡献，尤其是能够实事求是地肯定陈独秀的历史作用，并且确认李大钊、陈独秀对自己在思想上和行动上成长为一个马克思主义者的重大影响。这充分体现了一代伟人实事求是的历史唯物主义的态度。

---

[1] 李银桥：《在毛泽东身边十五年》，河北人民出版社1991年版，第125页。
[2] 《毛泽东回忆党的"一大"前后的思想和活动》，中国社会科学院现代史研究室、中国革命博物馆党史研究室选编：《"一大"前后：中国共产党第一次代表大会前后资料选编》（二），人民出版社1980年版，第245页。

第四章 光辉起点

　　李大钊比陈独秀晚一年到北大工作，他是由章士钊推荐，于1918年1月任北大图书馆主任，初到北大的李大钊领取主任职员的初级薪酬，月薪120元。按章士钊的说法："盖守常虽学问优长，其实至而声不至，北大同僚，皆擅有欧美大学之镀金品质，独守常无有，浅薄者流，致不免以樊哙视守常。"①但是李大钊对待遇毫不介意，他进入北大后，以其诚挚的人品、卓越的办事能力和渊博的学识很快赢得同事和学生的敬重，和陈独秀成为互敬互爱的挚友。李大钊对陈独秀很尊重，总是称他为仲甫先生，在学生面前从不叫他的名字。他经常跟罗章龙等同学说："仲甫先生是中国新文化运动的创始者，革命的先锋。"②陈独秀对李大钊也十分钦佩。他被关在南京监狱里时，曾对狱友说过这样一段话："守常是一位坚贞卓绝的社会主义战士。从外表上看，他是一位好好先生，象个教私塾的人，从实质上看，他平生的言行，诚如日月之经天，江河之行地，光明磊落，肝胆照人。"③

　　陈独秀和李大钊一个文科学长、一个图书馆主任，相聚红楼。他们以《新青年》为阵地，掀起新文化运动；又共同创立《每周评论》，"主张公理，反对强权"。他们评点时政，宣传新思想，公开介绍和宣传俄国十月革命和马克思主义。在五四运动中，他们积极支持和指导学生的反帝爱国运动。获得了广大青年学生衷心的爱戴。罗章龙回忆："我们接触和学习马克思主义的历程，李守常先生无疑地是我们的启蒙老师。与此同时，陈独秀先生对我们的影响也是毋庸讳言的。在当时，陈李二位先生事实上是革命青年的领袖，他们二人情谊很笃，在推动革命思想，传播马克思主义方面如同辅车相依，是不分轩轾的。"罗章龙还道出了"南陈北李"说的由来，他说："守常先生生平言行一致，即知即行，他所刊布的学术、政论文章，实大声宏，雄视当代。与怀宁文风，南北辉映，这就是'南陈

---

　　① 章士钊：《李大钊先生传序》，丁仕原编校：《章士钊辑》，民主与建设出版社2014年版，第283页。
　　② 吴少京主编：《亲历者忆》，中央文献出版社2001年版，第248页。
　　③ 李建生：《永远的丰碑——李大钊的精神与品格》，匡胜主编：《党性党风党纪研究》2016年第1辑，山东人民出版社2016年版，第119页。

北李'说的由来。"①

五四运动爆发时，陈独秀40岁，李大钊30岁。但是陈独秀素有特立独行，与众不同的性格。其改造旧社会的激情一点儿不输于血气方刚的青年。罗章龙记得："我在进入北京大学初期，就听说陈独秀先生很有抱负，与众不同。从守常和北大安徽老师们谈话中透露独秀先生青壮年时代，思想急进，言论惊世骇俗，对于推翻专制政体，推翻清廷，改革社会，他都主张采取直接行动，他与柏文蔚曾组织过岳王会，以期实现他的主张。"②正因如此，在五四运动中，这位刚卸任的文科学长、40岁的北大"老"教授，亲自上阵，印制并散发《北京市民宣言》。结果于1919年6月11日被警探当场逮捕，在监狱里被关了3个月。

这3个月的监狱生活不仅没有令陈独秀屈服，反而更加坚定了他"直接行动，以图根本之改造"的决心。因为入狱，陈独秀更加成为青年学生心中的明星。李大钊为欢迎陈独秀出狱，写了那首著名的《欢迎独秀出狱》长诗。

欢迎独秀出狱

（一）

你今出狱了，
我们很欢喜！
他们的强权和威力，
终竟战不胜真理。
什么监狱什么死，
都不能屈服了你；
因为你拥护真理，
所以真理拥护你。

（二）

你今出狱了，我们很欢喜！

---

① 吴少京主编：《亲历者忆》，中央文献出版社2001年版，第247页。
② 吴少京主编：《亲历者忆》，中央文献出版社2001年版，第248页。

第四章　光辉起点

相别才有几十日，这里有了许多更易：

从前我们的"只眼"忽然丧失，

我们的报便缺了光明，减了价值；

如今"只眼"的光明复启，

却不见了你和我们手创的报纸！

可是你不必感慨，不必叹惜，

我们现在有了很多的化身，同时奋起：

好像花草的种子，

被风吹散在遍地。

（三）

你今出狱了，

我们很欢喜！

有许多的好青年，

已经实行了你那句言语：

"出了研究室便入监狱，

出了监狱便入研究室。"

他们都入了监狱，

监狱便成了研究室；

你便久住在监狱里，

也不须愁着孤寂没有伴侣。

出狱后的陈独秀只挂着北大教授的虚衔，已经没有正式职业。1919年10月5日，《新青年》编辑部同人们开会讨论决定自第七卷第一号起，《新青年》改由陈独秀一人来编。此时的陈独秀已经萌生离开北大的念头。11月下旬，在参加刘师培葬礼时，陈独秀曾对陈钟凡说："校中现已形成派别，我的改组计划已经实现，我要离开北大了。"[①]陈独秀当初受蔡元培邀

[①] 唐宝林、林茂生编：《陈独秀年谱》，上海人民出版社1988年版，第107页。年谱中写11月10日参加刘师培葬礼，时间有误，刘师培逝世时间为11月19日晚。

149

请来北大文科进行改革的主要目标就是要引进新文化人物，打破北大文科旧派学者垄断的局面。经过新文化运动和五四运动的涤荡，旧派已然溃不成军。而所谓的新派人物内部却开始隐现浙江籍沈尹默、马叙伦等针对皖籍陈独秀、胡适等的派系斗争。1919年春，当沈尹默等劝说蔡元培以改革名义，解除陈独秀文科学长职务时，蔡元培决定给陈独秀一年假，从下一年改任文科史学系教授。但安逸的大学教授生活显然非陈独秀所愿，与旧势力不懈斗争，改造旧社会，建立一个自由、平等、全社会幸福的新社会才是他的目标。在刘师培葬礼上，陈独秀有感于这位传统经学的最后一位大师的去世，颓然萌生去意，也是比较正常的。

1919年12月，广州军政府打算利用关税余款创办西南大学，任命章士钊和汪精卫为西南大学筹备员负责筹备工作。章士钊、汪精卫又电邀陈独秀、李石曾加入作为筹备员，共同参与西南大学的筹办。陈独秀复电同意，与章、汪相约先到上海碰头，再去广州。1920年1月29日，陈独秀到上海。陈独秀到上海与汪、章会晤后，又应武昌文华大学的讲演邀请，于2月2日启程去武汉，4日晚到武汉。与陈独秀同船到武汉的还有北京学生联合会两位学生代表顾文萃、刘大渠。顾、刘二人此行目的是要联合各地同学齐集北京，召开国民自觉大会，"促政府根本觉醒"。

2月5日，陈独秀首先在文华大学出席由文华大学协进会和武汉学生联合会召开的欢迎会，在会上发表"社会改造的方法与信仰"演讲。他提出改造社会的三种方法："（一）打破阶级的制度，实行平民主义，人人不要有虚荣心。（二）打破继承的制度，实行共同劳动，不要有依赖心。（三）打破遗产制度，实行产业公有主义。"他要大家确立两大信仰：一为平等的信仰，二为劳动的信仰。

2月6日，陈独秀出席文华大学毕业典礼，并发表演讲。这天出席典礼的有湖北督军、民政厅厅长、实业厅厅长、教育厅厅长等高官，还有美驻汉领事。陈独秀演讲题目为"我们为什么要用白话文"，他一方面阐述使用白话文的理由，另一方面解答和批驳了社会上反对白话文的一些谬论。他在演讲中会时不时地暗讽在座的高官显贵，"在演讲学理中含了训迪当道的意味"。在座的督军、厅长们唯有尴尬地"点头微笑"。

2月7日上午,陈独秀又应邀出席高等师范和高等商业学校举行的欢迎会,并发表演讲。下午出席汉口青年会和堤口下段保安会的欢迎会并发表演讲。晚上即登车北上回北京。

陈独秀在武汉短短的4天时间里,除了受邀发表一系列公开演讲,大力宣传新思想外,他还与一些进步青年接触,如接受新闻记者包惠僧的专访,二人建立了联系。后来,陈独秀介绍包惠僧加入共产党武汉早期组织。又比如文化大学的校工郑凯卿也是在此期间与陈独秀认识,后来被陈独秀介绍加入共产党武汉早期组织,成为武汉第一位工人党员。

陈独秀由沪赴汉时原计划10天左右返回,再与章士钊、汪精卫一起去广州。但是他在武汉讲演结束后,却乘车北上回了北京。据说他临时改变行程的原因是受武汉文华大学校长委托,回北京替该校招聘一些文学教员。"此番回京,系文华校长坚请代聘文学教员数人,故即匆匆赴京,不日即须南下赴粤。"①

陈独秀没想到的是在他从北京到上海再到武汉的这十几天里,京津地区爆发了大规模的学生运动。这次运动的起因是反对中日直接交涉山东问题。1920年1月29日,天津学生近万人游行请愿,要求直隶省省长代电中央,拒绝与日本直接交涉。反动政府将学生代表周恩来等4人诱捕,并调集军队驱散游行学生。

北京学生得知天津学生代表被捕消息后,立即起而声援。2月3日,北京学联组织了42校学生游行、演讲,结果再次遭到军警镇压,被殴打受伤者众多,另外还被捕数十人。2月4日、5日,北京学联主席方豪等也接连被捕。学联被迫转入地下。顾文萃、刘大渠两人就是受北京学生联合会委托,南下发动各地学生起而声援京津地区的学生运动。

对于陈独秀离京南下,一贯为政府帮腔的北京《国是报》污蔑他是从事"推倒政府"的活动。"近数日间,各校学生代表、教职员代表迭次借地开最紧急之秘密会议,尚有绝大之计划。此次暂不罢课者,正欲派人分往各重要地点,秘密联络,预备事机成熟,借外交为口实,全国同时一

---

① 《陈独秀在鄂之演说》,《晨报》1920年2月11日。

举罢课，方能推倒政府，获得最后之胜利。则北京大学校员陈独秀潜往汉口，正为接洽此事。昨晚闻已回京矣。将来有何大举动，尚未可知。"①

正是在这种背景下，陈独秀返回了北京。1906年秋季，京汉铁路开通直通快车，运行时间大约是36小时，陈独秀2月7日晚上所乘火车应该是9：30从汉口出发，到达北京的时间大约是2月9日（周一）上午9：30。

据胡适说，陈独秀到家之后正预备写几封请柬，约胡适和其他几位朋友晤面一叙。谁知正当他在写请帖的时候，忽然外面有人敲门。开门一看，原来是位警察。

警察问："陈独秀先生在家吗？"

"在家，在家，我就是陈独秀。"陈独秀的回答反倒使警察大吃一惊。他说上司看到报纸上登载陈独秀在武汉宣传"无政府主义"，所以派他来看看陈独秀先生是否还在家中。

陈独秀说："我是在家中呀！"但是那位警察说："陈先生，您是刚被保释出狱的。根据法律规定，您如离开北京，您至少要向警察关照一声才是！"

"我知道！我知道！"陈独秀说。

"您能不能给我一张名片呢？"

陈独秀当然唯命是听，那位警察便拿着名片走了。②

据董宝瑞研究，"当时报道陈独秀武汉之行的报纸，最先'用大字刊出'陈独秀演讲重点的是1920年2月7日的《国民新报》，继之者有1920年2月9日的《汉口新闻报》……2月7日的《国民新报》送到北京，最快也得2月8日，很可能得到2月9日"③。北洋军阀政府方面的人通过报纸报道发现陈独秀去了武汉，派警察去陈独秀的寓所查询陈独秀的行踪时，恰巧是陈独秀刚刚从武汉回到家不久。

警察的问询让陈独秀意识到自己擅自离京可能会招来麻烦。而且当时正是政府大力镇压学生运动，到处捕人的时候，说不定警方会以陈独秀保

---

① 《学潮余闻》，《国是报》1920年2月10日。
② 胡适口述，唐德刚译注：《胡适口述自传》，广西师范大学出版社2005年版，第185页。
③ 董宝瑞：《李大钊护送陈独秀南下避难》，《文史精华》2011年第7期。

释期间擅自离京为借口逮捕他。所以陈独秀请帖也不写了,赶紧跑到胡适家里商量对策。胡适与陈独秀的关系是众所周知的,所以陈独秀肯定不能在胡适家里躲藏。据胡适说,陈独秀又跑到李大钊家里去。后面的情况,胡适的回忆就比较简略,估计是没有参与具体如何护送陈独秀出城之事。

《胡适日记》1920年2月9日的日程表下午四五时栏中,填写有"因C.T.S.事,未上课"的记录。据说,T.S是"独秀"二字英语拼音TU·HSIU的缩写。①这表明当天下午,胡适为了陈独秀的事,可能帮忙打电话联络了李大钊和安徽老乡刘文典或王星拱,忙得没空去上课。

当天晚上陈独秀被安排在刘文典或王星拱家里躲了一晚。10日早晨,李大钊和陈独秀一起,悄悄地乘一辆雇来的骡车,乔装出城。一个广泛流传的说法是:在前往天津的路上,李大钊与陈独秀讨论了在中国创建中国共产党的想法,"相约建党"。不过也有人认为:"李大钊护送陈独秀去天津途中,两人曾经'相约建党',可能是实际情况。但据有关人回忆,两人商议的并非组建中国共产党之事,而是'社会主义同盟'。"②

他们乘骡车一直行到北京远郊的杨村车站,才从那里改乘火车到了天津。当晚李大钊与陈独秀在天津分别住宿,第二天一早,李大钊又亲自护送陈独秀登上南下的火车。2月12日晚,陈独秀安全到达上海。

陈坚画作《陈南北李 相约建党》

---

① 董宝瑞:《李大钊护送陈独秀南下避难》,《文史精华》2011年第7期。
② 董宝瑞:《李大钊护送陈独秀南下避难》,《文史精华》2011年第7期。

五、南陈北李相约建党

送走陈独秀后，李大钊回老家乐亭过年，顺便看望久别的妻儿。

1920年2月底的一天，春节后刚上班，李大钊正在图书馆主任室工作，突然有人敲门。李大钊说："请进来！"一个外国人推门走了进来。来人用中文自我介绍说："我就是鲍立伟①先生向您提起的俄国人，我名叫荷荷诺夫金。李大钊同志，我向您致敬！"李大钊赶忙说："哦！不敢当，我不敢自称是你们的同志，至少目前还不是呢！"客人说："好了，好了！不必客气啦！我们早就知道您是一位真诚的马克思主义者，您已经在中国传播马克思主义思想，对布尔什维克革命的胜利，您又是多么热烈欢呼，怎么能叫我们不把您当作自己人呢？"

荷荷诺夫金告诉李大钊他是受共产国际远东局的派遣，来和李大钊联系的，目的是要在中国建立共产党。李大钊认为应该先研究、掌握马克思主义思想，对于现在是否应该建立共产党组织表示犹豫。但是荷荷诺夫金像个雄辩家似的，滔滔不绝地论述了在中国建立共产党的必要性和可行性。他说："据我所知，自从'五四'以来，在中国出现了许多刊物，长篇大论地研讨社会主义，有些刊物已经明目张胆地挂起社会主义的招牌，您呢，您是'五四'领袖中的佼佼者，不但公开赞扬俄国革命胜利，而且还毫不迟疑地接受了马克思主义，在这样的情形下，难道不该是在中国成立共产党的时机吗？难道您不是发动这一事业最可胜任的人吗！李大钊同志，没有共产党，社会主义只是一句空话！"最终，李大钊还是被荷荷诺夫金说得心动。出于慎重考虑，他提出需要和陈独秀商量一下。他告诉对方："在中国唯一有魄力发动创立共产党这一壮举的人物是陈独秀。"李大钊表示马上写信与陈独秀讨论共产国际提出的这一建党建议，但是这个

---

① 鲍立伟，多数地方翻译为柏烈伟，公开身份是白俄，实际是共产国际驻天津的文化联络员，常住天津，当时每周五、周六来北大讲两次俄语课。刘建一、李丹阳：《为吴廷康小组来华建党铺路的俄侨》，《北京党史》2011年第6期。

第四章　光辉起点

过程需要时间。他问荷荷诺夫金是否可以延长在北京居留的时间，以便他和陈独秀一旦讨论做出决定，就可以马上告知荷荷诺夫金。荷荷诺夫金让李大钊放心，他有耐心等待答复。①

陈独秀收到李大钊的信并没有立即表示同意建党，而是慎重思考、反复商量，他们最终决定接受共产国际的建议。李大钊立即将这一决定告诉了荷荷诺夫金。荷荷诺夫金非常高兴，立即汇报给共产国际远东局。不久以后，经共产国际批准，由维经斯基（中文名吴廷康）率领的俄共（布）工作小组以新闻记者的公开身份来到中国。

维经斯基1893年出生于俄国，1907年全家移居美国。1915年，在美国加入社会主义政党。十月革命后，从美国旧金山回到俄国的海参崴，参加俄共，积极从事反对高尔察克白匪军的地下斗争。

1920年2月，苏俄红军彻底击败白匪军，收复西伯利亚全境和海参崴。高尔察克在伊尔库茨克被处死，日、英、美等帝国主义干涉军也纷纷撤出西伯利亚。苏俄与中国的边界联系打通。此时，苏俄第一次对华宣言（又称第一次《加拉罕宣言》）的内容开始直接从俄国方面传入中国，被众多中国媒体不断报道。1920年3月底，中方从正式的外交途径收到苏俄第一次对华宣言。这一宣言称苏俄将废除沙俄同中国、日本和其他国家签署的一切秘密条约，并且自愿放弃以前沙俄夺取的中国土地，受到中国知识界广泛的关注和欢迎，令刚刚对巴黎和会失望的中国人对苏俄的看法迅速好转。

维经斯基像

正是在这种背景下，1920年4月，维经斯基以俄共"全权代表"的身份来到中国。5月，维经斯基和翻译杨明斋由柏烈伟介绍到北京大学与李大钊会面。

---

① 任武雄：《荷荷诺夫金：推动南陈北李建党的第一位苏俄密使》，《百年潮》2005年第2期。

155

红楼百年话沧桑

自从年初与荷荷诺夫金接洽后，李大钊就开始为建立党的组织积极准备。2月份，他曾向正在北京活动的毛泽东透露了他和苏俄有联系，两人商讨了组织青年学生赴俄国勤工俭学的事。3月，在他的推动和指导下，部分北大同学秘密建立马克思学说研究会。

李大钊与维经斯基会面具体交谈内容不得而知。两人会面后，就由李大钊安排维经斯基与北大同学中的积极分子见面座谈。参加座谈的同学主要是五四运动中的一些积极分子，其中主要又是马克思学说研究会的同学，如张国焘、罗章龙、刘仁静、李梅羹等。座谈会在图书馆举行。维经斯基事先做了精心准备，带来许多书刊资料。他介绍了十月革命的情况，苏维埃政权的政策法令，十月革命后苏维埃政权战胜内部叛乱和外国干涉的经过。内容十分广泛，使同学们第一次从政治、经济、军事、文化等各方面对苏维埃社会主义制度有一个比较清楚的了解，"看到了一个新型的社会主义社会的轮廓"[1]。维经斯基对五四运动给予高度评价，并且"暗示说，你们在座的同学参加了五四运动，又在研究马克斯学说，你们都是当前中国革命需要的人才"。他勉励在座的人："要好好学习，要了解苏俄十月革命，正因为如此，中国应有一个像俄国共产党那样的组织。"[2]座谈会后，维经斯基还找一些同学个别谈话，进行更深入的交流。

经过几次集体座谈和数次个别交流后，维经斯基开始公开鼓动李大钊和同学们建立中国共产党。不过李大钊还是比较慎重，他一方面表示接受共产国际的建议，另一方面还是建议维经斯基先去上海与陈独秀商量，"到上海去见陈独秀，要陈独秀建党"[3]。让陈独秀牵头创建中国共产党是李大钊一贯的想法，这也是比较符合两人性格特点的合理安排。

于是，维经斯基带着李大钊的介绍信南下上海，找到陈独秀。陈独秀立即联络他在上海认识的一些热衷于社会主义的朋友，打算成立党组织。

---

[1] 罗章龙：《椿园载记》，东方出版社1989年版，第75页。
[2] 罗章龙：《椿园载记》，东方出版社1989年版，第75页。
[3] 张申府：《建党初期的一些情况》，中国社会科学院现代史研究室、中国革命博物馆党史研究室编：《"一大"前后：中国共产党第一次代表大会前后资料选编》（二），人民出版社1980年版，第220页。

第一次开会受邀来了10个人，但是由于到会的戴季陶表示自己虽然信奉社会主义，但是要忠于孙中山，所以不能参加陈独秀要建的这个党。结果大家不欢而散。后又经过一段时间酝酿，陈独秀再次召集比较可靠的俞秀松、李汉俊、施存统、陈公培开会，正式宣布发起建党，5个人还讨论制定了一份有10余条内容的简略党纲。党的名字初步定名为社会共产党。

1920年7月中旬，张国焘去上海。临行前，李大钊对他说："陈独秀先生最近的来信更急进了，主张采取实际行动，大干一场，但没有明白说出如何干法，也许是信上不便多说。"李大钊让张国焘到上海，当面向陈独秀表达他的意思，"大意是他虽主张从研究马克思主义入手，但陈先生如有进一步的计划，他也赞成"①。

张国焘到上海后，住在陈独秀家里。由于他自己当时还只是对马克思主义这种新思想感兴趣，对共产主义有向往，但还没有以之为终身事业的决心。所以他到上海后没有正式和陈独秀谈李大钊的意向。最初的几天，他忙着频繁外出，与一些旧朋友往来应酬。陈独秀对他这种情况有点看不惯，所以也就没有和他谈上海方面的建党情况。

直到7月底，张国焘才与陈独秀郑重其事地谈起临来上海时，李大钊和他说的意向。陈独秀听完后，开门见山地说："研究马克思主义现在已经不是最主要的工作，现在需要立即组织一个中国共产党。"②然后，他滔滔不绝地说明自己这种主张的各种理由。此后的一段时间，张国焘和陈独秀围绕建党工作多次讨论。在张国焘看来，"他词锋犀利，态度严峻，像一股烈火似的。这和李大钊先生温和的性格比较起来，是一个极强烈的对照"③。他们广泛而深入讨论了为什么要建立中国共产党，中国共产党的党纲和政纲，党章和实际组织的问题，什么样的人才可以参加中国共产党等一系列问题。陈独秀也向张国焘介绍了目前他在上海为建党所做的一些工作，以及下一步工作打算。

陈独秀谈了在全国各地发起建立共产党小组的具体计划：他自己领导

---

① 张国焘：《我的回忆》第一册，东方出版社1998年版，第87页。
② 张国焘：《我的回忆》第一册，东方出版社1998年版，第92页。
③ 张国焘：《我的回忆》第一册，东方出版社1998年版，第93页。

的上海小组将担负苏、皖、浙等省的组织和发展。他打算安排沈定一、施存统和俞秀松3人负责发起浙江杭州一带的组织；他自己准备联系正在安徽教书的老朋友高语罕，在江苏南京和安徽安庆、芜湖等地物色一些青年先发起组织社会主义青年团。湖北方面，由正在上海的李汉俊负责联络在武昌教书的董必武和恽代英发起组织。湖南方面，陈独秀打算写信告诉毛泽东，让他负责发起组织。海外方面，陈独秀将写信给蔡和森，让他负责在德、法留学生中发起组织；在留日学生中发起组织的事，已经安排由刚去日本留学的施存统负责。陈独秀让张国焘带话给李大钊，请他们从速在北方发动建立共产党的工作，并建议先组织北京小组，再向山东、山西、河南等省和天津、唐山等城市发展，如有可能，东北、蒙古和西北等广大地区的组织发展也应注意。

1920年8月，张国焘回到北京，立即向李大钊详细汇报了他与陈独秀交谈的内容和陈独秀决定立即发起组织中国共产党的决定。听完汇报，李大钊当即表示相信陈独秀的判断，组织中国共产党的时机已经成熟，决定与上海方面一致行动，开始建党工作。

1920年8月下旬，陈独秀在上海法租界老渔阳里2号主持召开了上海的共产党组织成立会议，经事先通信征询李大钊的意见，这个组织定名为"中国共产党"。这是中国共产党的第一个早期组织。在党的一大召开前，先后参加组织的有：陈独秀、俞秀松、李汉俊、陈公培、施存统、周佛海、李达、陈望道等17人。[①]

共产党北京早期组织成立的时间比上海稍晚。这主要还是因为李大钊对建党慎重的态度。1920年3月，他推动成立马克思学说研究会，聚集和培养马克思主义者。随后，一直积极在和各方面的青年学生进行联络。他利用在北京高师、女子高师、朝阳大学等好几所高校兼课的机会，主动与同学交流，宣传马克思主义。

北京高师青年学生组织的"工学会"在五四运动中就发挥过非常重要

[①] 中共中央党史研究室著：《中国共产党历史》第一卷（1921—1949）上册，中共党史出版社2011年版，第59页。

第四章　光辉起点

的作用，李大钊一直与他们保持联系，暗中指导，引导他们了解和研究十月革命。李大钊在负责旅法事业委员会期间，与毛泽东、蔡和森等青年学生建立了紧密的联系。

1920年8月16日，为了促进进步团体间的联合，在李大钊的支持下，由觉悟社发起，在北京陶然亭召开5个团体的联合会议，觉悟社、少年中国学会、青年工读互助团、曙光社、人道社等团体的会员20多人出席会议。李大钊代表少年中国学会发表了讲话，并特别提议："各团标明本会主义之必要，盖主义不明，对内既不足以齐一，全体间此后似应有进一步的联络。"[①]会议决定由各团体各推代表3人，定于18日午后1时，在北京大学通信图书馆开各团联络筹备会，筹商各社团联络办法。

五团体陶然亭会议合影

参加五团体改造联合的一些主要成员多数都是深受李大钊影响的进步青年，工读互助团的主要发起人就是与李大钊一起发起少年中国学会的王光祁。曙光社的宋介，人道社的瞿秋白、郑振铎等都在李大钊的影响下，成为早期的共产党员。觉悟社的几个社员在《改造联合宣言》经各团体代表会议通过后，即在李大钊领导下从事劳工、妇女和青年学生运动。另外还有两个社员经李大钊介绍参加了苏俄的国际通讯机构"华俄通讯社"工

---

① 《少年中国》第2卷第3期。

作。①在李大钊的教育和指导下，各个学生社团中的优秀分子逐步成长为马克思主义者，这为党团组织的建立和发展打下了良好的基础。

经过充分的酝酿，1920年10月，李大钊、张申府和张国焘3人在红楼李大钊办公室正式组成北京共产党小组。发起组成立后一两个星期，张申府即赴上海准备去法国。于是李大钊和张国焘又发展了罗章龙、刘仁静、黄凌霜、陈德容等7人。

李大钊宣布每月从自己薪俸中捐出80元作为党的活动经费。李大钊在这年7月刚被改聘为教授。初任教授一般都是从最低一级开始领取薪俸。教授初级工资为每月180元。即使破例按四级教授发薪，也才每月220元。②李大钊为了党的事业，除了每月固定捐出80元，还经常接济贫困学生和工人，以至于他的工资常常入不敷出，家里生计都成问题。后来这事被蔡元培校长知道了，特意关照学校会计课每月从李大钊薪水里扣下50元，交给李大钊夫人赵纫兰维持家用。

共产党小组成立后，李大钊即指导张国焘、罗章龙、高尚德（高君宇）等发起成立了社会主义青年团。当时少共国际的代表格林来到北京，对北京社会主义青年团的成立提供了帮助。大约11月前后，社会主义青年团成立大会在北大二院学生会会议室召开，到会的大约有40人，以北大同学为主，也有少部分北京其他学校的同学。会议由张国焘致开幕词，讨论了青年团章程。该章程以少共国际转来的青年团章程为蓝本。会议选举了团的委员会，高尚德被推举为首任书记。③

青年团成立后，积极联络学生中的骨干分子加入青年团，储备人才。到1921年3月底，青年团已经有55名成员："后来这些初期参加者大多成为共产党党员，也是北京初期职工运动的骨干人物。"④

---

① 谌小岑：《我所知道的觉悟社》，中国人民政治协商会议全国委员会文史资料研究委员会编：《文史资料选辑》第61辑，文史资料出版社1979年版，第160页。

② 根据北大档案馆收藏的1920年1月至6月份教职员薪俸底册，李大钊每月140元，是四级（图书馆）主任薪俸标准。假设李大钊改聘为教授后，直接支取教授四级薪俸，每月是220元。

③ 根据张国焘的回忆，高尚德被推举为首任书记。但是据1921年3月打入青年团的密探关谦报告，当时的书记为张国焘。

④ 张国焘：《我的回忆》第一册，东方出版社1998年版，第107页。

第四章　光辉起点

1920年11月，由于加入党内的无政府主义者反对无产阶级专政的提法，也反对党内一切的组织领导，致使党的工作很难开展。在反复沟通无效的情况下，黄凌霜、陈德容等5个无政府主义者退出了党组织。好在是和平分手，所以"此后我们与无政府主义者虽仍保持友谊关系，但是工作上从此分道扬镳了"[①]。

无政府主义者退出后，党组织决定将社会主义青年团中的骨干吸收入党，于是邓中夏、高尚德、何孟雄、缪伯英、李梅羹等被吸收入党。党员人数又增加到十几人。随即在11月份成立了中国共产党北京支部，李大钊任书记，张国焘任组织委员，罗章龙任宣传委员。这也是中国北方地区的第一个党支部。

在上海、北京的共产党早期组织成立后，武汉、长沙、广州、济南等地先进分子和旅日、旅法华人中的先进分子，也相继建立了共产党早期组织。

武汉方面的建党工作由陈独秀安排李汉俊、刘伯垂联络董必武等筹备。1920年8月，在武昌抚院街董必武的寓所召开了"共产党武汉支部"成立会。参加会议的有刘伯垂、董必武、张国恩、陈潭秋、郑凯卿、包惠僧、赵子健等。会议推举包惠僧为书记。

长沙方面的建党工作，由毛泽东负责筹划。他自从1920年春天在北京和上海先后与李大钊、陈独秀交谈后，回到湖南即积极着手联络同志，酝酿建党工作。当时新民学会在国内外有100多名会员，很多先进分子已经信仰马克思主义。所以毛泽东主要是在新民学会中发展骨干力量参加建党工作。经过精心酝酿，1920年年底，毛泽东、何叔衡等在长沙秘密成立了共产党早期组织。

广州方面的建党工作遭遇了一点波折。先是陈独秀写信请谭平山、陈公博、谭植棠等人在广州建党。不料1920年9月，俄共（布）党员斯托扬诺维奇和别斯林到了广州，他们通过北京的无政府主义者黄凌霜介绍先找到广州的无政府主义者区声白等筹建了党组织。由于观点不一致，谭平山、

[①] 张国焘：《我的回忆》第一册，东方出版社1998年版，第108页。

陈公博、谭植棠等拒绝加入这个组织。同年12月29日，陈独秀到广州。1921年1月中旬，广东省设立广东教育委员会，陈独秀任委员长。陈独秀曾尝试说服这个组织中的无政府主义者接受上海发起组起草的党纲，但无政府主义者坚决反对任何的组织领导和无产阶级专政的原则。经过激烈的辩论，最终像北京一样，无政府主义者全部退出了组织。于是在陈独秀主持下，1921年春，广州"开始成立真正的共产党"[1]，成立了包括陈独秀和两位俄共（布）同志在内一共9人的党支部。陈独秀被推举为首任书记。

共产党济南早期组织由王尽美、邓恩铭等发起成立。他们先是于1920年秋在济南成立了马克思学说研究会。这是一个半公开的学术研究团体。随着对马克思主义研究的深入，会员们的思想认识发生了分歧。王尽美、邓恩铭等先进分子遂秘密酝酿，"在上海、北京党组织的影响和帮助下，于1921年春成立了济南的共产党早期组织"[2]。

在国外，党的一大前成立的中共早期组织有两个。一个是由共产党上海早期组织成员施存统和周佛海组成的共产党旅日早期组织；另一个是共产党旅法早期组织，由共产党北京早期组织成员张申府和赵世炎发起成立，成员还有陈公培、刘清扬、周恩来等。

中共一大前，国内外有8个地方建立了党的早期组织，共有党员58人。梳理这些党组织和党员的情况，会发现他们都和陈独秀、李大钊有联系，而其中很大一部分人又是北大校友。在8个地方党组织中，有6个地方党组织的负责人是北大的师生或校友；58名党员中，在北大入党的师生11人，在北大学习及工作过的校友12人，两项合计共24人。出席中共一大的13名代表中，有北大的学生和校友5人，占代表总数的38.5%。从这几个数字可以看出北大在建党时期的重要地位和突出贡献。正因如此，在中共一大会议上，虽然陈独秀没有出席，依然被与会代表一致推举为中央局书记。

中国共产党的成立，是中国革命历史上划时代的大事。从此，中国革

---

[1] 《广州共产党的报告》，中央档案馆编：《中共中央文件选集》第1册，中共中央党校出版社1989年版，第25页。

[2] 中共中央党史研究室著：《中国共产党历史》第一卷（1921—1949）上册，中共党史出版社2011年版，第63页。

命有了科学的马克思主义理论做指导，灾难深重的中国人民在中国共产党的领导下走上了正确的革命道路。以陈独秀、李大钊为代表的北大师生在中国共产党的创建中起了历史性的巨大作用。红楼见证了这一页光荣的历史，也因此永载史册。

第五章　赤旗世界

人道的钟声响了，自由的曙光现了，试看将来的环球，必是赤旗的世界。

——李大钊

一、后五四时期的北大

1919年秋季开学，蔡元培回任北京大学校长。蔡元培进一步完善学校内部的组织架构，在他的主持下，1919年10月21日，评议会议决并通过《评议会选举法》和《教务处改组办法大意》。1919年12月6日，颁布《国立北京大学内部组织实行章程》。根据该章程，新设立了总务处，负责管理全校事务性工作。先前受蔡元培之托代理校务的蒋梦麟被任命为北京大学首任总务长。总务处与先期建立的评议会、教务处构成一套完整的组织架构。至此，北大完全建立起以教授治校为原则的学校管理体制。实现了蔡元培希望的"不因校长的去留，而影响校务的进行"。

1919年12月，北京小学以上各学校教职员因为纸钞贬值太快，为争取政府以现金发薪发起罢教。12月31日，蔡元培与各大专学校校长以调停无方自请辞职，但是政府未批准。1920年1月8日，蔡元培与各大专学校校长一同再次提出辞职申请。到12日，政府答应教职员要求，教职员联合会遂发表复职宣言，罢教结束。不料，18日，代理教育部部务的傅岳棻忽将蔡元培的辞呈提请阁议，决定准辞。傅氏此举令舆论大哗，各界纷纷呼吁挽留。教职员联合会、北大学生会分别开会商讨对策。教职员和学生都推举出代表一面挽留蔡元培，一面向国务院和总统府提出质询，并强烈要求驱逐傅岳棻。虽然最终蔡元培留任，但此事反映出由于北京大学在五四运动中的作用，北洋军阀政府内有一股势力必欲去蔡而后快。在这种情况下，1920年10月18日，蔡元培将校长职务交于蒋梦麟代理，他随即离京，赴欧美考察教育。将近一年后，蔡元培于1921年9月返北京。

1923年1月17日，蔡元培又再次提出辞职。这次辞职是为了抗议财政总长罗文干被以受贿罪逮捕。蔡元培认为罗文干案，是直系军阀头子曹锟一派制造的政治迫害案。他尤其不齿于时任教育总长彭允彝主动参与，遂愤而辞职，并发表《关于不合作宣言》，表示自己实在是"忍无可忍，不得不立刻告退了"。此次辞职，虽然政府方面再次进行挽留，但蔡元培却再未回到北大。1923年7月，他提议由蒋梦麟代理校长，本人再次出国考察。直到1926年2月3日，蔡元培才从国外回到上海，但当时北京已经处于奉系军阀张作霖的白色恐怖统治下，他不可能回北京。同年6月28日，他再次提请辞职，依然没被批准。于是蔡元培在名义上一直还是北京大学校长。1927年8月，张作霖主宰的北洋军阀政府下令取消北京大学，将北京大学与北京其他国立8校合并为京师大学校。至此，蔡元培名义上的北京大学校长也不复存在了。不过当1929年8月，南京国民政府恢复北京大学后，蔡元培又被任命为北京大学校长，只是没有到任，由陈大齐代理了一年多。一直到1930年12月蒋梦麟被任命为北京大学校长。

正是得益于管理体制的完善，当蔡元培因不满北洋军阀政府的倒行逆施而离校后，北大各项校务工作依然得以维持正常运转。蔡元培自己回忆说："综计我居北京大学校长的名义，十年有半，而实际在校办事不过五年有半。"[①]

五四后，办学经费困难是困扰北大的一个经常性问题。由于军阀连年混战，北洋军阀政府更迭频繁，教育经费一再被拖欠。北京各学校教职员经常几个月领不到工资。于是，北大等国立8校教职员联合起来向政府索薪成为常态。

---

① 蔡元培：《孑民自述》，江苏人民出版社1999年版，第176页。

1921年春，由于从上年12月起，政府又连续几个月拖欠工资，国立八校教职员开始联合索薪，3月14日起，各校教职员相继罢工。4月8日8校教职员宣布全体总辞职，并成立了各校辞职教职员代表联席会议，推举北大教授马叙伦为主席。马叙伦一度因病缺席，就由代表北京高师的李大钊代理主席。八校学生也成立了临时联席会，与教职员代表联席会互相配合。北大学生全体大会还通过要求政府设立专项的教育基金提案，提交北京学生联合会，争取一劳永逸地解决拖欠教育经费问题。经过师生的斗争，4月30日，北洋政府国务院讨论通过了由八校校长团提交的关于教育经费的3条解决办法：一、自4月份起，财政部给北京国立专门以上八校及师范、公立中小学校每月拨付专款22万元。这笔钱暂时由交通部按月拨付财政部，直到财政部筹到专门款项或教育基金为止。二、其他教育部应向财政部类领之款（以向来类领之数为准），由财政部筹定拨付。三、自1920年12月以来欠发的薪资，先发两个月的。剩余的欠薪分作三期，随4、5、6月份薪资逐月发给。各校教职员联合会代表们虽然不是十分满意，但考虑到一方面政府财政的确困难，另一方面停课一个多月，对学生求学损失也很大，5月1日，教职员联合会决定停止罢教，恢复正常教学。

1921年北大学生因政府拖欠教育经费请愿游行

在以北大为首的国立八校教职员罢工期间，北大红楼接连发生火灾，起火原因都是有人纵火，这充分反映了北大当时所处的险恶环境。自4月

第五章　赤旗世界

8日教职员总辞职后，代理校长蒋梦麟出于安全考虑，已经命令将校内各教室、图书馆等处房门都锁闭，并以个人名义请庶务部原有职员担负保护校舍责任，督率校役日夜巡守。但还是出现了两次火情，所幸扑救得力，未造成严重损失。

北京各校恢复上课后，政府方面却又不能履行承诺的3条解决办法。政府的失信使八校校长处于非常尴尬的处境，1921年5月16日，八校校长宣布辞职。5月23日，国立八校教职员再次宣布全体总辞职，索要欠薪。到了6月份，政府方面才又答应教职员的要求，又发了部分欠薪。这次索薪运动暂告平息。但是，不久之后政府又拖欠教育经费，各校7月份下半月的工资都没领到。8月份、9月份为了应付开学，勉强又发了两个月，到10月份又没钱发了。此时，不仅学校经费被拖欠，连教育部办公经费也被拖欠，教育部职员也有几个月没发工资，也罢工了。代理教育部部务的马邻翼因不名一文也离京出走，不敢回任。这导致八校校长们"呼吁无门，实难处理"，只能直接呈文国务总理和总统，要求尽快采取措施，避免首都教育停顿，"匪特荒废学子之光阴，抑且予外人以口实"[①]。

1922年、1923年是教育界索薪运动最频繁的两年，每次索薪的结果都是政府勉强答应要求，然后像挤牙膏一样发放一部分欠薪，等过一段时间，又继续拖欠。然后教职员再群起索薪。由于政府财政越来越困难，拖欠工资范围开始从教育界扩大到政府其他部门，于是许多政府机关职员也常常因为被拖欠薪资太久开始罢工索薪。

教育经费的严重短缺使北大的许多发展规划无法再实现。蔡元培掌校后，鉴于北大办学规模扩大，校园空间和相关建筑日益满足不了需要，在五四运动前，已经规划在西山兴建新校区。1919年初，上海的《申报》《时报》《神州日报》都报道过北大在西山建设新校区的新闻。不过，这项看似已经启动的北大新校区建设工程不知为何却没有开工，或许是因五四运动爆发而暂停了。但五四运动以后，北大方面的确还在继续推动此事。1920年2月，美国著名建筑设计师墨菲受邀专程到访北大，与北大校

---

① 《呼吁无门之京教育界》，《时报》1921年11月28日。

方商讨校园规划建设事宜。经过10多天商讨,墨菲为北大制订了一长一短两套建设计划。长期的建设计划打算花10年在西山建设新校区。鉴于北大当时已经面临校舍不足问题,墨菲为北大设计了在红楼北面空地添建两栋建筑的短期建设计划。一栋为图书馆兼行政大楼,坐落在红楼的东北角;另一栋是体育馆兼大礼堂,坐落在红楼的西北面。这两栋新建筑将采取与红楼一致的建筑风格,计划一年建成。三栋建筑中间的空地依然保留为运动场。

由于五四运动后,北洋军阀政府财政日益恶化,拖欠日常的教育经费成为常态,增加新的拨款更不可能。北大的长期和短期建设计划遂都无法实施。为了解决迫切需要的新图书馆建设费用,胡适曾倡议教职员工捐款,蔡元培校长1920年10月出访欧美时,也把向海外华侨募集图书馆建设捐款作为一项主要任务。可是,由于政府拖欠办学经费,学校和教职员工的生存都日益困难,新建图书馆计划在20世纪20年代终究无法实施。一直等到30年代,蒋梦麟任北大校长时,在他和胡适努力下,争取到中华教育文化基金会的补助,才将新图书馆建成。

1923年北大与政府的关系更加紧张。1月17日,蔡元培因罗文干案宣布辞职离京后,北大师生掀起持续数月的"驱彭挽蔡运动",强烈要求教育总长彭允彝下台。当年的五四纪念日,北京学生联合会在北京女子高等师范开会,各校学生到会的有2000多人。在李大钊受邀发表完演讲后,韩麟符发言,提议采取实际行动,对彭允彝"下一总攻击,非实行驱逐他不可"[①]。会议主席将韩麟符的动议付表决,全体出席会议的代表起立,通过提议。参会代表们随即分为两队,一队去教育部,一队去彭允彝私宅,分头索彭。到教育部的那队没有找到彭允彝,就在教育部呼喊一阵"驱逐彭允彝""肃清教育界败类"口号后散了。去彭宅的那队派4名同学乘洋车先行到彭宅,声称拜谒,大队人马随后而至。只是不巧的是,彭家的用人刚打开大门时,就看到了后面的大队学生,赶紧关闭大门,再也不开门。结果学生们抡起砖头瓦块一顿乱砸泄愤后散去。彭允彝以此事为北大相关教

---

① 《五四纪念会与引起之风波》,《益世报》1923年5月5日。

职员蒋梦麟、谭熙鸿、杨栋林、马裕藻、白鹏飞、马衡等煽动,向法庭控告北大教员杨栋林和学生韩致祥等。北大方面召开教职员联合会议,商讨驱彭及索薪办法,并决定对彭提起反诉讼。北大发起的"驱彭运动"得到社会舆论的广泛支持,在6月11日的参议院常会上,议员王法勤、阎秉真、黄元操相继对彭允彝提出弹劾案。彭允彝在一片谴责声中只好灰溜溜地逃出北京。9月5日,彭允彝被正式免去教育总长职务。

1923年9月开学后,北大校方决定将校部各行政机关搬出红楼,迁到马神庙的二院办公。代理校长蒋梦麟在开学典礼上宣布了这一决定,并解释这么做是出于安全考虑。因为在此之前,又有谣言说有人要火烧红楼。学校的会计机关、注册部以及历年来重要的文件都存放在红楼,万一发生意外,真不得了。一院只有一座高大的红楼孤零零的,直接临街,不便防护。二院多为平房,从大门进去后,有好几进院落,有纵深,便于防护。

蒋梦麟在这次开学演讲里还通报了北大面临的经济压力和招生情况。由于北洋军阀政府一再拖欠教育经费,当时的北大"物质方面,可说是已到了山穷水尽的地步""所以去年开学时我们说过要建筑大会堂和图书馆的计划都成了泡影"。在招生方面,1923年暑期有将近3000名学生投考北大,但最后只录取了160多人。录取人数较少的原因是符合录取标准的中学毕业生太少。北大准备主动向各地中学提供表册,向各地中学报告它们的学生"有几分之几不合格,所欠缺的是哪些功课,请他们注意改良"。总之,在当时的政治、经济双重压力下,蒋梦麟呼吁全校师生共同奋斗,以"维持京师的教育,至少也要维持北大的生命,决不让他中断"[1]。

五四运动以后,北京政治环境日益恶化,教育事业备受摧残,北大只能勉强维持生存。学校硬件方面无钱添建教学设施和教学设备,软件方面师资逐渐流失,在校生规模也日渐减少。1920年年底,北大在校生总数为2565人,其中正科生2423人、旁听生142人。到1926年9月,在校生总数下降到1600人左右。

---

[1] 《蒋梦麟先生开学词》,《北京大学日刊》1923年9月12日。

二、北方党组织的发展

中共一大决定在上海设立中央局，由陈独秀、张国焘和李达3人组成。陈独秀任书记，张国焘负责组织工作，李达负责宣传工作。因陈独秀当时还在广州，由周佛海暂时代理书记，直到1921年9月陈独秀回到上海为止。本该1922年夏季毕业的张国焘留在上海，参与中央工作，成为职业革命者。刘仁静回到北京，将会议情况向李大钊做了汇报。

以李大钊为首的中共北京支部开始全力开展工作。为了更好开展工作，将更多的青年培养成为马克思主义者，1921年11月，马克思学说研究会公开活动，在《北京大学日刊》刊登启事，招收会员。马克思学说研究会和社会主义青年团成为党的外围公开组织。

中共一大决定首先集中力量开展工人运动，1921年8月中国劳动组合书记部在上海成立。北京党支部随后即成立了劳动组合书记部北方分部，由邓中夏、罗章龙负责。在一大之前，共产党北京早期组织已经开始在长辛店铁路工人、开滦路矿工人中做了大量宣传和组织工作，并于1921年1月在长辛店建立劳动补习学校。1921年的五一劳动节，长辛店举行了1000多名工人群众参加的声势浩大的示威游行。中国劳动组合书记部北方分部成立后，进一步抽调大批党员、社会主义青年团团员、马克思学说研究会会员深入工人群众中开展工作。在各地相继组织起劳动补习学校、工人俱乐部，发起一连串罢工斗争，并在斗争中创建了全国铁路总工会、北方矿工会、各大城市产业与地区总工会。在斗争中，不断有优秀的先进分子加入党组织。北京共产党组织也迅速成长壮大，从北大发展到北京和北方各地。

中共一大前，1920年11月，中国共产党北京支部建立时，有十几名党员。除个别人如女高师的缪伯英外，基本都是北大师生。到1922年6月，不算几位离京的党员，北京一共有20名党员。这其中有18人是北京大学的，只有缪伯英和铁路工人出身的史文彬不是北大人。从1922年下半年到1923

第五章　赤旗世界

中共一大前共产党北京早期组织部分成员（上排左起：范鸿劼、高君宇、何孟雄、罗章龙；下排左起：缪伯英、张太雷、朱务善）

年年初，北大又有6名同学加入党组织。北大以外的北京高等师范学校和中法大学等学校也发展了一批党员。于是在1923年，在中共北京地委下面，设立了北大、高师和中法大学3个党支部。到1924年5月，在京的党员已经发展到46人。其中，45人为知识分子党员。其后，随着工人运动的深入发展，工人觉悟的提高，北京地委发展了大量工人入党。到1925年10月的时候，北京共有党员76人。从1925年年底到1926年1月，又有100多名团员转成党员，党的队伍更加壮大了。[①]

在北京创建党组织的同时，李大钊还积极推动全国各地党组织的建立。李大钊指示马克思学说研究会会员中的党员、团员骨干利用他们假期回家和毕业后回家乡工作期间开展建党建团活动。如山西的高君宇、王仲一，陕西的李子洲、刘天章、魏野畴，以及河南（游天洋）、山东（王尽美、邓恩铭），东北甚至江西（袁玉冰）、云南（王有德和王复生等）、

[①] 以上数字根据王效挺、黄文一主编：《战斗在北大的共产党人》，北京大学出版社2003年第2版，第11页。

广西（谭寿林等）的初期建党活动，都和李大钊主持的中共北方区委直接发生联系。李大钊还派韩麟符等发展少数民族党员，在内蒙古建立起党的组织。正如李大钊所说："革命种子已撒播在广大的土地上，必然会开花结果。"①

高君宇，原名高尚德，字锡三。山西静乐人。1916年考入北京大学理预科，1919年升本科地质系学习，1922年毕业。他积极参加五四运动，1919年5月中下旬，受北京学生联合会委派，以学联代表的身份回山西，指导发动学潮。他是北京大学马克思学说研究会发起人之一。1920年在北大入党。1920年11月北京地区社会主义青年团成立，高君宇被选为书记。

王仲一，原名王振翼，字壮飞。五四运动爆发后，他积极参加太原学生爱国活动。参与发起成立山西省大中学校学生联合会，负责对外联络，与高君宇结识。1919年5月29日，山西省学联发表《山西学生联合罢课宣言》，各校组织讲演团、日货检查团，宣传反帝爱国；创办"晋学公立国货有限公司"，专卖国货，抵制日货。大同、临汾、运城、汾阳、太谷、平定、离石、祁县、代县、崞县、晋城、霍县大中学生相继举行反帝爱国活动。

1919年8月，高君宇再次回到太原，在他的指导和帮助下，山西学联领导人王仲一、贺昌等创办《平民周报》，以"为人民奋斗"为宗旨，传播新思想。王仲一任主编。

1920年春，在高君宇的介绍下，王仲一加入北京大学马克思学说研究会，成为通信会员。1921年秋，王仲一来到北京，经中共北京大学支部批准转为中国共产党党员。此后，他即走上职业革命的道路。受中国劳动组合书记部北方分部派遣，先后到京绥、京奉、津浦、京汉、道清等铁路和开滦、焦作等煤矿了解工人状况，开展工人运动。1922年5月，作为北京区代表赴广州，出席中国社会主义青年团第一次全国代表大会和第一次全国劳动大会。不久任中国劳动组合书记部特派员，到南京浦镇车辆厂开展工

---

① 罗章龙：《亢斋回忆录——记和守常同志在一起的日子》，《回忆李大钊》，人民出版社1980年版，第42页。

人运动。10月参与组织唐山开滦五矿同盟大罢工,任总指挥部领导成员。

北京社会主义青年团成立后,高君宇受李大钊的指派,于1921年春再次回到太原,召集王仲一、贺昌等学运骨干,发起成立太原社会主义青年团,由王仲一任负责人,团员有王仲一、贺昌、李毓棠、贺凯、梁震、武灵初、姚锦等。5月15日,该团召开第二次大会,制订了团的章程和活动计划,会议决定《平民周刊》为团的刊物。

作为山西第一个由信奉马克思主义的进步青年所办的进步期刊,《平民周刊》断续存活了5年时间,它为山西社会主义青年团及共产党组织的建立做了思想上、舆论上的准备。《平民周刊》是向山西进步青年传播马克思主义的媒介和平台,同时也将一批进步青年聚集在一起。

高君宇是山西革命的播火者,引领一批青年走上了信仰马克思主义、追求共产主义的道路。在高君宇的带动下,马克思主义在山西迅速传播开来。经高君宇介绍,王仲一、贺昌、李毓棠成为山西最早的一批共产党员。其后,张叔平、彭真(傅懋恭)、侯士敏、纪廷梓、潘恩傅、王瀛等人也先后加入党组织。

1924年5月,受李大钊指派,高君宇到太原创建了山西第一个党组织——中共太原支部。其时,王仲一、贺昌都已经被党调往外地工作。太原支部由李毓棠、彭真、纪廷梓组成干事会,由李毓棠任书记。太原支部直接隶属于北京区委领导。彭真后来回忆说:在省立一中期间,我和其他革命青年曾受到山西的"一个刊物、一个书社、一个学会"的影响。而这些团体、刊物都是在高君宇同志亲自指导和帮助下建立与创办的。正是在高君宇、王仲一等人的影响和指引下,一批进步青年通过《平民周刊》接受了马克思主义,并从此走上革命道路,对山西早期革命事业的发展起了举足轻重的作用。

陕北革命根据地对中国革命的意义是众所周知的。陕北革命的火种是李大钊领导下的中共北方区委直接播种的。刘天章、李子洲、魏野畴等是李大钊发展的陕西早期党员,通过他们又发展了刘志丹、谢子长等一批陕北共产党党员。最终由刘志丹、谢子长等通过武装斗争,建立起以陕北为中心的西北革命根据地,为中央红军长征胜利结束提供了落脚点。

刘天章,又名刘云汉,陕西高陵人。1918年考入北京大学预科,1920年升入本科化学系,1924年毕业。1919年参加领导了北京五四爱国学生运动。1921年,中共一大后,经李大钊介绍加入中国共产党,他是陕西第一个共产党员。

李子洲,名登瀛,笔名逸民。陕西绥德人。1917年春考入北京大学预科,1919年升入哲学系。他在北大读书期间,是陕西在京学生的领袖,积极参与领导了五四运动。1923年毕业。1923年年初,经李大钊、刘天章介绍加入中国共产党。

魏野畴,陕西兴平人,1917年考入北京高等师范学校,1919年参加五四运动。在陈独秀、李大钊等人的影响下,开始学习马克思列宁主义。1921年夏毕业后回陕西,在华县咸林中学任教务主任兼历史教员。1922年夏,因受当地封建顽固势力的排挤,辞职赴北京。1923年年初经李大钊、刘天章介绍加入中国共产党。

李子洲、刘天章、魏野畴等五四运动时都在北京读书,他们发起组织了旅京陕西学生联合会。积极参加了五四运动。1920年1月,他们以旅京陕西学生联合会名义创办了《秦钟》月刊。月刊宗旨是唤起陕人自觉心,介绍新知识于陕西,传播陕西社会之状况于外界。《秦钟》共出版了6期,后因各校代表意见分歧和当时陕西军阀的阻挠,于1920年6月停刊。李子洲、刘天章、魏野畴等又集合一批志同道合的进步同学于1921年10月,创办《共进》半月刊。该刊以"提倡桑梓文化,改造陕西社会"为宗旨,研究、讨论、批评诸多阻碍陕西文化、社会进步的事情,也宣传马列主义,并探讨在陕西进行革命的问题。1922年10月,《共进》半月刊社召开会议,通过《共进社简章》,成立共进社,设立总务、编辑、营业3股,把该社活动范围扩大到思想、社会、政治、教育、实业各界。

共进社以北大的陕西籍同学为主,他们在北大理科北侧的吉安所左巷6号租下一个有十来间房子的院落,大家聚居在一起。共进社机关就设在这里。这个院子正好与毛泽东、罗章龙等新民学会的湖南同学租住的吉安所左巷7号的房子相邻。据罗章龙回忆:"共进社人多势众。从吉安所左巷到西老胡同、中老胡同、东老胡同及至沙滩,都有他们的寓所。李子洲是共进社的主要领导人,人们尊称他为'大脑'。"①除了"大脑"李子洲外,共进社另外几个主要人物刘天章、杨晓初、赵国宾也有绰号,他们四人被合称为"大脑(李)、小脑(刘)、杨龙(杨)、赵虎(赵)"。"因为李子洲在大的方面善于思索,出主意,可算是共进社的'大脑';刘天章善于活动,他主要负责搞《共进》刊物的组稿、编辑工作;赵国宾对《共进》的出版活动很积极;杨晓初是学数学的,善于计算,负责共进社的事务工作"。②他们4人都是北大学生。每到周末或节假日,居住在别处的陕西同乡,也多来这里聚会,热闹非凡。其中,有刘含初、屈经文、耿炳光、方仲如、营尔斌、潘自力(以上皆为北大学生)、杨明轩、魏野畴、魏惜言(以上皆为北京高师学生)等。

由于是一墙之隔的近邻,共进社的主要人物李子洲、刘天章、魏野畴、杨晓初、杨钟健等与毛泽东、罗章龙、蔡和森、陈绍麻、萧三等新民学会的同学都很熟悉。大家茶余饭后,经常聚在一起聊天,从国家大事到学术思想问题,以至生活趣闻,无所不谈。

五四运动期间,李子洲领导这帮进步青年热火朝天的干劲给罗章龙留下深刻的印象:"我们寓所距红楼很近,只有'一箭之地'。学校钟声、哨声声声相闻。在'五四'期间,北大学生会或北京学生联合会一有号令,吉安所左巷一带便闻风而动。北京学联的总务科,全是'共进社'的人。李子洲同志工作得很出色,每次集会、游行,在他的带领下,很快就能把游行需用的大、小旗子制作齐全,及时写出和刻印好所用的标语、传单。李子洲嗓门宏亮,富于鼓动。北大成立学生干事会(简称学生会)时,李子洲被选为学生会干事。"③

当马克思学说研究会成立后,共进社的刘天章、李子洲、魏野畴等纷纷加入,并成为研究会的重要会员。中共北京支部成立后,他们和其他共

---

① 罗章龙:《椿园载记》,东方出版社1989年版,第47页。
② 《杨钟健关于共进社的一次谈话》,中共陕西省委党史资料征集研究委员会编:《共进社和〈共进〉杂志》,陕西人民出版社1985年版,第420页。
③ 罗章龙:《椿园载记》,东方出版社1989年版,第47页。

进社骨干又相继入党。

1923年夏，李子洲毕业，受李大钊指派，回陕西开展建党工作。李子洲回陕西后，先后在三原渭北中学、榆林中学任教。他向同学们介绍新思想，宣传马克思主义。介绍了一批同学加入"共进社"，如保安的刘志丹，绥德的贾春霖、霍世杰、张肇勤，清涧的王怀德、白作宾，延川的曹必达，定边的蒙嘉福，子长的营尔斌、杨国栋，横山的高岗，米脂的马济川，榆林的杨尔瑛等。

1924年，李子洲任绥德陕西省立第四师范学校校长。在秋季开学前，他专程到北京向中共北方区委汇报，请求为四师招聘进步教师，并请示在陕西建立党组织事宜。在李大钊的支持下，中共北方区委决定将时在陕西华县咸林中学任教的王懋廷调到绥德四师协助李子洲创建党组织和开展革命工作。李子洲和王懋廷为北京党组织直属特别通讯员。

王懋廷，又名王德三，云南祥云人。1921年考入北京大学理预科，1922年在北大入党。因经济困难，1923年休学到陕西华县咸林中学任教。王懋廷到绥德四师后，任国文教员。他知识渊博，口才极好，很受学生欢迎。他在课堂内外，积极向师生们宣讲马克思主义，组织学生阅读进步书刊，积极培养和物色党、团员的发展对象。

经过一段时间的准备，1924年10月起，经上报北京党组织批准，李子洲、王懋廷陆续发展了田伯英、乔国祯、杜嗣尧等入党。此时，王复生、田伯英、杨明轩、常汉三等党、团员也都先后来绥德四师任教，同年年底，绥德成立陕北社会主义青年团支部。中共北方区委指示李子洲、王懋廷等在陕北建立党的组织。根据中共三大章程关于党的基层单位为党小组的规定，11月，李子洲、王懋廷、田伯英等在四师成立陕北第一个党组织——中共绥德小组，直接隶属中共北方区委，由田伯英担任党小组组长。

1925年春，李大钊派北大陕西籍共产党员（也是国民党员）的耿炳光，以于右任代表的公开身份来榆林开展工作。耿炳光听取绥德四师党、团组织发展情况的汇报后，按照中共四大章程关于党的基层单位由小组改为支部的规定，与李子洲商量在原党小组基础上，成立了陕北第一个党支部——中共绥德支部，指定李子洲为书记。

第五章　赤旗世界

由红楼传来的革命火种已经在陕北大地到处生根发芽。其中，曾在榆林中学就读的刘志丹和谢子长后来成为创建陕北和陕甘边革命根据地的主要领导人。

河南第一个党组织——中共洛阳组建立于1921年12月，是在以李大钊为首的中共北方区委直接指导下成立的。

一大前，北京党组织和北京大学马克思学说研究会就在长辛店、南口、丰台、唐山等铁路、矿山的工人中开展工作。当时直系军阀重要将领吴佩孚驻军河南，表面上表现进步，号称保护劳工。李大钊的好友白坚武是吴佩孚的亲信，于是中共组织遂大力在工人集中的陇海铁路、京汉铁路开展工作。1921年3月，李大钊派遣共产党武汉早期组织成员赵子健到郑州铁路职工学校任教并任代理校长。赵向工人讲授文化知识，介绍俄国十月革命，宣传马克思主义，启发工人觉悟，使工人们深受鼓舞。1921年3月，李大钊也曾来到郑州铁路职工学校，向工人介绍俄国工人解放的情况，鼓励工人学革命道理，号召工人组织团结起来，争当社会的主人。郑州铁路职工学校很快成为联络团结工人的阵地。一大后，中共北方区委和劳动组合书记部北方分部进一步加大以铁路工人为主的工人运动的工作力度。1921年8月，中国劳动组合书记部创办的《劳动周刊》及北方分部的《工人周刊》在郑州、洛阳等地设立发行站，很快在铁路工人中得到传播，拥有了一大批积极读者。1921年秋，《工人周刊》聘请在陇海铁路洛阳车站工作的进步青年游天洋为发行员和特约通讯员。游天洋1920年秋从唐山交通大学毕业，到陇海铁路局任工程师。他在校期间已经与北京的党组织有了联系，到陇海铁路工作后，利用工作之便，深入调查工人的劳动、生活状况，了解工人的要求，在工人中传阅进步书籍，积极传播马克思主义，启发工人的阶级觉悟。马克思主义在河南工人阶级中广泛传播，为中共洛阳组的成立奠定了必备的思想基础。

1921年9月至11月，在劳动组合书记部北方分部的指导下，河南境内先后成立洛阳、郑州、开封、彰德4个铁路工人俱乐部或工会组织。这些组织是继长辛店铁路工人俱乐部之后，中国共产党在河南乃至北方地区领导的最主要的工人组织，是团结、组织工人的中心。

1921年11月17日，陇海铁路工人为反对裁人减薪、虐待工人，举行全线罢工。以李大钊为首的中共北京区委紧急召开区委扩大会议，经过充分讨论后，决定派劳动组合书记部北方分部主任罗章龙亲往洛阳，指导罢工。全路罢工坚持10天并取得了胜利。陇海铁路大罢工是中国共产党成立后第一次参与领导的大规模罢工，对党和河南工人阶级都是一次锻炼。这次罢工培养锻炼了一批受群众拥戴的工人运动骨干，取得了领导大规模工人运动的实践经验。铁路工人在罢工中壮大了组织，认识到共产党是为他们谋利益的无产阶级政党，阶级觉悟显著提高。1921年12月，陇海全路工人召开代表大会，统一全路组织，建立陇海铁路总工会，并加入了中国劳动组合书记部北方分部，游天洋任秘书。

陇海铁路大罢工胜利后，游天洋经李大钊、罗章龙介绍加入中国共产党，随后又发展白眉珊、王福顺入党。1921年12月，中共洛阳组成立，游天洋任组长。这是中国共产党在河南创建的第一个党组织。以中共洛阳组成立为开端，党在京汉、陇海铁路河南沿线的主要城镇迅速建立党的基层组织，或派党员开展活动，河南成为中国共产党建立组织、开展活动较早的重点地区之一。

一大前，山东济南已经建立共产党早期组织，并派代表王尽美、邓恩铭出席了在上海召开的中共一大。共产党济南早期组织是受上海和北京的早期党组织双重影响而成立的。早在五四运动时期，王尽美等济南学生运动积极分子就与罗章龙等认识并建立了联系。当北京大学马克思学说研究会于1920年3月秘密成立后，王尽美又一次来到北京，经罗章龙介绍，加入马克思学说研究会，作为通讯会员。回山东后，王尽美与罗章龙保持着经常的通信联系，并交换刊物，又介绍了一些人成为通讯会员。大约1920年夏秋之交，王尽美、邓恩铭等在济南发起成立"康米尼斯特学会"，实际就是仿照北京马克思学说研究会的形式建立的山东马克思学说研究会。在此基础上，王尽美、邓恩铭等在党的一大前，秘密成立了共产党济南早期组织。

一大后不久，王尽美被调到北京工作，任劳动组合书记部北方分部秘书。山东党组织由邓恩铭负责，北京区党委派人驻济南协助指导山东党的工作。山东的工人运动也受劳动组合书记部北方分部领导。

总之，以李大钊为首的中共北方区委及中国劳动组合书记部北方分部统领着整个北方地区的工人运动和建党工作。无数的革命青年来到红楼接受了马克思主义，又从红楼前往全国许多地方，将革命的火种传播开来。

三、北方革命运动燎原之势

五四运动后，各种新思潮得到迅速传播，其中，社会主义思想的传播成为主流。只是当时的社会主义思想内容极其庞杂，除了科学社会主义外，还包括各色各样的社会主义流派。如各种类型的无政府主义、新村主义、合作主义、泛劳动主义、基尔特社会主义等等。中国知识界，尤其是青年知识分子急切地寻找适合中国的理论武器，他们探索、比较、争辩，从各种纷繁的思想中汲取他们认为的真理，希望用以切实改变中国社会，实现国家富强，民族复兴。

在各种新思想的竞争中，苏维埃俄国以活生生的实例昭示了马克思主义的光辉前景，吸引了中国知识界的目光。随着苏俄国内战争结束，苏维埃政权的稳定，苏俄积极拓展在中国的影响，很快便在中国知识阶层打开局面，在短短几年内对中国革命运动的高涨发挥了重要作用。

1920年3月，苏俄《第一次对华宣言》（又称第一次《加拉罕宣言》，发表于1919年7月）的内容开始被众多中国媒体报道。3月底，中方从正式外交途径收到这一对华宣言。1920年9月27日，苏俄政府又发表《第二次对华宣言》，除了重申第一次对华宣言中主要内容外，还建议两国恢复外交关系和缔结友好条约。苏俄的对华宣言受到中国知识界广泛的关注和欢迎。对比列强在巴黎和会对中国的欺辱，刚刚经历过五四运动的中国人对苏俄的看法迅速好转。

北洋军阀政府开始曾积极呼应苏维埃政府，1920年3月，外交部以旧俄使节已失代表国家之能力，让中方外交人员与俄国新政府接洽，办理通商、护侨等相关事务。由于西方驻京外交使团的压力，因此北洋军阀政府很快又宣布与各国保持一致。4月，北洋军阀政府一面下令在海参崴的中国驻俄专员李家鳌阻止俄代表来北京；一面表示"与俄通商议和，尚非其时"①。

与北洋军阀政府的犹豫不决、进退失据不同，中国社会各界对苏俄呈现一边倒的欢迎态度。各界人物纷纷发表谈话，呼吁尽快依据苏俄对华宣言与苏俄开始谈判，建立外交关系。一方面因国内舆论压力，另一方面看到苏维埃政权迅速控制全境，政权开始稳定，北洋军阀政府还是决定与苏俄代表接触。5月，北洋军阀政府令外交人员对于苏俄关于与中国通商谈判的要求可以有条件的允许。北洋军阀政府避开政治承认，先与苏俄开展通商谈判，以此避免西方外交使团的干涉，也算是煞费苦心。于是，8月26日，以优林为首的苏俄通商代表团抵达北京，中俄之间终于开始直接的外交接触。在此前后，苏共和共产国际派遣的工作人员已经络绎来到中国，他们通过各种方式与中国民间及地方实力派进行联络，最终推动陈独秀、李大钊等建立了中国共产党。

随着通商谈判顺利推进，中俄两国间自然而然开始尝试更进一步的接触。1920年12月2日，中国政府正式宣布停止旧俄使、领馆在华外交地位。同时，有半官方消息传出，俄国代表以私人身份会见外交总长颜惠庆。1922年7月26日，苏共中央委员、著名外交家越飞被任命为苏俄驻华全权代表。8月12日，越飞到达北京，开始恢复中苏两国间全面外交关系的努力。

越飞的外交代表资格得到北洋军阀政府的承认，其驻地挂起了"全俄联合政府代表处"的木牌，北洋军阀政府安排了一名警察在门口站岗。此时，中国各界纷纷举行欢迎会，邀请越飞出席并发表演讲。8月18日晚，以北大方面蔡元培、李大钊、胡适为首，在东方饭店为越飞来华举行首场欢迎宴会，"表示我国人士欢迎越氏之盛意，及对俄国之好感"②。晚宴

---

① 《国内特约电》，《时报》1920年4月24日。
② 《学界招待俄代表越飞君志盛》，《京报》1922年8月21日。

第五章 赤旗世界

首先由李大钊致辞，高度赞扬了苏俄对中国及中国国民的友好情谊，希望中俄在对日政策上"互相提携"。然后蔡元培校长发言，他回顾了自欧风东渐以来，中国社会经济及政治种种方面的进步，认为辛亥革命仅是政治革命，最近以来已有社会革命的趋向。他称赞"俄国革命事业为吾人之前驱，今日愿以守业者之资格，欢迎远道来临之先导者"。越飞随后起立答言，表示非常感谢各位先生的殷殷盛情，他说："以先导之尊称赠与俄国，吾人实不敢当。中国有极深之文化，实为人类之先导，以后世界之进化，将拜中国为师。"他说俄国代表团来华的目的，就是希望中俄两国国民建设良好之友谊。他相信"中国未来之进步，较诸任何一国更为速捷"。最后，胡适也发言，希望中俄两国建立平等的外交关系，中俄互相提携，增进两国在国际上的地位。晚宴气氛和谐而热烈，宾主济济一堂，直到晚12点才"尽欢而散"①。

8月21日，北大新潮社、马克思主义研究会、社会主义青年团及少年中国学会、晨报社等北京十四团体又在北大三院法科礼堂开欢迎大会，欢迎苏维埃俄国政府代表越飞，并请俄代表团报告俄国近况。当日有七八百人出席。越飞本来很高兴地答应了，但是，西方各国外交使团对苏维埃政府代表在中国受到的热烈欢迎非常不安，他们授意北洋军阀政府对俄代表加以限制，阻止苏俄代表"散布过激主义"。北洋军阀政府对越飞使团给予"间接警告"，要求使团"勿为越轨举动"。并由警厅出面禁阻越飞赴北京十四团体的欢迎会。为避免过度刺激北洋军阀政府，越飞只得致信大会组织者，借口有特别要事说不能到

苏俄驻华全权代表越飞

---

① 《学界招待俄代表越飞君志盛》，《京报》1922年8月21日。

会，表示歉意，同时在信中申明他对中国青年学生反抗专制，争取自由民主革命事业的希望和支持。随后，越飞又派人送来第二封书信，告知举办会议的十四社团的负责人，希望能与他们举行小范围的会面。在大会散会后，越飞赶来与十四社团的负责人进行了座谈。在座谈中，他对一些西方舆论污蔑做了澄清，表示自己来中国不是为宣传所谓"过激主义"，纯为增进与中国政府和人民的友谊，谋求恢复中俄两国邦交。

1922年7月16日至23日，中国共产党在上海举行了第二次全国代表大会。出席大会的有陈独秀、张国焘等12名代表，代表着全党195名党员。这次大会最重要的一项成果是在分析国际国内形势的基础上，提出了中国共产党民主革命的纲领，并通过《关于"民主的联合战线"的决议案》。这个决议案改变了党的一大文件中关于不同其他党派建立任何联系的规定。提出联合全国一切革命党派，联合资产阶级民主派，组织民主联合战线，并决定邀请国民党等革命团体举行联合会议，共商具体办法。会后，中共中央相继派李大钊、陈独秀同孙中山等国民党领导人会晤，商谈国共合作问题。

此时的孙中山恰处于因1922年6月陈炯明叛变造成的失败痛苦中，他对中共和苏俄关于合作进行民主革命的倡议非常欢迎。他尤其希望年轻的中国共产党中这许多朝气蓬勃的革命分子加入他的国民党。1922年8月，他与李大钊会谈后，即亲自主持仪式，由张继做介绍人，发展李大钊加入了国民党。

1923年1月12日，共产国际根据马林的提议做出《关于中国共产党与国民党关系问题的决议》。决议认为：中国工人阶级尚未完全形成独立的政治力量；中国国民党是中国唯一重大的国民革命集团；中国共产党在民主革命中同国民党合作是必要的。这个决议进一步推动了中国共产党与国民党合作。

1923年1月17日，越飞南下上海，拜谒孙中山，两人经过深入交谈，于1月26日，发表了联合宣言。宣言分为4点：一是关于苏俄援助孙中山完成中国统一；二是重申两次苏俄对华宣言有效；三是关于协商解决中东铁路问题；四是关于外蒙古问题的谅解。①这个宣言的发表，标志着苏联与孙中山和国民党结成联盟，从此双方关系进入了一个崭新的阶段。1月27日，越飞以疗养为名，乘船赴日本。随后，孙中山派廖仲恺前往日本，与越飞继续商讨实现宣言的具体办法。双方在日本又进行了一个多月的会谈，就苏俄援助中国革命、创设军官学校、建立革命军队以及改组国民党、实行国共合作等问题，详细地交换了意见。

在苏联和中国共产党的帮助下，孙中山对国民党进行改组，并任命廖仲恺、汪精卫和李大钊等5人为国民党改组委员，具体负责国民党的改组。一批重要的共产党干部如韩麟符、于方舟、毛泽东、何叔衡、夏曦、刘伯垂、廖乾五、王尽美、宣中华、王振翼等相继参加国民党改组。

1924年1月，中国国民党第一次全国代表大会在广州举行，出席开幕式的165名代表中，共产党员有20多人。李大钊被孙中山指派为大会主席团成员。大会审议并通过《中国国民党第一次全国代表大会宣言》草案，对三民主义做了重新解释，在事实上确立了"联俄、联共、扶助农工"的三大政策。

中国国民党第一次全国代表大会标志着国民党改组的完成和第一次国共合作的正式形成。伴随国共合作，全国掀起了国民革命的高潮。

李大钊在国民党一大上当选为中央执行委员（共24人），会后返回北京。先是于1924年3月8日进行中共北京区委改组，李大钊当选为委员，并担任委员长。接着在4月20日国民党北京执行部成立会上，当选为北京执行部组织部部长。蔡和森任组织部秘书。这样李大钊就一身二任，肩负起北方地区国共两党的领导责任。

当时共产党在北方地区的活动完全处于秘密状态，李大钊等共产党员的公开活动都以国民党党员的身份开展。国民党北京执行部成立时，在织染局29号租了房屋设立办公处，1925年春迁至北京翠花胡同8号。除李大钊、蔡和森外，何孟雄、王尽美、缪伯英、朱务善等也在执行部担任工作。北京执行部负责领导北京、直隶（河北）、山西、山东、河南、察哈

---

① 《孙中山与越飞氏之宣言》，《时报》1923年1月28日。

尔、热河、绥远、奉天、吉林、哈尔滨、黑龙江、甘肃、新疆等15省市。李大钊以国民党中央执行委员的身份，与国民党人丁惟汾共同领导执行部的工作。

在国共两党合作的推动下，大量进步青年加入国民党，为国民党注入新鲜力量，使国民党组织改变了过去以政界军界上层人物为主、老朽沉寂的状况，焕发出新的生机。到1925年10月，国民党北京执行部所辖15省市党员发展到1.4万人。[①]与此同时，中共党组织也得到了快速发展。这一切为反帝反封建的国民革命运动兴起奠定了基础。

北大作为新文化运动中心和五四运动策源地，与以孙中山为代表的国内进步革命力量一直渊源颇深。在五四运动后，北大更成为当时国内进步知识分子心中的旗帜。当孙中山改组国民党，实行"联俄、联共、扶助农工"的三大政策后，北京大学的进步师生即遥相呼应，积极推动北洋军阀政府恢复中俄邦交。

1923年3月26日，北洋军阀政府任命王正廷筹办中俄交涉事宜，与苏联开始正式的外交谈判。当时苏联代表越飞还在日本，立即复电表示欢迎。为了更好地与中国就恢复邦交等事宜进行谈判，1923年7月，苏联政府改派副外交人民委员、曾两次代表苏俄政府发表对华宣言的加拉罕为全权代表出使中国。

加拉罕来华受到中国各界的热烈欢迎，从满洲里入境开始，沿途所到之地，从官方到民间纷纷举行各种欢迎仪式和宴请。北京方面，在以李大钊为首的国共两党的组织推动下，北京各社会团体和学校师生在加拉罕到京前几日就举行了欢迎他的筹备会议。1923年9月2日，加拉罕夫妇及代表团随员一行乘火车到达北京。到站欢迎的除了官方的中俄交涉督办王正廷、众议院议长吴景濂、外交部秘书朱鹤翔等人外，还有北京学界、商界等20多个民间团体代表千余人。9月9日，蒋梦麟、李大钊等50余位北大教授又在北京大学第二院组织召开欢迎加拉罕大会。同年的10月10日，北大

[①] 中共北方区委历史编写组编：《中共北方区委历史》，中共党史出版社2013年版，第142页。

学生会召开辛亥革命12周年纪念会，特意邀请加拉罕来校参加。加拉罕因工作太忙，不能到会，专门致函北大学生会，勉励同学们为了中华民族的独立、自由而奋斗，他告诉同学们只有"经历过种种大牺牲、大奋斗，而后最好的理想才能实现"[1]。

当时的英、美、法、日等列强不愿看到中苏建交，它们通过各种途径对北洋军阀政府施加影响，破坏中俄谈判。北洋军阀政府惮于列强的干涉，在与加拉罕的谈判中迟迟不愿意承认苏联，造成谈判拖延不决。1923年谈判陷于停顿时，中俄交涉督办王正廷先是赴洛阳向吴佩孚请示方针，又应日本之召去日本通报、商量中俄交涉情况。这令当时媒体哀叹"对外政策，唯军阀外人之命是从……甚可悲也"[2]。

愤于北洋军阀政府外交之仰人鼻息、软弱无能，1924年2月16日，北大蒋梦麟、李大钊、胡适、顾孟余、周作人等47位知名教授联名致函北洋政府外交总长顾维钧和王正廷，强烈呼吁政府顺应舆情，尽快恢复中俄邦交。这时，参议院议员雷殷也提出与苏俄恢复邦交议案。[3]

在国内舆论的压力下，王正廷与加拉罕于1924年3月14日签订了《中俄解决悬案大纲协定》草案。但是中苏建交谈判引起了帝国主义的仇视与恐惧，它们无理干涉中国内政，通过北京东交民巷的外交使团，对北洋军阀政府进行恐吓，声称："如果中国承认苏俄政府，即绝交。"而美、日、法帝国主义则更以中东铁路问题为借口从中阻挠。于是，北洋军阀政府以王正廷未奉有内阁的命令，属于越权擅自签约，对协定中三条内容提出重新协商要求。苏方代表加拉罕认为中方出尔反尔，拒绝再议，并于3月16日提出最后通牒，限中方3日内认可签字，否则协定作废。20日，北洋军阀政府改派外交总长顾维钧为代表，试图与加拉罕重新谈判，也遭拒绝。

广大民众眼见中苏谈判趋于破裂，甚为焦急。北京学生联合会、北大学生干事会、马克思学说研究会、民权运动大联盟、各团体联合会等20余个团体于19日联名致函并派代表至苏联代表团驻地拜访加拉罕，请其延长

---

[1]　《苏俄代表加拉罕先生致本校学生会函》，《北京大学日刊》1923年10月12日。
[2]　《王正廷赴日商量中俄交涉》，《新闻报》1923年11月17日。
[3]　《国人力促恢复中俄邦交》，《晨报》1924年2月16日。

通牒最后期限，以便于民众团体向政府施加压力，促其尽快承认苏联。

社会各界和民众团体一方面纷纷致函政府或发表宣言，提出质询，另一方面酝酿组织大规模的群众示威运动向政府施加压力。3月21日，北京各团体联合会、北京教育会等9个团体发表了抗议宣言，指责当局，"无远大之目光"，"复朝四而暮三"，号召人民起来反抗帝国主义对中国外交的压迫，督促政府立即无条件承认苏联。3月23日，北京大学教授再次集体发表宣言，敦促北洋军阀政府立即承认苏联，恢复两国邦交。同时也请苏联代表继续认同与王正廷签订的协定有效。[①] 3月28日，北京学生联合会在北京大学召开紧急会议，北京大学、北京师范大学、北京美术专科学校、平民大学、中国大学、法政大学等40余校代表召开紧急会议，决定全市学生于29日下午2时举行示威游行，赴铁狮子胡同顾维钧宅请愿，要求承认苏联。29日，北京大学校内集合起1400余人的队伍，师范大学也组成了一支2000多人的队伍。但当局事先获得消息，派大批军警包围学校，禁止学生游行。愤怒的学生与军警发生冲突，多人受伤，最终游行未能举行。

一方面由于国内舆论的强大压力，另一方面由于北大等校师生与各界爱国人士的积极奔走、斡旋，北洋军阀政府终于同意与苏联建交，苏联方面也继续认可3月14日议定的《中俄解决悬案大纲协定》。5月31日，由顾维钧代表中国政府，加拉罕代表苏联政府，双方正式签订《中俄解决悬案大纲协定》。两国恢复正常外交关系，加拉罕随后被苏联任命为第一任驻华特命全权大使。

《中俄解决悬案大纲协定》正式签字后，中国各界民众纷纷举行各种庆祝大会。6月7日下午，北京大学学生干事会率先在北京大学三院举行了庆祝中俄恢复邦交大会。三院大门口"扎有红色牌楼一座，上书'中俄邦交恢复庆祝大会'等字。礼堂上面高悬中俄两国国旗，而尤以苏俄赤色旗令人注目。各校学生到会者五千余人"[②]。

《中俄解决悬案大纲协定》签订及中苏建交后，苏联在中国的影响进

---

① 《最新的北京大学教授宣言》，《京报》1924年3月23日。
② 《庆祝中俄邦交恢复大会志盛》，《晨报》1924年6月8日。

第五章 赤旗世界

《北京大学日刊》刊载的中俄恢复邦交庆祝大会通告

一步增强。苏联的示范和鼓励，燃起中国人民彻底摆脱近代以来列强强加于中国的不平等条约的希望。此时的西方列强出于对苏联影响力迅速扩大的恐惧，不断阻挠和破坏中苏建立平等外交关系，这更进一步激起中国人民对西方列强的愤恨。

根据《中俄解决悬案大纲协定》的约定，中苏建交后，中国将把旧俄在中国的使领馆移交苏联使用。但此时驻北京的外交使团却拒绝交还俄使馆。而且使团拒绝交还俄使馆的主要依据就是从不平等的《辛丑条约》里找出一点牵强的理由。使团的蛮横无理激起中国各界民众极大愤怒。在以李大钊为首的中共北京区委推动下，1924年7月13日，参众两院议员及京内外50多个团体代表共计230多人，在中央公园来今雨轩召开北京反帝国主义运动大会，参议院议员、中共秘密党员胡鄂公被推举为大会临时主席。会议宣告成立"反帝国主义运动大联盟"（简称反帝大联盟），并发表反帝国主义运动大联盟《宣言》，宣布大联盟的宗旨和任务，宣称："我们受帝国主义列强侵略的苦痛太深久了""与其负创忍痛呻吟于彼等鞭笞棰楚之下，不如振刷精神，与他们矢志背城决一死战""我们这个大联盟除却反帝国主义工作外，其他任何事务，概不与闻。"[①]大会选出胡鄂公、雷殷、李世璋等15人为大联盟执行委员。执行委员会随即开会决定4项措施：一、通电全国各团体，报告本联盟成立；二、发行会刊；三、致函帝国主义各国政府及世界被压迫民族同志；四、由执行委员会推举特别委员组织特别委员会，得设政治、经济、法律、教育等各委员会。国共两党都对反帝大联盟给予大力支持，大批共产党员和青年团员积极参加了反帝大联盟的筹备和组织工作。中共中央机关刊物《向导》发表文章，称赞这"是我们半殖民地国民革命的一步重大工作"。国民党中央委员会向大联盟发来贺电说："望努力奋斗，务求成功。"

北京反帝大联盟成立后得到全国人民响应，迅速从北京发展到全国，成为全国性的反帝组织。1924年8月，北京反帝大联盟通告全国，倡议9月3日至9日为"反帝国主义运动周"，警醒国人不忘1901年9月7日签订《辛丑条约》之耻辱。这一倡议，得到了全国各地团体的拥护，在全国掀起了一个反帝运动高潮。北京、广州、天津、上海、武汉、长沙、济南、太原等地都召开了反帝群众大会，形成强大的反帝废约声势。

反对帝国主义运动大大推动了国民的普遍觉醒，对列强形成强大的舆论压力。9月10日，无理阻挠交还俄国使馆的外交使团八国公使赶紧照会苏联大使加拉罕，"声明八国公使已一致愿将旧俄使馆财产移交加大使"[②]。拖了几个月的交还俄国使领馆问题终于解决。

---

① 《反帝国主义运动大同盟》，《晨报》1924年7月14日。
② 《俄使馆问题解决》，《晨报》1924年9月12日。

第五章　赤旗世界

1924年9月，直系江苏军阀齐燮元与皖系浙江军阀卢永祥爆发了浙江战争。奉系军阀张作霖乘机以援助卢永祥为名，出兵关内，讨伐控制北洋军阀政府的直系军阀曹锟、吴佩孚，争夺中央政权。9月15日，第二次直奉战争爆发。

直军第3军司令冯玉祥，因不满吴佩孚排除异己，乘机联络胡景翼、孙岳等于10月19日回师北京。23日，冯玉祥、胡景翼、孙岳等联名发出通电，向包括南北方军政要人在内的全国人民呼吁停止内争，实现国内和平。随即派兵入城，发动"北京政变"，推翻了直系贿选总统曹锟的反动统治。25日，冯玉祥等把军队改为"中华国民军"，由冯玉祥任总司令。在奉军和国民军的夹攻下，直军主力全部覆灭，吴佩孚狼狈南逃，11月3日战争结束。

在直系军阀垮台之后，张作霖违背"奉军不入关"的诺言，大举入关，并继续沿京浦路、京汉路南下，占领长江以北的大片地区。

"北京政变"后，北方国民党人和冯玉祥多次致电孙中山，请其北上共商国是。11月13日，孙中山从广州乘轮船北上。但是当孙中山还在北上途中时，由张作霖、段祺瑞主导的天津会议于11月15日发出张作霖、卢永祥、冯玉祥、胡景翼、孙岳等联名通电，推举段祺瑞为"中华民国临时执政"，并请各方赞同。北方各省军阀和东交民巷的外交使团都表示支持段祺瑞。24日，段祺瑞正式就职。[①]北京政权被张作霖为首的奉系军阀和段祺瑞为首的政客集团联合控制。冯玉祥见大势已去，遂于11月24日段祺瑞就职之日通电辞职。

为了谋求和平统一，孙中山决定继续北上，唤醒民众，为召开国民会议和废除不平等条约而奋斗。

中共发表《中国共产党对于时局之主张》，支持以孙中山为代表的国民党领袖号召全国人民的团体、召开国民会议的努力。文章指出："挽救此迫在目前的危机之方法，不是各省军阀的和平会议或国是会议，也不是几头元老的善后会议，乃是本党去年北京政变时所主张的及中国国民党现

[①]　《国闻周报》，第1卷第17期。

在所号召的国民会议。只有这种国民会议才可望解决中国政治问题,因为他是由人民团体直接选出,能够代表人民的意思与权能。"①

1924年12月4日,孙中山经日本抵达天津。京津地区国共两党组织天津各界50多个团体近万名群众到码头欢迎孙中山。孙中山到天津后即因旅途劳累肝病发作病倒。此时,以承认不平等条约换得西方列强支持的段祺瑞政府,正紧锣密鼓地筹备所谓"善后会议",以对抗国民会议。孙中山决定抱病入京,准备以政治斗争的方式实现打倒军阀、废除不平等条约的目的。12月31日,孙中山到达北京时,受到北京各界民众10多万人夹道欢迎。孙中山的到来大大鼓舞了北京人民的斗志。

国共两党坚决抵制段祺瑞政府的"善后会议",全力推动召开国民会议。国共两党于1925年1月初在京成立国民会议促成会,然后通电全国,号召先召开国民会议促成会全国代表大会,得到全国各地响应。1925年2月底,全国各地已经有63省县派代表来到北京。于是,定于3月1日在北大三院举行国民会议促成会全国代表大会开幕典礼,并拟邀请孙中山、段祺瑞、汪精卫、李大钊、吴稚晖、褚辅成等数十名人及政府各机关各法团代表演说。②

3月1日上午,国民会议促成会全国代表大会在北大三院举行了开幕典礼。此时,孙中山已病危,无法出席,国民会议的对立面段祺瑞自然也不会来。与会人员多是国共两党的骨干,来宾如汪精卫、林森、徐谦、李大钊等,参会各团体代表如北京国民会议促进会代表朱务善、胡南湖,妇女促进会代表夏之相、石道璠、张锡媛,天津代表邓颖超,上海代表刘一清、刘清扬等80多人。大会主席由北大教授顾孟余担任。他首先宣布开会宗旨:一是人民之自由与权利,应由人民力争,不应希求实力阶级赏赐;二是人民不应怀疑自己实力,而应有打倒军阀与打倒帝国主义之坚定信仰;三是今日吾人要求国民会议,实因国民会议可以团结全国人民为战斗与夺取权力之机关。随后,由朱务善报告会议筹备经过。然后各位来宾和

---

① 《向导周报》第92期。
② 《国民会议促成会全国代表大会开幕通告》,《晨报》1925年2月28日。

各位代表也相继发言。会议一直开到下午1点,然后在全场高呼"打倒军阀""打倒帝国主义""国民革命万岁""国民会议万岁"的口号后散会。①国民会议促成会实际是在中共北京区委领导下进行的。中国共产党在国民会议中的领导机构是党团,会议的重大原则问题先在党团进行讨论,然后再贯彻到会议之中。大会在主要议题上都接受了中共的主张。②

1925年3月12日,孙中山不幸逝世。

自从国共合作以后,一方面,反对帝国主义、打倒军阀的宣传日益深入人心,民众政治觉悟大大提升,革命力量日益高涨。另一方面,英、美、法、日等帝国主义列强也加强了对中国的干涉。1925年5月,因上海日商纱厂资本家枪杀罢工工人引发大规模群众抗议。5月30日,英租界巡捕开枪射击示威群众,制造震惊中外的"五卅惨案"。

"五卅惨案"发生后,中共中央立即成立行动委员会,号召全国各阶层人民团结起来,建立反帝统一战线。全国各地纷纷声援上海,成立"沪案后援会",组织民众游行募捐声援上海工人,形成全国性的反帝爱国运动大潮。

6月2日,北大学生会召开全校学生大会,并通电全国,要求严惩凶手,释放被捕学生,监督政府对英、日帝国主义提出严重交涉,收回英、日租界,废除不平等条约。同时决定3日起开始罢课,联合北京各校学生在北大三院集合,举行反帝国主义大示威,并号召全国工商界罢工、罢市,对英、日实行经济绝交,抵制英、日货物。

北京大学教职员成立"北大教职员沪案后援会",并设立干事会作为办事机构。各位教职员分工,有人负责印刷、邮寄材料,收发电报;有人负责写文章寄送英、美发表;有人负责调查研究解决沪案的条件,起草建议提交外交部;有人负责收集关于沪案的各种材料。北大教职员沪案后援会发起捐款,支援上海罢工工人。第一天就募集500余元,由胡适负责电汇

---

① 《国民会议促成会全国代表第一次集会》,《晨报》1925年3月2日。
② 中共北方区委历史编写组编:《中共北方区委历史》,中共党史出版社2014年版,第176页。

上海。北大教员大会又通过决议，建议将政府发给的积欠国立八校教育经费支援上海罢工工人，后经李四光、高仁山、马寅初、颜任光等45位教职员联名致函国立八校校长，决定从该款中提出10万元援助上海工人。

1925年7月10日，北大教职员沪案后援会和北大学生会又联合中华全国商会联合会、北京各校教职员沪案后援会、北京各校沪案后援会、救国团、北京教育会、北京各界对英日帝国主义惨杀同胞雪耻大会、北京学生联合会等14家团体提出《关于沪汉粤案交涉之建议书》，针对沪案及随后在汉口、广州又发生的英国军警枪杀中国民众暴行提出系统的分析和建议。建议书分为沪汉粤案的性质、沪汉粤案的对手、交涉进行的步骤、对英提出的条件、他国关系问题的解决、一般不平等条约之废除共6个部分，主张先集中力量对英国交涉，将废除中英不平等条约作为解决沪汉粤案的关键。

这场席卷全国的爱国运动使中国人民对帝国主义和反动军阀的罪恶有了更深刻的认识，这为即将到来的国民革命运动高潮奠定了思想基础。更多的北大师生在这场运动中得到了锻炼，越来越多的人加入到国共两党联合推动的国民革命运动中，他们中的许多人纷纷南下，加入广州国民政府领导的北伐战争。

革命形势的日益高涨和苏联影响的迅速扩大也令一些右派人物感到恐惧，有相当一批人开始公开反对"过激主义"，投入北洋军阀政府和西方列强的怀抱。有代表性的就是以胡适、陈西滢、徐志摩等部分北大教授为主的"现代评论派"。只不过在当时国民革命思潮高涨的背景下，共产党和国民党左派的影响力在北大师生中占主流，右派居于少数派地位。1925年12月9日，北大学生会发表对时局的宣言，公开宣称："中国民众的势力，由于两年来实际奋斗的结果，尤其是最近五卅运动的震荡，到了一个可以左右政治的地步……帝国主义统治中国的局面，与乎反动军阀掌握政权的时期，已经快要崩溃而成为过去的事实。"为此，宣言提出民众奋斗目标：一是"推倒帝国主义统治下的军阀官僚的卖国政府"；二是"建设为民众谋利益的国民政府"。①这宣言的战斗性足以表明北大学生会已经掌握在共产党和国民党左派手里。

这种日益高涨的革命气氛最终在1925年11月底的"首都革命"达到了顶点。1925年10月,同奉系存在着深刻矛盾的吴佩孚、孙传芳发起反奉战争。中共中央在北京苏联大使馆召开执委扩大会议,分析五卅以来国民革命运动的形势,认为奉系军阀是最危险的反革命力量,中共应该加强对工人、农民的组织引导,应当利用国内各派军阀之间的矛盾,"力争国内革命民众政权的实现和中国的统一脱离帝国主义的压迫而独立"②。10月20日,中共中央、共青团中央发表《中国共产党中国共产主义青年团对反奉战争宣言》,号召爱国的民众"应该站在反奉运动之主体的地位,组织人民自卫军,积极的参加战争",达到"召集真正代表人民的国民会议,建立革命统一的民主政府,宣布关税自主,宣布废除一切不平条约"的目的。③

李大钊与冯玉祥和奉系将领郭松龄秘密联系,力促郭、冯联合倒奉。11月22日,郭松龄在滦州起兵反奉。随后率军攻占山海关,夺取绥中、兴城,冲破连山防线,占领锦州。25日,冯玉祥通电劝张作霖下野,同时采纳了苏联军事顾问的建议,派兵进军热河,袭击奉军背后。形势危急的张作霖与日本勾结,在日军的支持下,在巨流河一战击败郭松龄所部。12月24日,郭松龄兵败被杀。

以李大钊为首的中共北方区委决定乘着郭松龄起兵反奉、张作霖自顾不暇无力支持段祺瑞的时机,发动一场"首都革命",联合国民党左派,发动群众,推翻段祺瑞的北京政权。于是成立由赵世炎、陈乔年、邓鹤皋、陈为人等组成的行动委员会,赵世炎任总指挥,负责拟订行动计划。指挥部把群众分别组织成工人保卫队、学生敢死队、农民自卫队、医疗救

---

① 《北京大学学生会对时局宣言》,《北京大学日刊》1925年12月9日。
② 中央档案馆编:《中共中央文件选集(1921—1925)》第一册,中共中央党校出版社1989年版,第468页。
③ 中央档案馆编:《中共中央文件选集(1921—1925)》第一册,中共中央党校出版社1989年版,第519页。

护队，各队都按军队编制秘密进行训练。

11月28日上午11时，根据指挥部的部署，全城各处同时贴出通告，散发传单，宣布下午1时在神武门（南城各校在天安门）集合，召开国民大会，迫使段祺瑞辞职。推翻段祺瑞军阀政府的"首都革命"爆发。

按照总指挥部原定部署，各区分指挥部分别确定各自的任务和攻击目标，准备乘群众游行之机武力夺取段祺瑞政府的各个要害部门，打乱段祺瑞政府的指挥系统，迫使段祺瑞下台。此计划一旦成功，立即在天安门前召开群众大会，宣布成立北京临时国民政府和临时政府委员会，并拟定推举国民党左派徐谦为临时政府主席。

下午1时，各校学生教职员集合，下午2时左右，各处队伍"在景山北大门前集合""到会各学校各团体共约十余万人""民众整队排列门前，由北京大学学生军维持秩序"[①]。从景山东门的北大到紫禁城北边的神武门，人山人海，全是参加集会的队伍。北大教授朱家骅被推举为总指挥兼主席，刘清扬、杨理恒、朱我农、于树德、韦青云等为副指挥。大会主席台设在神武门前，在神武门对面的景山太上门前竖立了一杆"司令"大旗，两旁各有大旗一面，上面用大字书写"打倒军阀政府，建设国民政府"。下午2点多钟，大会主席朱家骅用传声筒发表讲话，宣布开会目的"在推翻军阀卵翼下之卖国政府"。他号召现在出发，前往执政府，迫使段祺瑞下台。随即由指挥顾千里宣布游行队伍出发次序是：一、总司令；二、副司令；三、学生军；四、敢死队；五、工人保卫队；六、各校学生；七、各团体会员；八、市民；九、救护队。于是，大队人马以"首都革命"大旗为前导，从神武门出发，经汉花园、东黄城根，前往铁狮子胡同执政府。一路上，群众高呼革命口号，各种传单如雪片纷飞。

此时驻守北京的军队为属于冯玉祥的国民军，警备司令为鹿钟麟。冯玉祥虽同情国民革命，但还缺乏推翻段祺瑞政府的决心。他27日致电鹿钟麟并派专人来，要鹿钟麟支持段祺瑞政府。国民党右派首领林森、邹鲁等也前往鹿钟麟处，说此次运动纯系共产党指挥，共产党即刻要在北京成立

---

① 《昨日国民革命大示威运动》，《京报》1925年11月29日。

工农政府，赤化中国，不可不严加预防，等等。在鹿钟麟指挥下，国民军派出大批军队在段祺瑞执政府和其住宅吉兆胡同进行保护。并另派两连大刀队跟随游行队伍一起游行，明为保护，实际也起着监视和维持游行秩序的作用。大队群众先到执政府，执政府大门紧闭，大批国民军只前后左右负责维持秩序，并不干涉。群众高呼一阵口号，再转往位于吉兆胡同的段祺瑞私宅。国民军门致中旅长亲率一营兵在现场维持秩序，态度很好，但就是不允许群众冲击段宅。群众虽然奋力冲破国民军三道人墙，涌到段宅门前。但段宅大门紧闭，并有卫队持枪在墙顶各处防守。门前国民军又筑成人墙阻拦群众往前。朱家骅等进行交涉，强烈要求进入段宅。门旅长请示鹿钟麟，不久鹿钟麟亲自赶来，好言相劝。群众队伍在段宅门口从下午3点到7点，挤了4个钟头，终无法突入段宅。于是在段宅门口召开民众大会，提出3点要求，交鹿钟麟转告段祺瑞。一是29日12时前段祺瑞辞职；二是解除执政府卫队武装；三是组织国民委员会执行中央政务，29日下午2点在天安门开国民大会，请鹿钟麟出席答复。鹿钟麟答应尽力按民众要求去办。

29日上午10时，运动组织者们在北大二院召开国民示威运动委员会会议，讨论下午在天安门开国民大会办法。会上有人主张继续采取激烈手段，火烧某某住宅，也有人反对。后经讨论，议决7条草案提交下午的国民大会通过。下午2时，各团体、各学校及北京市民5万多人会集到天安门开会。首先由会议主席朱家骅报告开会宗旨。随后，将7条提案提交大会通过。接着由北大教授陈启修发表演讲。再接着由北大教授马寅初演讲。随后还有一些团体代表相继上台发表讲演。直到四五点钟讲演才结束。讲演快结束时，忽有人故意捣乱，喊"打倒共产党"等口号，经会议主席指挥人止住混乱。这时有人请主席宣布散会，也有一派人要求游行，最终决定开始游行。指挥团在前，随后依次是敢死队、各校学生、各团体、市民。突然跟在后面的北京总工会队伍里又有人捣乱，有数十流氓抢夺总工会旗帜，并打伤了十来个工人。好在总工会方面及时反击，止住混乱。

游行队伍从天安门经前门游行到新世界游乐场前空地时停下，主席朱家骅再次讲演本次游行之意义。这时又有人在队伍中捣乱，秩序比较混乱。于是朱家骅宣告游行结束，解散。宣布解散后，有两队人马一向东、一向西分头从事破坏活动,向西的那支队伍把沿途所有照相馆橱窗里挂的段祺瑞照片捣毁,然后到天安门解散。向东的那支队伍则直奔宣武门大街晨报馆,将一段时间以来经常在《晨报》副刊上发表攻击苏联文章的晨报馆捣毁并放火焚烧。

这次"首都革命"是一次试图通过城市暴动夺取政权的尝试,但是由于没有得到军队的支持,革命力量比较单薄,且国民党右派还一直从中作梗,最终未能达到预期目的。但是,它显示出国共合作强大的动员组织群众的力量,沉重打击了段祺瑞执政府。一些阁员相继辞职,使段祺瑞一度在执政府会议上也表示要下野。这是中国共产党领导城市暴动的一次演习。事后,李大钊总结说:"武装起义、夺取政权的组织和领导是极高超的艺术。这次起义表明,同志们的精力并没有白费,我们通过这次尝试,作了一次演习,对我们的革命队伍作了一次大检阅,对于将来组织和领导起义也是大有裨益的。"[①]

四、白色恐怖下的斗争

自"首都革命"之后,北京民众在国共两党的领导和教育下,反帝国主义、反对军阀统治的情绪继续高涨。帝国主义列强也加强了对反动军阀的支持,以镇压中国民众日益高涨的反帝运动。

在日本支持下,1926年3月初,奉系军阀舰队运输军队企图从大沽口登陆,进攻控制京津地区的国民军。结果,国民军在北塘击败了奉军。见此情景,日本公开出面干涉,于12日派两艘军舰闯入大沽口,炮击国民军,国民军奋起自卫,将日舰逐出大沽口。随后,日本居然向中国政府抗议,并纠集《辛丑条约》各签字国联合于16日提出最后通牒,要求中国撤除大沽口国防设施,否则以武力解决。同时,各国军舰云集大沽口,大有重演

[①] 中央档案馆编:《中共中央文件选集(1921—1925)》第一册,中共中央党校出版社1989年版,第529页。

八国联军进攻中国的架势。

帝国主义列强的蛮横激起北京各界的强烈愤怒。3月17日，各团体纷纷集会，商议应对措施。中共北方区委联合国民党左派，以北京国民党特别市党部名义，公开召集国民党市党部、广州外交代表团、中俄大学、反日讨吴大同盟、畿辅大学、中法大学、师范大学、法政大学、女子师范大学、中国大学等团体（学校）于17日下午在北大第三院大礼堂开会。经讨论，当场议决3项办法：一是即日驳复通牒；二是不许日舰带奉舰入口；三是驱逐八国公使出京。另外，还决定18日在天安门召开国民大会，举行群众游行示威活动。会议结束后，与会各位代表就分成两组，分别去外交部和国务院请愿。其中去国务院的一组100多人，在国务院遭到守卫的刀砍、枪刺，导致请愿者有5人负重伤。

同一天，国民党右派人士和国家主义派等社会团体也都分别召开会议，前者自行组织请愿和相关交涉，后者则决定参加中共和国民党左派人士组织的18日天安门国民大会示威活动。

18日上午，各界抗议八国通牒的国民大会在天安门召开。到会的有国民党市党部、北京总工会、北大、师大、法大、女师大等200余个团体，总人数1万多人。①大会由徐谦、顾孟余、陈启修、黄昌毂、丁惟汾及总工会、学总会代表7人组成主席团，推国民党左派徐谦担任主席，顾孟余等相继登台发表了演讲。在大会通过通电全国号召国民一致反对八国通牒等相关议案后，示威游行开始。中国共产党北方区委和北京市委的领导人李大钊、赵世炎、陈乔年等都亲临现场指挥。许多共产党员、共青团员在其中担任指挥、联络、发传单、贴标语等工作。游行队伍在国务院门口遭到卫队开枪射击，死伤惨重，据事后调查，死者47人，伤者达200多人。死者中有北大学生张仲超（中共党员）、黄克仁、李家珍，燕京大学学生魏士毅，北京女子高师的刘和珍等。

三一八惨案发生后，北京学生联合会决定全体罢课，北大学生会向

---

① 《国民拥护国权大流血》，《京报》1926年3月19日。又当日《晨报》报道说到会的有140余个团体5000余人；《社会日报》的报道则说到会的有200余个团体5万余人。

全国发表紧急通电，控诉反动政府的血腥暴行，号召全国人民奋起抗争，废除不平等条约，打倒帝国主义及其走狗军阀政府。北大教职员也发表宣言，强烈要求逮捕惨杀事件的祸首段祺瑞、宋玉珍等官僚、军警，交相关法庭审判，依法处以杀人罪。

3月23日下午，北京各界数千人在北大三院开死难烈士追悼大会。大会以北京学生联合会、总工会、济难会、国民党市党部等团体的名义召集。陈毅任会议主席。中共党员韩麟符以国民党中央委员的身份在追悼会上发表了演讲。

24日上午，北大校方又在三院大礼堂为18日殉难的张仲超、黄克仁、李家珍3位同学召开追悼会。由代理校长蒋梦麟主祭。蒋梦麟沉痛发言："学生爱国运动，不幸有此之大牺牲……我任校长，使人家子弟，社会国家人才，同学之朋友，如此牺牲，而又无法避免与挽救，此心诚不知如何悲痛。"蒋梦麟说到这里，潸然泪下。于是全场学生相向而泣，门外皆闻哭声。①

三一八烈士追悼会

在京城到处一片悲哀气氛中，行凶的段祺瑞政府为了掩盖罪行，开脱

---

① 《三大学昨举行追悼会》，《晨报》1926年3月25日。

责任，于惨案发生的当晚发布一道颠倒黑白的命令，将民众抗议八国通牒的爱国行动诬蔑为共产党领导的暴动，对徐谦、李大钊等人进行通缉，命令称："近年以来，徐谦、李大钊、李煜瀛、易培基、顾兆熊（字孟余）等假借共产学说，啸聚群众，屡肇事端。本日徐谦以共产党执行委员名义，散布传单，率领暴徒数百人，闯袭国务院，泼灌火油，抛掷炸弹。手枪木棍，袭击军警。"[①]

这还不算，从3月25日起，教育界又哄传政府还有一个50人的更大通缉名单。报上列举了其中14人，"如陈启修、朱家骅、周树人、许寿裳、李四光、马裕藻、徐炳昶、李宗桐、周作人、高鲁、林玉堂、沈兼生、蒋梦麟、谭熙鸿等"[②]，基本都是北大教授。

此时，受帝国主义列强支持的奉系军阀张作霖和直系军阀吴佩孚公开打出"讨赤"旗号，联合向京津地区的国民军进攻。国民军3月22日退出天津，4月15日又主动撤出北京。随着同情革命的国民军撤离，北京被奉系军阀掌控，完全陷入张作霖的白色恐怖统治下。4月24日，《京报》社长邵飘萍以"宣传赤化"罪名被捕，26日即被枪毙。8月6日凌晨1时，《社会日报》社长林白水（林万里）又以"宣传赤化"罪名被捕，凌晨4时20分即被押赴天桥枪毙。

作为历次示威游行的领头者，北大当然成为反动势力的眼中钉。三一八惨案发生后，一些被段祺瑞政府通缉或传闻通缉的教授已经逃出北京。如被段祺瑞政府命令通缉的顾孟余先是在苏联的帮助下离开北京出访苏联，后于1926年5月回到广州，担任国民党中央宣传部部长。当传出北洋军阀政府还有更大的第二批通缉名单时，一些在传言名单内的北大教职员也被迫设法避祸，有的就此离开了北大。如李辛白，因传言北洋军阀政府第二批通缉名单里有他，即匆匆逃离北京，回到家乡安徽，在他夫人刘冰仪的家乡贵池县躲了一年。于1927年秋，到南京私立安徽中学教国文。

当奉系军阀占领北京后，自代理校长蒋梦麟以下，更多的北大师生都

[①] 《通缉令发表经过再志》，《晨报》1926年3月20日。

[②] 《政府果尚有大批通缉令耶》，《京报》1926年3月26日。

上了奉系军阀的黑名单。所以自1926年4月份起，北大教授被迫纷纷出逃。

蒋梦麟、朱家骅等好几个人都躲入位于东交民巷使馆区的六国饭店。这令他自嘲："我天天叫打倒帝国主义，现在却投入帝国主义怀抱求保护了。"他们在六国饭店一直住了3个月，才乘着形势稍微松弛一点时，相继化装潜逃出北京。蒋梦麟回忆他当时的情形："我的一位朋友有一位年轻能干的太太，我之能够逃出北京，就是她一手策划的。她冒充我的太太，同乘一辆古老的马车陪送我到东车站，一路上居然逃过警察的耳目。陌生人望我一眼，都会使我心惊肉跳，虽然我在外表上仍旧竭力装作若无其事的样子。我挤在人潮中搭上一辆去天津的火车，然后从天津搭英国商船到上海。"①

奉系军阀对北京知识界的镇压是全面的，继1926年4月枪毙邵飘萍、8月枪毙林白水后，1927年10月又查封与北大及新潮社同人紧密合作的北新书局。北新书局负责人李小峰的堂兄李丹忱与同学王寅生被逮捕关押，李小峰则因6月前已经离京南下上海而躲过一劫。与北新书局同时被查封的还有周作人、刘半农、鲁迅等创办的《语丝》杂志。《语丝》创刊于1924年11月，是个文艺性刊物，以文艺性短论和随笔为主要形式。在思想内容上以"任意而谈，斥旧促新"为特点。自从1925年3月新潮社成员李小峰创办的北新书局成立后，就负责《语丝》印刷、发行等事务。《语丝》在奉系军阀白色统治下的北京，以其泼辣幽默的文字经常对当时社会丑恶现象进行无情的嘲讽和批评。如1927年8月20日，由大元帅张作霖下令合并的京师大学校在教育部大礼堂举行了开学典礼，《语丝》第152期发表《关于京师大学的开学典礼》，对出席会议的政客和无耻文人从衣着、神态到发言进行调侃和辛辣讽刺。此后不久，北新书局和《语丝》就被查封了。

北新书局和《语丝》被查封后，与之有关系的北大教授也纷纷躲藏，周作人和刘半农就到一个熟识的日本"武人"家中躲了一个多星期。刘半农还写了一篇《记砚兄之称》说起这件事："红胡入关主政，北新封，语丝停，李丹忱捕，余与岂明同避菜厂胡同一友人家……居停主人不许多友来视，能来者

---

① 蒋梦麟：《西潮》，天津教育出版社2008年版，第140页。

余妻、岂明妻而外,仅有徐耀辰兄传递外间消息,日或三四至也。"①

在奉系军阀的白色恐怖统治下,作为新文化、新思想中心的北京大学处境日益艰难。经济上,政府拖欠教育经费,学校经费短缺;政治上,在军阀政府公开反对"赤化"的口号下,师生随时有被逮捕和迫害的危险。在此情形下,北大师生很希望蔡元培校长能回到学校,为北大谋生存和发展。但是面对土匪出身的军阀张作霖,蔡元培自感回到北京也无能为力。为此他只能一再婉拒北大师生要他回任北大的呼吁。1926年6月28日,蔡元培致电北洋军阀政府,请求辞去北京大学校长职务。他在随后的7月5日写信给胡适时,对一些教授离开北大表示理解,"诸位重要教员之耐苦而维持,弟自然佩服万分,但弟不能筹款以供之,则即不能为继续维持之要求"。"对于'别有高就'之教员,自然为北大惜之。然弟既以'不合作'律己,宁敢以'合作'望人。"②

胡适本人也从1925年暑假后基本脱离了北大。胡适1923年因病告假一年,以后就因病断断续续请假,1924年、1925年都是春季学期在北大开课,1925年8月底离京南下到各地演讲,因浙奉战争爆发滞留上海。他决定留在上海治疗痔疮,并于11月10日写信给北大代理校长蒋梦麟,提出辞去北大教授之职。蒋梦麟复信未准。但胡适一直在上海住到1926年5月才回北京。此时的北大代理校长蒋梦麟还躲在使馆区的六国饭店里。1926年7月,胡适经西伯利亚赴英国参加关于英国退还庚子赔款的会议,随后赴欧美各国考察和讲学,直到1927年5月才回到上海。此后一直住在上海。1928年4月起,任中国公学校长。

高一涵、陈启修、鲁迅、马寅初等教授都在奉系军阀统治北京期间,离开北大南下。

在奉系军阀张作霖的白色恐怖下,新派学者和国民党内的左派人物躲的躲,逃的逃。以李大钊为首的共产党员处境更是艰危,但是李大钊等中共北方组织领导人仍然坚守在战斗岗位上。

---

① 周作人:《周作人回忆录》,湖南人民出版社1982年版,第348页。
② 高平叔编著:《蔡元培年谱长编》(中),人民教育出版社1996年版,第734页。

三一八惨案发生的当晚，段祺瑞政府连夜开会，发布对徐谦、李大钊等5人的通缉令。当晚，李大钊领导的中共北方区委和国民党北京市党部连夜将一些重要文件转移，并"通知各同志，从事秘密工作，勿公开活动"①。19日早晨，就有警察来到设在翠花胡同的市党部监视。20日，警察对市党部进行了搜查。翠花胡同的市党部已经不能以国民党的名义进行公开的革命活动，只能另觅他处，不久以后即迁入位于使馆区的苏联大使馆废弃兵营办公。但是，在暗探密布的北京城，李大钊等负责人随时有被捕的危险，多数时间只能躲在兵营内。

1926年7月9日，广州的国民政府正式誓师北伐。北伐军一路势如破竹，在短短两个月时间里，就打败湖南、湖北境内的吴佩孚军队，相继攻占长沙、武汉。到1927年3月又占领上海、南京。从珠江流域到长江中下游地区已尽归国民革命军所占。

1926年8月，中共中央曾拟调李大钊、罗章龙等离开北京，去武汉工作。这既是因南方革命形势迅速发展，需要大量干部，也是考虑到北京形势的险恶，为了保存革命力量。接到中央来信后，李大钊召开北方区委会议进行讨论，同意中央的意见，安排罗章龙、史文彬、王仲一等二三十名干部南下。而李大钊自己坚持留在北京，继续领导北方的革命斗争。李大钊认为北伐军很快要打到北京，需要在北方提前安排一些工作，他与北方各派政治力量一直有很多联系，可以发挥作用；而且大量干部南下后，北方区委的人少，他不放心。

在罗章龙等离京后，李大钊更加夜以继日地工作。他一方面继续想方设法发展进步青年加入共产党和国民党，在艰苦的环境中发展壮大组织。到1926年7月，中共北方区委所辖党员为2069人。1927年1月，国民党北京特别市党部进行改选，这次改选在中共北方区委的主导下没有理会限制共产党的所谓《整理党务案》，提出"党权交给左派"的口号。经中共与左派团体共同协商，在当选的市党部9名执行委员中，中共党员有4人，其余

---

① 《北京特别市执行委员会对于"三一八"惨案之经过呈报中央执行委员会书》，张静如等编：《李大钊生平史料编年》，上海人民出版社1984年版，第274页。

也几乎都是国民党左派。在17个区党部的51名执行委员中，中共党员有37人，从而在组织上保证了党对联合战线的领导。[1]另一方面，李大钊积极与北方的地方实力派如冯玉祥、阎锡山等联络，推动他们起而响应北伐军。1926年夏，他派陈毅去四川策动四川军阀杨森脱离北洋系，响应北伐；又派魏野畴回西安，协助杨虎城等将领坚守西安，牵制住直系将领刘振华的近10万兵力，使其不能南下支援吴佩孚。由于李大钊安排人去做了冯玉祥的工作，1926年9月18日，冯玉祥率军在绥远五原誓师，响应北伐军，大大加速了北洋军阀政府的垮台。

在白色恐怖下高强度的工作使李大钊的健康状况下降。1926年年底，东北地下党遭受破坏，一些同志被捕或被迫转移，工作遇到一定的困难。楚图南受东北地下党负责人吴丽实派遣回北京向李大钊汇报情况。当他见到李大钊时，发现"由于繁重的工作，他清瘦多了，但两眼仍然炯炯有神"[2]。李大钊指示东北的同志要注意隐蔽，不要过于暴露，聚集力量，准备迎接大革命的高潮。

1927年4月6日，已经与蒋介石方面秘密接洽合作反共的奉系军阀张作霖，在帝国主义列强的支持和配合下，派军警突击搜查了苏联大使馆，将李大钊、范鸿劼、谭祖尧、杨景山等共产党员和邓文辉、张挹兰等国民党左派人士及一些工友仆役80多人逮捕。

4月28日，李大钊等20名共产党员和国民党左派人士被以军法会审，判决绞决并立即在看守所执行。

无论是被捕还是被判决处死时，李大钊的态度都从容不迫，毫不惊慌，表现出一位彻底的马克思主义者无私无畏的英勇气概。据当时报纸报道，他被捕时，穿着灰布袍、青布马褂，虽然满脸髭须，但是"精神甚为焕发，态度极为镇静，自承为共产主义崇信者，故加入共产党。对于其他之一切行为，则谓概不知晓"[3]。在审讯中，他"态度甚从容，毫不惊

---

[1] 中共北方区委历史编写组编：《中共北方区委历史》，中共党史出版社2014年版，第276页。

[2] 楚图南：《怀念先烈李大钊》，张静如等编：《李大钊生平史料编年》，上海人民出版社1984年版，第282页。

[3] 《李大钊等在厅受审中》，《益世报》1927年4月8日。

慌"。对于一些公开的事情，他毫不隐瞒，但对于一些机密则绝口不提，"彼自述其信仰共产主义之由来，及该党之工作，但否认最近于北方有何密谋而已"①。当被判绞刑，面对残暴的敌人，他依然以大无畏的气概第一个走上绞刑台，从容就义。

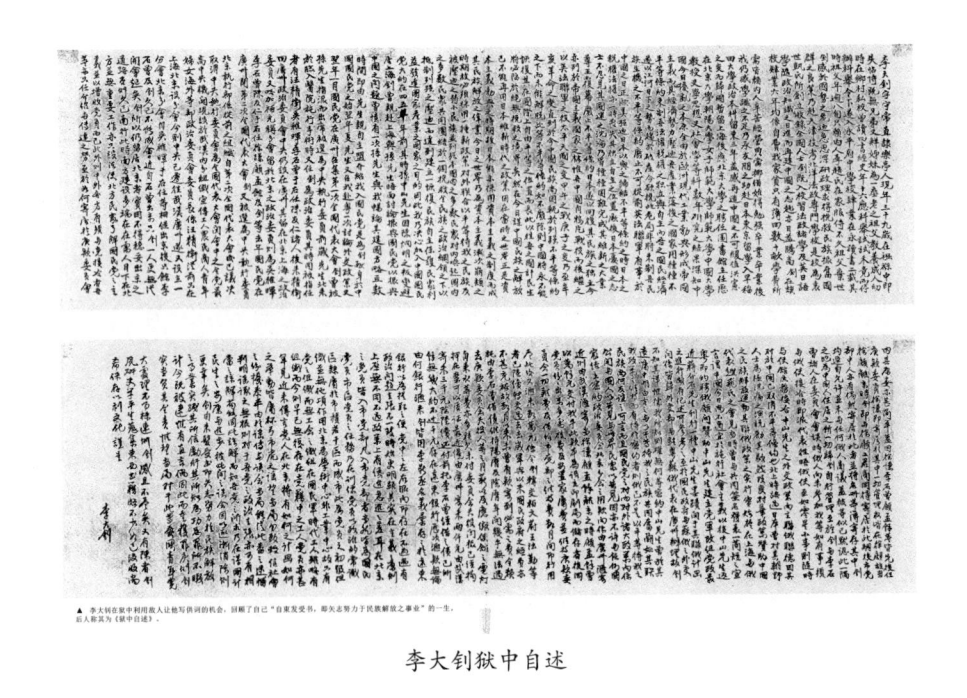

▲ 李大钊在狱中利用敌人让他写供词的机会，回顾了自己"自束发受书，即矢志努力于民族解放之事业"的一生，后人称其为《狱中自述》。

李大钊狱中自述

李大钊的牺牲是中国共产党建立以后，党所遭受的一次严重损失。但是他的牺牲让世人看到了共产党人为了理想、信仰而奋斗的崇高品质。共产党人和国民党左派，都对他的遇难深表哀痛，纷纷撰文或开会追悼。无论朋友还是对手，都对他的伟大人格表示敬仰，即使仇视马克思主义和共产党人的国民党右派也不得不承认"其临死从容自如，与古烈士无异"②。

李大钊虽然牺牲了，但他亲手播下的革命种子已经在中国大地到处生根、发芽。

---

① 《逮捕共产党事件》，《晨报》1927年4月8日。
② 《哀李大钊》，《星期评论：上海民国日报副刊》1927年第2期。

第六章　峥嵘岁月

中日战争不是任何别的战争,乃是半殖民地半封建的中国和帝国主义的日本之间在二十世纪三十年代进行的一个决死的战争。

——毛泽东

一、复校和"中兴"

1927年8月,张作霖下令取消北京大学,将北京的国立九校合并为京师大学校,由当时的教育部部长刘哲兼任京师大学校校长。京师大学校设文科、理科、法科、医科、农科、工科、师范部、女子第一部、女子第二部、美术专门部。各科部附设预科。原北京大学的研究所国学门被升格为国学研究馆,内设总务部、研究部和编辑部,由叶恭绰任馆长。原北京大学的文、理二科被改为京师大学校的文、理科,依然在原北京大学的一院、二院办学。原北京大学的法科与原北京法政大学合并,改为京师大学校法科第二院。各科、部设立学长,胡仁源兼任文科、工科学长,秦汾任理科学长,林修竹任法科学长。

1928年6月3日,在蒋、冯、阎、桂四派国民党新军阀联合北伐的压力下,奉系军阀张作霖放弃北京,仓皇退至关外。由奉系军阀支持的刘哲等一伙人也作鸟兽散。

6月4日10点,北京大学文科学生代表在红楼图书馆阅览室紧急集会,一致决定罢考,开始复校运动。与此同时,理科和法科的北大学生代表也采取了同样行动。当晚,文、理、法三科学生代表在西斋食堂开会,决定成立北大复校运动委员会。委员按照以前学生会代表产生办法，以班为单位选举。

6月12日上午，复校运动委员会在二院大礼堂召开全体代表大会。朱偰被推举为大会主席。大会一是就清校问题通过了5项决议，要将京师大学校时期通过各种途径塞进北大文、理、法科的不合格学生清理出去；二是讨论完善复校运动委员会的组织和举行复校庆祝大会事宜。会后，复校运动委员会发表《北大复校运动宣言》。宣言回顾过去一年北大所遭受的军阀恶势力的摧残和帝国主义列强的蹂躏，但是北大师生时刻不忘"恢复我们的北京大学。北大固有精神，仍旧卓然存在"。宣言指出："我们的北京大学，有三十年来的光荣历史……我们一方面庆祝我们北京大学的复活，继续我们北大光荣的历史，一方面我们更希望把我们有的北大精神，发扬而光大之。"①

《北大复校运动宣言》

在北大掀起复校运动的同时，原先被合并入京师大学校的其他学校也纷纷开展复校运动。但是，已经控制了北京的南京国民政府却试行大学区制，不同意各校复校，先是将京师大学校改名中华大学，任命李石曾为校长、李书华为副校长。后又将中华大学改名为北平大学。北大学生在复校运动委员会的组织领导下，坚决捍卫北大光荣历史和独立地位，要求恢复北大。同学们先后组织了"救校敢死队""武力护校团"等护校组织，不惜一切牺牲也要维护北大的独立。从1928年6月到1929年2月，北大教学活动完全停顿。为了恢复北大，复校运动委员会与南京国民政府进行了一系

---

① 《北大复校运动宣言》，《京报》1928年6月13日。

列斗争，多次阻止了国民政府派人接收学校的企图。1928年11月29日，北大全体500多名学生举行游行示威，手举北京大学校旗和写有"反对大学区制""北大独立"等字样的旗帜，来到中南海怀仁堂西门的北平大学校长办公处。在要求负责人接见被拒绝后，群情激愤的学生捣毁办公处，砸碎了"北平大学办事处"和"北平大学委员会"两个牌子。

国民党北平地方当局将北大学生的示威活动称为"暴动"，一方面"饬令迅速查拿北京大学学生暴动为首之人"，另一方面下令以武力接管北大。12月1日上午7点，数百名武装警察护送北平大学接收人员，乘汽车分赴沙滩、景山东街和北河沿的北大一（文）、二（理）、三（法）院，准备武装接收。此时，多数同学尚未起床。少数发现情况的同学赶紧按先前约定好的方式鸣钟敲铃报警。住在一、二、三院附近的学生立即分头赶来阻止接收。

前往一院接收的是北大原教授张凤举，他率领随行职员及军警百余人进入红楼，将北大第一院校牌撤下。此时，住在红楼旁边东斋的同学纷纷赶来，将张等堵在会议室。同学们见张凤举居然以北大教授身份背叛北大，不胜愤怒，立即赏以耳光，随即拳脚相加。张的眼镜被打飞，在军警和随员的保护下落荒而逃。

率队到三院接收的是被任命为北平大学法学院院长的谢瀛洲。他带领随员及军警200人最先到达。当他们正在与三院的办事员交涉时，住在三院的第三斋北大学生纷纷赶到，质问他们为何武装接收，警察回答不是武装接收，只是来维持秩序。学生表示强烈反对接收，请他们退出校园，否则将动手。谢等见形势不对，遂率队撤出，双方没有发生冲突。

此时的二院，是北大校部办公所在地，也是北大学生会办公所在地。与二院校区连在一起的西斋是北大当时最大的学生宿舍，北大武力护校团的骨干都住在这里。当警钟一响，"能征惯战之士，片刻间已聚集二百人"[①]。带队到二院接收的是被任命为北平大学理学院院长的经利彬，他带领接收员四人、宪兵八九十人、警察百余人。他首先指挥宪兵

---

① 《昨日北大学生抵抗接收》，《新晨报》1928年12月2日。

和警察占领第二院各要隘,并安排警察在景山东街上散发《北平大学办公处敬告北大全体同学》传单,他自己带4位接收员在部分警察保护下站在北大办公处门前。当他发现学生越聚越多时,知道形势不妙,就悄悄地提前溜走了。结果他手下的一个陈姓接收员与同学们交涉时,遭同学们包围,一顿痛殴,逐出二院。随后,进到二院各处的军警也被同学们赶出大门。

当日中午,北大同学在二院大礼堂召开全体大会,议决进一步加强武力护校和派代表到南京请愿,并在同学中展开募捐,筹集护校活动经费。

这次武力接收失败后,国民党政府一再严令北平方面采取严厉措施,并威胁要对阻碍接收的同学予以制裁。而且,从1928年6月到1928年12月,南京政府方面对北大停拨经费,停供煤火,不发工资,给北大师生施加巨大的经济压力。但北大师生团结一致,坚持护校。他们通电全国说明北大师生坚持护校运动的原因,并向海内外发起募捐,又派代表到南京交涉,争取各方支持。1929年年初,经过蔡元培等出面调停,南京国民政府教育部表示让步,与北大方面达成以下协议:

(一)名称为国立北平大学北大学院。包括第一院(文学院)、第二院(理学院)、第三院(社会科学院,由原北大法科改成)。对国外仍译用国立北京大学。

(二)组织不变,设院长一人,院主任三人,分别协助院长管文、理、社会科学三个学院的院务,皆得出席北平大学院长会议。院主任及系主任暂由院长聘请,以后则由教授选举。

(三)院长为陈大齐。

(四)经费以北京大学时期最高预算为标准。

(五)研究所国学门仍保留。

这样,北大被迫停课9个多月之后,于1929年3月11日重新开学。

1929年6月,饱受各方诟病的大学区制被废止,各省恢复教育厅,教育制度开始恢复原状。

随着北平大学区制被废止,原先被合并的各校纷纷要求独立。但国民政府迟迟不予同意。1929年6月22日,北大学生会召开全校代表会议,宣布北大独立,自行恢复北京大学校名。随后通电全国并电告南京国民政府教育部,宣告恢复北京大学。27日,同学们自行在各院门口改悬北京大学校牌。7月10日,北大评议会及北大学院院长陈大齐分别致电教育部,请求明令恢复北京大学,并敦请蔡元培回校主持校务。7月14日,北京大学学生会发表《北京大学复校宣言》,再次呼吁取消北平大学,政府明令北京大学独立,恢复固有名称,请求政府任命蔡元培为北京大学校长。

1929年8月6日,南京国民政府国务会议通过教育部提案,将北平大学改组,终于正式同意北平大学北大学院恢复为国立北京大学。9月13日,国务会议任命蔡元培为北京大学校长,未到任前,由陈大齐代理。

北京大学正式恢复后,依然保有原先的文、理、法三院。当时,全校师生都强烈希望蔡元培能重回北大,带领北大重现昔日辉煌。但是,1930年9月,蔡元培再次提出辞去兼任的北京大学校长,9月19日,国务会议同意蔡元培辞去北大校长,以陈大齐代理。北大师生"全校震骇",评议会、学生会分别致电南京国民政府教育部,强烈要求挽留蔡元培,评议会还派遣刘复为代表南下向政府请愿。身为代理校长的陈大齐也不安于位,屡次提出辞职申请,请求政府派蔡元培回北大掌校。

经过各方势力的反复协调,1930年12月4日,蒋梦麟被国民政府任命为北大校长。蒋梦麟1926年7月为躲避奉系军阀迫害而逃离北京,回到江浙一带。此后不久,北伐军即攻占江浙地区。身为国民党党员的蔡元培、蒋梦麟、朱家骅和马叙伦等都加入了南京国民政府。1927年4月,蒋梦麟被任命为国民党政治会议浙江分会委员和浙江省政府委员,分管教育。其后不久,蒋梦麟任浙江省教育厅厅长。在浙江实行大学区制后,教育厅废除,蒋梦麟即出任管理浙江大学区的第三中山大学校长。1928年10月,蒋梦麟接替蔡元培任国民政府大学院院长,随即大学院改为教育部,蒋梦麟改任教育部部长。因处理上海劳动大学和中央大学教潮事招致国民党元老吴稚晖的指斥,1930年11月27日,蒋梦麟辞去教育部部长职务。12月4日,被任命为北京大学校长。12月5日上午，蒋梦麟即乘车北上。①23日，正式到北大就职。

1930年11月28日，又一位北大重量级人物——胡适正在重返已经改名为北平的旧都。当他带着家眷在南京浦口等待轮渡过江时，遇见一位熟人，告诉他蒋梦麟已经辞去教育部部长，将要就任北大校长。据他回忆："下午，火车过江，我在浦口车站上遇见刘瑞恒先生，才听说那天上午蒋孟邻先生辞教育部长之职已照准了，又听说政府已任命孟邻做北京大学的校长。"他闻此即和夫人说"我怕又逃不了北大的事了"②。

胡适1925年8月离开北大后，即未再回校。他1926年7月赴欧美各国考察和讲学，1927年5月经日本回国。他没有像蔡元培、蒋梦麟等参加国民党及南京国民政府，而是在上海继续从事文化教育事业。1927年春，胡适、徐志摩、闻一多、梁实秋等创办新月书店，次年3月又创办《新月》月刊。1928年4月起，又担任中国公学校长。

胡适虽然一直从事文化教育工作，但是他却是一个喜欢谈论政治的人。1929年4月起，胡适因在《新月》杂志上发表《人权与约法》《知难行亦不易》《我们什么时候才可有宪法》等文章，批评国民党当局，由此遭到国民党方面一系列打压，处境比较困难。当时，国民党上海市党部甚至连续两次决议，通过要严办胡适的议案。在此情况下，北大方面的一些老朋友如周作人、北大代理校长陈大齐等便竭力劝胡适回北大，脱离南方的政治旋涡，到北京专心做学问。

胡适开始还比较犹豫，他在回周作人的信中表示暂时不愿回北大，并举了三个理由："一是因为怕'搬穷'，我此刻的经济状况可真禁不起再搬家了。二是因为二年以来住惯了物质设备较高的上海，回看北京的尘土有点畏惧。三是因为党部有人攻击我，我不愿连累北大做反革命的逋逃薮。"不过胡适在回信中还是承诺"俟将来局面稍稍安定，我大概总还是回来的"③。其实，胡适还有一个原因没明说，就是怕卷入北大的人事纠

---

① 《蒋梦麟昨北上》，《京报》1930年12月6日。
② 胡适：《丁文江传》，海南出版社2002年版，第174页。
③ 《胡适全集》第24卷，安徽教育出版社2003年版，第20—22页。

第六章　峥嵘岁月

葛。1929年1月，胡适曾经到过一次北京，当时北大因复校运动正闹学潮。于是，有新闻报道称胡适即将被任命为北大校长，北大师生也纷纷前来拜访，表示欢迎胡适任校长。胡适为此特意发表谈话，声明自己来北京与北大校长人选无关，自己是为处理存放在北京的藏书和中国公学经费两事来北京，并特别声明自己"去年六月，即有来平运书之意，只以避免误会，恐人家疑我来占北大，迟迟未行"[①]。

1930年5月，胡适辞去中国公学校长职务。6月，赴北京，先后在北大、北师大等处演讲，并托人在北京寻找房屋。此时胡适已经决定回北京定居。7月，胡适任董事的中华教育文化基金会（简称中基会）设立编译委员会，胡适任主任委员，主持工作。丁文江、任鸿隽、傅斯年等已经在北京的好友一方面帮助胡适寻找住房，另一方面也在安排胡适来北京的时机。8月30日，傅斯年致胡适的信中说："在君（丁文江——引者注）约我也给先生找房子，我自己也正在做这事，只是不在行。不过我还是盼望先生迟来两月。盛名之下，举足便遭物议。"9月5日，傅斯年又致信胡适："看来先生还是缓来些时罢？过几天也许更热闹，也许就不热闹了。不过到下月中旬，无论如何总要少热闹了。协和医学校的年会，或者正不凑巧，能延一个日期吗？到九月廿二三，我可以打个电报，曰'可来'，便是不大热闹了，曰'可缓'便是依然热闹，以便退票，等等。"[②]傅斯年信中所说的"热闹"似乎就是暗指北大校长人选一事。当时北大代理校长陈大齐从6月份起一再请辞。9月，一直没有到任的北大校长蔡元培正式提出辞去校长一职，并推荐陈大齐继任。消息见报后，陈大齐又再次致电教育部，表示自己不能胜任，请教育部挽留蔡元培。北大评议会、学生会也纷纷致电教育部和蔡元培，极力挽留蔡元培。显然，如果此时胡适来北京，不可避免又会被人将他和北大的人事变动联系到一起。

1930年10月，胡适到北京准备参加协和医学校的董事会，但董事会因故临时推迟到21日召开。在等待开会的这段时间，他看定了位于米粮库4

[①] 《教育杂志》，第21卷第2号，王学珍、郭建荣主编：《北京大学史料》第二卷，北京大学出版社2000年版，第60页。

[②] 欧阳哲生编：《傅斯年全集》第七卷，湖南教育出版社2003年版，第89—90页。

号的房子，此处可与傅斯年为邻居。10月10日，胡适接受了北大送来的聘书，任兼职教授。随后他即返回上海，搬家回北平。不想，就在他途经南京时得知蒋梦麟被任命为北大校长，这件事打乱了胡适原来的计划。但某种程度上似乎也是因缘际会，胡适、蒋梦麟、傅斯年等原北大的重要人物再次不约而同会聚到北大，开创了北大的"中兴"局面。

傅斯年比胡适、蒋梦麟早一年多回到北京。傅斯年于1919年秋考取山东省官费留学。这年冬天，他赴欧洲留学，在英国、德国学习7年，先后就读伦敦大学、柏林大学。1926年秋，傅斯年应广州中山大学之聘回国，任中山大学教授、文学院院长，兼任中国文学和史学两系系主任。

1927年11月，蔡元培任院长的大学院公布中央研究院筹备会委员名单，傅斯年被聘为中央研究院心理学研究所筹备委员。1928年4月，傅斯年受命在广州筹设中央研究院历史语言研究所。10月，历史语言研究所正式成立，计划逐步设立史料、汉语、文籍考订、考古等组。因北平史料最为丰富，故一部分整理及研究工作在北平进行。1929年6月，历史语言研究所迁往北平。傅斯年一方面担任中央研究院历史语言研究所所长，另一方面还在北大兼任教授，讲授中国上古史专题研究及中国古代文学史。

蒋梦麟于1930年12月23日正式到北大上任，随后即在胡适和傅斯年的协助下，着手重振北大的工作。当时的北大，在经历奉系军阀的折腾和压迫之后，经费短缺，教学设施长期得不到更新，师资大量流失，学生人数大减。1929年12月27日，《申报》刊登北大学生统计情况，当时北大在校生共1239人，其中本科生862人。在校学生总数大约只有1919年学生数的一半。1930年暑假，毕业学生121人，为1919年以来最少的一年。而且从1930年秋季学期开始，北大停招预科生，在校的预科生到1932年暑假全部毕业，预科将完全结束。如果

蒋梦麟像

不扩大本科招生，在校生人数将进一步缩减。1930年秋季招生，录取本科生66人，另由预科毕业升本科89人。

摆在蒋梦麟面前的首要工作就是筹集办学经费，其次便是聘请知名教授、扩大招生和更新教学设施。

在胡适的策划下，北大很快从中基会获得一笔重要补助经费。

中华教育文化基金会1924年9月在北京成立。该会的主要任务是负责保管、分配、使用美国退还的庚子赔款。首届董事会中方10人、美方5人，董事长为范源廉，美国著名教育家孟禄为副董事长。

蒋梦麟被任命为北大校长时，中华教育文化基金会董事长为蔡元培，胡适为董事兼董事会名誉秘书，具体负责中基会的日常事务。

1931年1月9日，中基会第五次常会在上海召开。到会的有蔡元培、胡适、蒋梦麟、任鸿隽、赵元任等5名中方董事和孟禄、司徒雷登、贝克、顾临4位美方董事，共9人。当天会议上议决的最重要的一事为北大补助案。胡适在会前已经做了大量沟通说明工作。例如，他让好友任鸿隽在会前先向美方董事顾临游说给北大补助案，取得顾临的赞同，"叔永已与Greene（顾临）谈过北大补助案，他也很同情"[①]。胡适、蒋梦麟等几位出席会议的董事，住在沧州饭店。据胡适日记记录：在开会前一天，"早起与梦麟谈，大家都劝他主张北大也拿出二十万来，使以后别机关不容易借口。他答应了，我很高兴"[②]。

在9日的会上，由美国董事顾临提议，从1931年起，连续5年，中基会每年给北大补助20万元，专门作为北大设立研究讲座及专任教授之用。该提案具体内容："（一）基金会与北京大学每年各提出二十万元，共四十万元，作为特别款项，以五年为期。（二）此款之用途有五项：（甲）设立研究讲座，每座年俸自六千元至九千元；（乙）设立专任教授，每座年俸自四千八百元至六千元；（丙）每一讲座教席各附有相当之

---

① 《日记》（1931—1937），《胡适全集》第32卷，安徽教育出版社2003年版，第4页。

② 《日记》（1931—1937），《胡适全集》第32卷，安徽教育出版社2003年版，第4页。

书籍设备费；（丁）设立助学金额，以援助苦学之高材生；（戊）设立奖学金为奖励研究有成绩之学生在国内或国外作高深研究之用。（三）上项研究讲座及专任教授皆须以全力作学术研究及指导学生作学术研究，不得兼任校外有给或无给之教务或事务。"以顾临名义提出的这个提案在会上提出后，出席会议的蒋梦麟校长代表北大表示同意，然后全体出席会议的董事对提案进行讨论和表决。蒋梦麟为表示避嫌自请退席。最后该提案获得出席会议的董事一致通过，并决议"与北大合作设立研究讲座及专任教授一案之原案之原则通过。交由本会执行委员会与北大校长拟定详细办法及契约条文，提出下届年会正式决定"[①]。

胡适在会后即对新闻记者发表谈话，详细介绍了中基会通过的这一特别提案。《时报》报道此事时称："实为近年国内高等教育最重大之事件。"[②]当年3月，胡适草拟《北京大学与中华教育文化基金董事会合作研究特款办法》，详细规定了这项研究合款的筹集、使用规范和监督细则。[③]4月份，该办法稍作修改后，相继被北京大学和中基会批准。根据该办法，由蒋梦麟、任鸿隽、胡适、翁文灏（字咏霓）、傅斯年、陶孟和、孙洪芬组成"合作研究特款顾问委员会"，负责筹划及决定合作研究特款的实施及预算。

经费有着落了，蒋梦麟、胡适、傅斯年等就开始大力聘请知名教授到北大任教。胡适曾回忆："民国二十年一月，蒋梦麟先生受了政府的新任命，回到北大来做校长……他对我们三个院长说：'辞退旧人，我去做；选聘新人，你们去做。'"[④]胡适在学界向来交游广泛，人缘好。现在有了校长蒋梦麟的支持，他便积极运用自己的影响力四处为北大物色一流的教授。

他为北大聘请的教授在专业上不局限于文科，而是包括文、理、法三科。从胡适日记中可以看出，1931年年初他到上海开中基会年会，返程时

[①] 《中华教育文化基金会资助北平革新事业之决议》，《教育杂志》1931年第23卷第2期，第115页。
[②] 《教育文化基金会资助北大》，《时报》1931年1月14日。
[③] 《胡适全集》第32卷，安徽教育出版社2003年版，第87—88页。
[④] 胡适：《北京大学五十年》，《国立北京大学五十周年一览》，北京大学出版部1948年印行。

特意绕道青岛、济南，与许多学者接洽到北大任教之事。在这次旅行中他先后接洽的知名学者就有：徐志摩（文学）、汪缉斋（心理学）、丁西林（物理学）、李四光（地质学）、周鲠生（法学）、林语堂（文学）、杨振声（文学）、梁实秋（文学）、闻一多（文学）。为了请法学教授张慰慈来北大任教，胡适不仅委托在上海的徐志摩等去当面接洽，自己也多次写信劝说。有一段时间，徐志摩都认为张慰慈不会答应了。但是最后张慰慈还是被胡适的诚意打动，决定到北大任教。以至徐志摩在给胡适的信中感叹："慰慈今晚在我家已决定遵命北去。像你这样的赤心与至诚，为朋友也为学校，我们如何能不感动！"① 又如原在南京中央大学任教的汤用彤教授，虽然1930年就答应北大方面愿意1931年来任教，但中间一度又有犹豫，最终也是由胡适用中基会的特款将其聘来北大任教。

胡适为北大四处罗致优秀学者甚至让身为中央研究院院长的蔡元培也有点儿坐不住了。蔡元培写信给胡适请其注意影响："北大讲座人选由先生各方接洽，必无才难之叹，乃必欲拉及巽甫、仲揆诸君，不免使研究院为难；务请与梦麟兄从长计议，使各方面均过得去为妙。"② 巽甫是丁西林的字，丁学物理出身，又是著名的剧作家；仲揆是李四光的字，李是著名地质学家，时任中央研究院地质所主任。两人都是中央研究院的骨干力量，所以蔡元培不愿意他们离开。最后，北大方面提出将李四光借给北大用一年，蔡元培才勉强同意。南京中央大学校长朱家骅也向蒋梦麟抱怨，嫌北京大学把中央大学的优秀教授都挖走了，南方高等教育没法办了。双方最后商定：对于中央大学教授，聘期未满的，暂时不聘；聘期将满的，届时再聘。③

胡适回北京的直接原因就是担任中基会秘书工作，在中基会领薪，属于驻会办公的职员。蒋梦麟经常到胡适在中基会的办公室商量北大的事务。这在胡适日记中多有记载。如1931年1月30日的日记记载："到基

---

① 韩石山整理《徐志摩给胡适的三十七封信》，安徽大学胡适研究中心编：《胡适研究》第三辑，安徽教育出版社2001年版，第490页。

② 1931年2月20日蔡元培致胡适信，《胡适全集》第32卷，安徽教育出版社2003年版，第67页。

③ 王学珍、郭建荣主编：《北京大学史料》第二卷，北京大学出版社2000年版，第71页。

金会……梦麟今早来谈，下午又来谈，皆为北大事。他今天决定用院长制，此是一进步。但他仍要敷衍王烈、何基鸿、马裕藻三人，仍是他的弱点。晚上我与孟真谈，请他劝梦麟努力振作。写信劝丁西林、徐志摩回北大。"1931年2月13日又记："昨夜李仲揆来电：'教书甚愿，院长无缘。'今早与孟邻谈，他去电再劝他允任理科院长。"1931年3月5日又记："在会里与梦麟、叔永、孟真、翁咏霓商量北大问题。"

胡适在北京的新居与傅斯年家相邻，所以又随时可以和傅斯年商量北大改革的事。如1931年1月29日12点多，胡适从上海经山东回到北京。傅斯年立即就过来和胡适谈事，"孟真来，谈甚久。孟真不以金甫回北大为然"。金甫是当时任青岛大学校长的杨振声（字金甫），胡适想请杨振声来北大做文学院院长。

在胡适、傅斯年的支持下，蒋梦麟对北大的组织和人事制度进行了较大改革。他根据1929年7月南京国民政府颁布的《大学组织法》，提出"教授治学、学生求学、职员治事、校长治校"的办学方针。

蒋梦麟改革的主要特点是加强以校长为主导的行政系统执行力。其计划是在北大设立文、理、法三院。改过去校、系两级为校、院、系三级管理。院长由校长从教授中聘任，商承校长综理各院院务。各学系设主任一人，由院长商请校长从本系教授中聘任，系主任商承院长主持各系教学工作。在行政组织改制的基础上，北大设立由校长、秘书长、课业长、图书馆馆长、各院院长、各系系主任以及全校教授、副教授所选出的代表若干人组成的校务会议，校长为校务会议主席。校务会议取代过去的评议会，成为学校决策机构。校务会议与评议会最大的不同就是其成员不再完全是由教授互选的代表组成。虽然各行政部门的领导人基本上都是教授，但他们的身份却是由校长聘任的行政职员，存在上下级的服从关系。这表明学校管理制度上科层化的加强。

蒋梦麟的改制必然要触动现存的以北大评议会为决策中心的教授治校体制。为了取得评议会诸位教授的理解和支持，蒋梦麟、胡适等也私下做了一些解释和说服工作。在正式召开评议会讨论改革计划前一天的晚上，蒋梦麟又特意请评议员们吃饭，出席的有马幼渔、刘半农、贺之才、王仁辅、夏元瑮、樊际昌、王烈、何基鸿、胡适。席间，马幼渔问蒋梦麟为什么要改变旧制，蒋梦麟说了三个理由，其中，最有力的理由是"《大学组织法》是我做部长时起草提出的。我现在做了校长，不能不行我自己提出的法令"。蒋梦麟也充分照顾到各位评议员的关切，说明对于评议会以前作的决议，"凡是和大学组织法等法规不抵触的议案，自然都有效"。加上胡适从旁巧妙地借用马幼渔的话表示对改制的支持，最后众人基本达成支持蒋梦麟改制的意见。

1931年3月26日，北大评议会召开第五次会议，正式讨论通过蒋梦麟改定本校组织及办法案。决定从7月1日起，将实行依据教育部《大学组织法》和《大学规程》制定的《北大组织法》，并决定从4月1日起开始筹备。[①]于是，蒋梦麟的改制不再有任何掣肘，全面展开。

蒋梦麟一直希望胡适担任文学院院长，但是胡适在当时只愿意为蒋梦麟重振北大帮忙，不愿意担任文学院院长的实际职务。原北大的代理校长陈大齐在蒋梦麟到校后交卸了校长职务。为了安排陈大齐，同时也为了安抚原来他手下的一帮旧人，蒋梦麟开始曾请陈大齐担任文学院院长，但是陈大齐不愿意做，并于1931年2月辞去北大教职，到南京国民政府考试院任职。胡适推荐时任青岛大学校长的杨振声担任文学院院长，但当时青岛大学刚成立不久。傅斯年、赵太侔和时任山东省教育厅厅长的何思源（三人都是山东人）都反对他离开。在这种情况下，蒋梦麟一度主张将文科的事暂时"搁一搁再说"[②]，先由自己暂时兼任文学院院长。于是文学院院长一直由蒋梦麟兼任，直到1932年2月胡适接任。

蒋梦麟、胡适等本来想请李四光来担任理学院院长，但李四光不愿做院长，后改请刘树杞担任。刘树杞为留美博士，来北大前为南京中央大学化学系主任兼任理学院院长。他决定受聘北大理学院院长后，于1931年3月底到北京，任鸿隽请他和蒋梦麟、胡适一起吃饭。"饭后他和梦麟谈理学

[①] 《胡适全集》第32卷，安徽教育出版社2003年版，第94页。
[②] 《胡适全集》第24卷，安徽教育出版社2003年版，第88页，胡适致杨振声信："文科院长，我极望你能来干。孟真则不愿你离开青大，梦麟此时尚不愿与旧人开火。故此时文科事，梦麟主张暂时搁一搁再说。"

院教授人选。不到两点钟,整个学院已形成了。院长制之效如此。"①胡适对刘树杞个人能力和北大改行院长制的高效都大加称赞。

到1931年7月,北大正式公告全校主要行政机构领导都已聘定。除了文学院院长由蒋梦麟暂时兼任外,理学院院长聘请刘树杞担任,法学院院长聘请周炳琳担任,另外,聘何基鸿为教务长,王烈为秘书长。②在此基础上,北大于1931年8月25日,召开第一次行政会议。行政会议由校长、各院院长、秘书长、课业长(取代教务长)组成。校长为主席。行政会议职权一是编造全校预算案;二是拟定学院、学系之设立及废止案;三是计划全校事务及教务改进督促事项;四是拟具其他建议予校务会议之方案。第一次行政会议讨论通过《国立北京大学行政组织系统草案》,并决议"为图校务进行便利起见,暂照附刊草案实行,俟校务会议成立后,提请追认"。

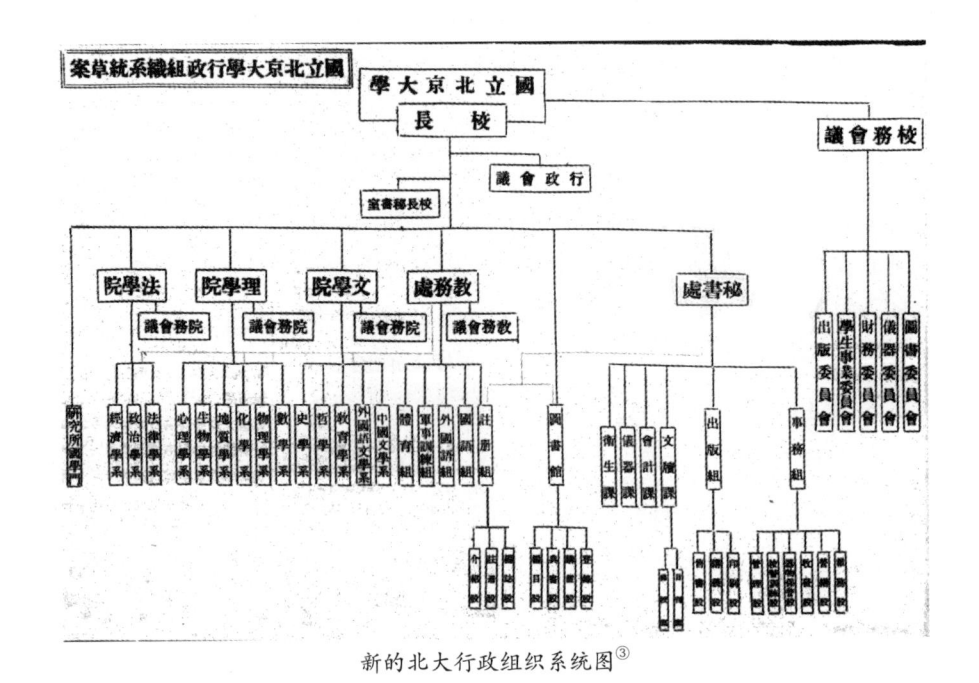

新的北大行政组织系统图③

---

① 《胡适全集》第32卷,安徽教育出版社2003年版,第96页。
② 《本校布告》,《北大日刊》1931年7月18日。
③ 《国立北京大学行政组织系统草案》,《北京大学日刊》1931年9月9日。

第六章 峥嵘岁月

作为北大新制度最重要的决策机构，校务会议于1931年9月23日完成教授代表的选举，校务会议正式组成。根据稍晚时候公布的《国立北京大学组织大纲》，校务会议职责为决议下列事项：一、大学预算；二、学院、学系之设立及废止；三、大学内部各种规程；四、校务改进事项；五、校长交议事项。①

至此，在接手北大半年多后，蒋梦麟即初步完成了各项组织、人事制度的改革，确立了以校长负责制为中心、科层化更强的教授治校体制。1932年6月，北大公布《国立北京大学组织大纲》，进一步完善了学校的各项规章制度。

经过蒋梦麟、胡适等的努力，北大办学经费、师资队伍和组织制度都有了很大的改善。1931年年初，北大又将红楼北侧原嵩公府的房产购买下来，开始筹备兴建新图书馆。在新馆建成前，先将嵩公府的房舍进行整修作为图书馆新馆舍。1931年暑假即将分散在一院、二院、三院三处的文、理、法图书馆合并，集中搬迁到嵩公府的新图书馆。红楼一层原图书馆用房改为法学院教室，使红楼成为文、法两学院教学、办公所在。三院的原法学院教室改为学生宿舍。

1931年9月9日，北大举行新学期开学典礼，并决定9月17日正式上课。然而正当蒋梦麟、胡适等做好各项计划，准备好好建设北大时，日本在东北制造九一八事变，发动对华侵略战争。

胡适是9月19日早晨知道此事的，心情异常悲愤，当日在日记里写道："中日战后，至今快四十年了，依然是这一个国家，事事落在人后，怎得不受人侵略！"②后来，胡适还在这天日记的页眉上加注："我们费了九个月的工夫，造成一个新'北大'，九月十四日开学，五日之后就是'九一八'的一炮！日本人真是罪大恶极！"③1948年北大50周年校庆前夕，他回忆这一事件对北大的打击时又说："我们北大同人只享受了两天的高兴……我们都知道空前的国难已到了我们的头上，我们的敌人决不

---

① 《国立北京大学布告》，《北京大学日刊》1932年6月18日。
② 《胡适全集》，第32卷，安徽教育出版社2003年版，第149页。
③ 《胡适全集》，第32卷，安徽教育出版社2003年版，第145页。

容许我们从容努力建设一个新的国家。我们那八个月辛苦筹备的'新北大',不久就要被摧毁了!"①

在北大师生团结一致的努力下,1935年下半年,在红楼北侧相继建成地质馆、图书馆、灰楼宿舍三大建筑。尤其是图书馆工程最大,从1934年4月动工,到1935年8月竣工。建筑和装修、设备费用合计共耗资23.35万元。除了由北大与中基会合作特款支付部分外,其余都由外界、本校教职员及历届毕业同学捐助。在红楼和新图书馆、灰楼宿舍中间的空地又修建了大操场。这样,以红楼为核心的沙滩校区自20世纪30年代起,成为北大校园的主体。

二、在民族危亡时刻

从1931年的九一八开始,日本帝国主义开始加紧侵略中国。1932年1月28日,日军在上海进攻中国守军,制造一·二八事变;1933年2月21日,日本关东军、伪满军10余万人,以锦州为基地分三路进犯热河,制造热河事变;1935年年初开始,日本又在华北地区制造一系列事变,并加紧策动"华北五省自治"。企图采取蚕食的方式,一口一口啃噬掉中国。最终,日本于1937年7月7日,挑起卢沟桥事变,开始了全面侵华战争。日本侵略者步步进逼的侵略造成了中华民族空前的民族危机。

1931年9月20日和22日,中共中央先后两次发表宣言,坚决反对日本帝国主义侵略中国,宣言号召"组织群众的反帝运动,发动群众斗争,反抗日本帝国主义"。各阶层爱国人士也纷纷发表通电,抗议日本的侵略暴行,要求国民政府抗日。全国各地掀起抗日爱国运动的热潮。

身处华北前线的平津高校学生自然不能坐视。9月20日,北大学生会发出抗日救亡通电,指出日寇侵占东北,"直逼平津,华北一带,危在旦

---

① 胡适:《北京大学五十周年》,北京大学校史馆藏《国立北京大学五十周年纪念特刊》。

夕，事在迫切，国亡无日。是而可忍，孰不可忍？为今计，唯有速息内战，一致抗日"，呼吁全国人民共起反抗。

北大的东北同学率先组织起北大东北同学抗日救国会，并于9月20日晚在二院大礼堂召开第一次会议。孙祺藩等45位东北同学参加会议。会议议决通过了《北大东北同学抗日救国会简章》、"建议学生会组织本校全体同学抗日会，并与北平各界联络"[①]等13项议案。

9月21日，北大全体学生在第二院大礼堂召开全体大会，讨论对日斗争。"空气悲壮，群情激昂。当场一致议决组织北大反日会"并议决反日会的8项工作：1. 联合北平市各学校举行总示威运动。2. 组织本校宣传队。3. 发起北平市各校学生反日联合大会。4. 通电政府实行革命外交。5. 武装本校学生军。6. 警告日本政府即刻撤兵道歉赔偿中国损失，惩办出兵首领，并保证此后不得再有同样事件发生。7. 对日永远经济绝交。8. 取消中日一切满蒙条约。[②]

9月21日上午8时，北大学生会第四次执行委员会开会，做出4项决议：一是决定组织北大学生会抗日运动委员会，并推举了夏次叔、纪元、孙祺藩等15人为委员。二是推举夏次叔、纪元、罗盛尧三人负责起草抗日运动宣言与告日本民众书。三是由宣传股制贴标语。四是抗日运动委员会之工作。9月22日上午，北大学生会抗日运动委员会成立，后又改组成立北大学生抗日救国会（简称抗日会），负责组织全校的抗日救亡运动。抗日运动委员会下设文书股、交际股、宣传股、调查股、事务股。事务最繁忙的就是宣传股，因为抗日会大量的工作都是宣传工作。他们组织抗日宣传大会，发起街头抗日讲演，发布告全体同学书，向全国同胞发表抗日通电，发表抗日运动宣言和告日本民众书。9月22日宣传股发布第一号通告就是组织师生于24日下午上街讲演。通告要求"全校师生于二十三日下午六时以

[①] 《北大东北同学抗日救国会第一次全体同学大会议事录》，《北京大学日刊》1931年9月28日。

[②] 《北大反日会通告》，《北京大学日刊》1931年9月25日。

前到各院各斋号房踊跃签名，以备编队制旗游行讲演"①。签名师生将于24号上午到第一院风雨操场（红楼后面）集合，然后按照5人为一队的方式上街讲演。宣传股还组织了抗日救国名人公开讲演周。如9月23日到30日，先后请蒋廷黻、陈启修、杨丙辰、燕树棠、周作人、马裕藻、李季谷、郑天挺、刘树杞等每天下午7时在二院大讲堂进行讲演。计划讲演若干次后，将"讲演记录汇订成册，寄发各地，以广宣传"②。宣传股还编辑抗日特刊，"俾民众明了此次事变之真相并征集对抗倭奴之方针"。③当时，学生会就设在红楼三层，宣传股每天上午八点半到九点半有专人在学生会办公，接待对抗日宣传工作有所建议的师生。

9月24日，北平大、中学校60余校代表在北大二院集会，宣告成立北平学生抗日救国联合会，并通过15项抗日议案。中共北平市委通过参加学联的党、团员代表，积极参与和指导学联的工作。

北大270多名教职员也集会成立教职员对日委员会，提出严督国民政府对日取强硬态度，在日本暴力行动停止前，不得与之交涉。

面对日本侵略，此时的国民政府对外奉行不抵抗政策，寄希望国际联盟的"裁决"。对内则对民众自发的抗日救亡运动施以各种限制。9月21日上午，国民党北平市政府召集本市军警宪机关及各大学校长开联席会议。通过一系列禁令：各校禁止学生罢课；不许学生结队游行；各学校学生在校开会应先得学校当局许可并由便衣警察参加以防意外；学生讲演应以三五人为限，并由学校当局通知警察随时保护；讲演只能在指定的地点举行，时间以十分钟为限。④

自1927年大革命失败后，在严重的白色恐怖下，北京地下党组织屡次遭受严重破坏，自1927年4月到1935年5月的8年中，北平市的党组织先后受

---

① 《北大学生会抗日运动委员会宣传股通告（第一号）》，《北京大学日刊》1931年10月23日。
② 《学生会抗日会宣传股启事》，《北京大学日刊》1931年10月29日。
③ 《学生会抗日会宣传股启事》，《北京大学日刊》1931年10月29日。
④ 《北平市政府召集本市军警宪机关及各大学校当局联席谈话会记录》，《北京大学日刊》1931年10月23日。

到15次比较大的破坏。有几次是整个市委主要成员全部被捕。①到1931年9月,全市共产党员只有74人。1931年年初,由于反对王明及四中全会决议,北京大学许多党员被"切断关系",党支部一度被解散。②

九一八事变发生后,北大绝大多数党员虽然暂时没有组织关系,但是他们和新建的党支部一起带领团员和群众开展反对日本帝国主义侵略的爱国运动。11月30日,在北大地下党员和积极分子的暗中组织和推动下,北大全体同学大会在二院礼堂召开。一些潜伏在北大的特务学生极力煽动和破坏会议的进行,甚至用石头、煤块砸碎会场窗户玻璃,造成一些在场同学受伤。大会通过了实行全国总动员,全国民众武装起来,反对哭诉国联的乞怜外交,监督蒋介石不得与其他帝国主义者勾结,对日绝交、即刻宣战等14项决议。当场改组了学生会抗日运动委员会,将一些隐藏在学生领导机构中的特务分子清除出去。决议从12月1日起罢课,组织南下示威团,到南京向国民政府示威。

北大南下示威团出发时的情景

---

① 王效挺、黄文一主编:《战斗在北大的共产党人》(1920.10—1949.2北大地下党概况),北京大学出版社2003年第2版,第64页。

② 王效挺、黄文一主编:《战斗在北大的共产党人》(1920.10—1949.2北大地下党概况),北京大学出版社2003年第2版,第66页。

北大南下示威团袖标

　　12月1日上午，北大第一批南下示威学生230余人举行大会，选举出19名同学组成示威团代表团，作为南下示威团的领导机构。19位代表中就有共产党员岳增瑜、赵作霖和邹科嵩，其中岳增瑜担任了南下示威团的总指挥。另外，共产党员张百川、千家驹和团干部陶开孙（女）也都是示威团的积极参加者和组织者。

　　示威团于下午3时从红楼后面的大操场集合后出发。在前门火车站，车站方面奉命不让学生上车。200多名同学就卧在寒冬冰冷的铁轨上，阻止火车。双方僵持了数小时后，最终车站方面答应同学们坐到行李车上。同学们在车上一天一夜没有吃饭，但依然斗志昂扬。代表团在车上开了第一次会议，将全团分为4个大队，下设小队和组，10人为一组，统一指挥。同学们还用带的油印机在车上油印大量的《北京大学全体学生南下示威告全国民众书》沿途散发，要求南京政府"立即收回东北失地，立即退出国联，立即全国总动员对日本绝交！"号召全国学生"立刻组织起来！到南京示威去！"

　　12月3日，北大南下示威团到达南京，立即和南京各院校及会集在南京的各地同学取得联系，开始示威斗争的准备工作。这时，国民党政府采取威胁利诱、软硬兼施的手段，妄图分化瓦解同学们的示威斗争。先是由国民党中委方觉慧亲自出马，劝说同学们不要受共产党利用，遭到同学们严词斥责。4日，南京卫戍司令部扣留了示威团准备散发的"告民众书"，国民党的中央社则紧密配合，发出"南京查获反动传单"的消息，造谣、污蔑，蛊惑人心。示威团派出代表到卫戍司令部交涉要求交还传单。对方却向北大代表提出三点责难：（一）大家都是请愿，独北大示威，不是反动，还是什么？（二）宣言对政府太不留面子，会使民众发生不良印象。

(三)宣言中为什么没有提中华民国,而只有中华民族解放万岁的口号。同学们当即逐条据理驳斥,指出:(一)示威是北大全体学生大会的决议,因为现在已无"愿"可请,所以不请愿而示威,示威的对象不唯对日本帝国主义者,同时还对断送中华民族利益的走狗。(二)我们不管面子不面子,而只问是事实不是事实。一个政府不能讳疾忌医,应该承认错误。(三)我们认为中国目前的运动是民族解放运动。至于中华民国,那二十年铁一般的事实证明只是一块空招牌,民众非但没有做过民国的主人,而是做了军阀官僚们剥削和践踏的奴仆。代表们义正词严,驳得对方哑口无言,但他们仍借口"告民众书"须交中央党部审查,拒绝交还。代表团因此决定重新油印5000份,挫败反动政府破坏示威的阴谋。

4日,北大示威团第二批130多位同学也到达南京。两支队伍胜利会合,声势更为壮大。当晚,在四周军警密布,特务四处乱窜的紧张气氛中,北大示威团镇静地召开了全体大会,部署了第二天大示威的时间和路线。

5日,示威团全体从住地中央大学出发,开始示威。队伍以两面写着"北京大学南下示威团""反对政府出卖东三省"的白布大旗为前导。同学们沿途张贴标语,散发传单,高呼"打倒日本帝国主义""被压迫民众联合起来""中华民族解放万岁"等口号。当队伍来到成贤街教育部门口时,遭到早已埋伏在那里的1000多反动军警的袭击。33名同学身受重伤,185名同学被捕,绑上卡车。同学们不顾反动派的捆绑和毒打,在车上仍然顽强地高呼口号,沿途市民群众无不为之动容。

被捕的北大学生被送往孝陵卫警卫团囚禁。为了抗议反动政府的血腥暴行,同学们决定开展绝食斗争。铁窗寒夜,爱国学生引吭高歌:"北大!北大!一切不怕。摇旗呐喊,示威南下。既被绳绑,又挨枪把。绝食两天,不算什么!作了囚犯,还是不怕。不怕!不怕!北大!北大!"[1]

国民政府对北大示威团的暴行激怒了在南京的各校青年学生。5日下

---

[1] 萧超然等编著:《北京大学校史》(增订本),北京大学出版社1988年版,第261页。

午，在南京的各学校学生代表与北大示威团未被捕的同学举行紧急会议，一致决定：（一）通电全国，揭发政府的残暴行为；（二）要求政府立即释放北大被捕同学；（三）要求政府赔偿同学损失，道歉、惩凶；（四）号召全国学生一致罢课，举行演讲和游行示威。根据大会决议，会后各校学生即整队前往卫戍司令部要求释放被捕同学。不料卫戍司令部竟然又将各校选派的谈判代表扣留。这令全体学生怒不可遏，3000多学生奋勇冲破军警警戒线，冲进卫戍司令部院内，最终迫使卫戍司令部释放了谈判代表。

6日深夜，南京政府派遣两连军警武装押送被捕的北大同学上车离开南京。但是北大示威团未被捕的80多位同学依然留在南京，与各地同学一起奋斗。在北大学生首倡示威的影响下，各地学生也相继开展示威运动。全国各地陆续赶到南京的学生代表团，多数都把请愿的旗帜改为示威的旗帜。

在全国学生南下示威运动和全国人民抗日反蒋浪潮中，蒋介石被迫于12月中旬一度宣布下野。

1927年4月李大钊英勇就义后，留下孤儿寡母，家无余财，境况十分凄凉。北大师生在悲痛之余，积极筹划抚恤办法。按照北大过去的惯例，"凡教授在任职期内病故，除特别情形须经评议会议决外，概由本校赠与两月俸金"[1]。但校方经过讨论，决定对李大钊破例给予特别抚恤金。连续5年，每月支付其家属50元生活费。一方面因当时北京白色恐怖严重，另一方面也因无钱安葬，李大钊的灵柩一直存放在宣武门外下斜街妙光阁浙寺里。部分北大同学组织了公祭李大钊先生同学会，每年在李大钊殉难日都会到浙寺祭奠。[2]

大约1932年3月至4月间，李大钊就义5周年前后，考虑到全家赖以为生的每月50元特别抚恤金即将到期，赵纫兰特地给胡适写信，托他代向北大

---

[1] 王学珍、王效挺等主编：《北京大学纪事1898—1997》，北京大学出版社2008年版，第105页。

[2] 《追悼李大钊》，《北平晚报》1933年4月22日。

第六章　峥嵘岁月

方面交涉，希望一是每月多增加若干元，二是能将时间延长若干时日。但是不巧得很，此时胡适因盲肠穿孔，在医院里住了40多天，大约没有看到来信。赵纫兰没收到回信，又于6月24日再次写信给胡适，请其看在与李大钊是生前好朋友的分上，费心给办办此事。①

胡适收到了赵纫兰6月的来信，立即与校长蒋梦麟商量了救济办法。于是，由蒋梦麟在北大校务会议上提出延长李大钊给恤期限的议案。当时有不少人提出异议，认为这与学校规章不符。蒋梦麟说了一句话，众人都不言语了。他说："同人中谁要像守常似地为了主义被他们绞死，我们也可以多给一年恤金。"②最终决定北大按照每月40元的标准，继续支付李大钊家属恤金20个月。③

1933年4月初，李大钊夫人赵纫兰偕子女专程来到北平准备料理李大钊下葬之事。据估算，安葬和在浙寺停灵费用合计需要400余元。于是，蒋梦麟牵头与北大同人联名发出募捐启事，为李大钊发起公葬。北大师生和李大钊生前好友纷纷捐款，很快筹募了600余元。

中共河北省委、中共北平市委决定为李大钊举行隆重的公葬，并借此机会进行革命宣传，揭露反动派杀害共产党人的罪行，进一步唤起民众。公葬活动由党领导的公开社团河北省反帝大同盟、北平文化总联盟牵头，具体工作由河北革命互济会负责。

河北革命互济会又称北平革命互济会。它的前身是1925年成立的中国济难会北京分会，是地下党领导下的一个公开的群众团体，以慈善团体的面貌出现，做援助被捕同志和抚恤烈士家属的工作。

根据党组织的意见，互济会出面协助李大钊家属办理公祭和下葬的各项具体工作。置办挽联、花圈，雇用杠夫、执事、和尚、道士、吹鼓手等。同时，地下党组织还秘密制作了中共党旗、刻有红五角星和镰刀斧头

---

① 中国社会科学院近代史研究所、中华民国史研究室编：《胡适来往书信选》（中），社会科学文献出版社2013年版，第122页。
② ［日］川岛：《关于李大钊先生》，林之路编著：《名家情感散文精品集》，西安出版社1995年版，第347页。
③ 《蒋梦麟对记者谈话》，《西北文化日报》1933年4月30日。

图案的石碑，并印制了李大钊传略、遗像和同时就义的烈士简历以及《河北革命互济会为公葬无产阶级导师李大钊同志宣言》等一批宣传品。

筹备工作就绪后，由李大钊的长女李星华出面，在北平《晨报》上登出讣告：4月22日在浙寺举行公祭，23日举行公葬。

由于李大钊身份的特殊，也由于李大钊夫人赵纫兰一直抱病在身，22日的公祭只是按照民间旧俗办理，没有举行集中的公祭仪式，只由前来祭拜的亲朋好友随到随祭。灵堂设在浙寺的毗卢殿前，"以席木圈搭而成，有挽幛数十副，花圈十数具"。送挽幛的有黄少谷、李书华、沈尹默、李蒸、白眉初等以及北大公祭李大钊先生同学会、文艺前线社等团体。[①]

4月23日一清早，许多共产党员、共青团员及党的外围组织成员已陆续会集到浙寺，他们胸前佩戴着白色或蓝色的纸花，左臂上缠着黑纱。人们陆续到灵前默哀致敬。早晨8时，送葬的队伍从浙寺出发。"一切殡仪……完全沿用旧式"。"殡仪最前列为旗伞、执事，次为影亭，中供李大钊氏遗像。后即为棺罩。由李氏之子女，在前执幡"。到浙寺参加送葬的"有教育界及男女学生约七百余人"，"送葬者均在棺后，执挽联二十余付"。北平青年抗日救国联合会送的挽联写道："在压迫下生活，在压迫下呻吟，生者何堪！为革命而奋斗，为革命而牺牲，死固无恨！"北平妇女抗日救国联合会送的挽联写着："南陈已囚，空叫前贤笑后死；北李如在，哪用吾等哭先烈！"[②]

送葬线路是从浙寺出发后，"经下斜街、菜市口、宣武门，直奔西直门"出城。"沿途观者塞途，车辆拥挤，不能通行"[③]。送葬的人们含泪唱起了哀歌和国际歌，高呼着"李大钊精神不死""打倒日本帝国主义"等口号。沿途许多市民自发地加入了送葬队伍。

队伍到达西单牌楼时，举行了路祭。"由送葬者推代表恭读祭文，全体行三鞠躬礼。演说、唱歌，停留约半小时，继续前进。"[④]

---

① 《追悼李大钊》，《北平晚报》1933年4月22日。
② 《李大钊昨出殡发生纷扰》，《京报》1933年4月24日。
③ 《李大钊昨出殡发生纷扰》，《京报》1933年4月24日。
④ 《李大钊之殡仪》，《益世报》1933年4月24日。

由于受"左"倾冒险主义的影响,加上群众悲愤的情绪逐渐发酵。送葬的队伍中有人喊出了"打倒国民党""共产党万岁"等口号;在西单牌楼公祭宣读的祭文,又号召广大市民团结起来,为先烈报仇,打倒国民党,武装抗日,收复失地;到缸瓦市,李大钊的灵柩上又被覆盖上了一面鲜红的中国共产党党旗。这些在当时被视为"非法"的举动给了反动当局施加镇压的借口。

当队伍行至西四牌楼,又有李大钊生前友好李时教授及一些乐亭同乡拦路祭奠。这时,送葬队伍中有人散发革命内容传单,警察和宪兵开始镇压。他们踢翻了祭桌,抢走了灵柩上的党旗,疯狂地打人、抓人。送殡的群众队伍被冲散,40多人被捕。马路当中只剩下了部分旗伞执事、吹鼓手和杠夫们抬着灵柩。然后,由李大钊家属率领出西直门送往香山万安公墓安葬。

当送殡队伍到达香山万安公墓时,墓地边放着地下党组织事先制作的石碑,送碑的人已经走了。这块碑的碑头刻有一颗红五角星,五角星的中央刻有黑色的镰刀斧头。碑的正面是"中华革命领袖李大钊同志之墓"几个红色大字,背面是红字碑文:"李大钊是马克思列宁主义最忠实最坚决的信徒,曾于一九二一年发起组织中国共产党的运动;并且实际领导北方工农劳苦群众,为他们本身利益和整个阶级利益而斗争……这种伟大的牺

1933年地下党为李大钊刻制的"中华革命领袖李大钊同志之墓"墓碑

牲精神，正奠定了中国反帝与土地革命胜利的基础，给无产阶级的战士一个最有力最好的榜样！现在中华苏维埃和红军的巩固与扩大，也正是死难同志们的伟大牺牲的结果！"碑文下方落款是"一九三三，四月廿三，北平市民革命各团体为李大钊同志举行公葬于香山万安公墓"。

在当时白色恐怖的环境下，这块墓碑是无法公开竖立的，只好同棺柩一起埋入墓穴，直到1983年为李大钊烈士修建陵园时，这块墓碑才重见天日，被安放在陵园的李大钊烈士革命事迹陈列室里。

公葬李大钊后35天，李大钊的夫人赵纫兰病故。蒋梦麟等北大同人又出面帮忙，将李夫人与李大钊合葬于万安公墓。在办理完李大钊和李夫人合葬殡仪之后的次月，又在李大钊和李夫人的墓前各立一碑，但碑面仅分别镌刻"李先生墓"和"李夫人墓"，不著名讳，以免引人注意。

1934年1月，胡适路过万安公墓，顺道拜祭李大钊时，发现两座坟都没有正式的碑碣，很是伤感。回校后，胡适与蒋梦麟、马裕藻、樊际昌、何基鸿等人开会时，提议为李大钊和李夫人重新建立墓碑。碑面文字请刘半农教授题写。这一次碑文的题写，与第一次有了不同，分别写明了李大钊和李夫人的名讳及生卒年，以及子女名字。碑面正中分镌隶体大字"李先生墓"和"李夫人墓"。前者右方镌文："先生讳大钊字守常，河北乐亭人。生于清光绪十五年十月六日，死于民国十六年四月二十八日，春秋三十有九。"后者右方镌文："夫人，李守常先生之德配，母姓赵氏，讳纫兰，河北乐亭人。生于清光绪十一年十二月二十四日，卒于民国二十二年五月二十八日，春秋五十有一。"两碑的左下方均镌有"子女：荣华、星华、炎华、光华、欣华"等字。[①]刘半农在李夫人碑文中用"卒"——卒于某年某月；李大钊碑文中用"死"字，表示"死于横暴"或"死于非命"的意思。

公祭李大钊活动，对广大青年和市民是一次很有意义的宣传教育，但活动中的过激行为，又一次暴露了革命力量。4月底，地下党在河北革命互济会的组织就遭到敌人破坏，主要负责人相继被捕，并因叛徒出卖导致

---

① 王世儒：《李大钊六座墓碑及碑铭的由来》，《党史博采》2012年第8期。

第六章 峥嵘岁月

北平地下党组织数十名党团员和党的外围组织成员被捕，革命力量遭受严重破坏。7月初和8月下旬，北平地下党组织又连续遭到两次大的破坏，中共北平市委、中共河北省委以及西城、东城区委的主要领导和大批党员被捕，北平党组织一度处于瘫痪状态。10月底，刚刚重建的中共北平市委又被破坏，5个区委除西城、西郊外，也遭严重破坏。11月，重建后的河北省委只好迁到天津，重建的中共北平市委下辖西城区委、西郊区委、门头沟特委、长辛店机车特委和三河中心县委。1934年2月，中共北平市委自市委书记以下的领导20余人又被捕，市、区委和团市委再一次被严重破坏。此后，中共河北省委在北平又先后建立过临时市委和中共北平市工作委员会，但在短期内均遭到破坏。到1934年11月，中共北平市工作委员会有组织关系的党员仅10余人，党的力量被严重削弱。

虽然"左"倾错误导致中共北平地下党组织屡遭严重破坏，但拥有崇高信仰的共产党人不怕牺牲，前仆后继。1935年1月，中共河北省委又派人恢复了北平党组织，重建了中共北平市工作委员会，市工委下设北京大学、清华大学、东北大学、民国大学、一中、五中、山东镜湖中学等七八个党支部。经过一段时间的工作，党的基层组织、团市委以及反帝大同盟民族武装自卫会、文总、社联、左联、互济会等党的外围组织团体相继恢复。虽然5月份市委领导机关又遭受过一次较大的破坏，但很快便又组成新的市委领导机关。地下党组织的顽强坚持，为即将到来的新的抗日救亡运动高潮提供了组织上的保证。

自从1931年九一八事变以来，以蒋介石为首的南京国民政府打着"攘外必先安内"的反动旗号，对内全力"围剿"中共领导的苏区根据地，对外则抱着不抵抗的态度，对日本侵略步步退让。日本侵略者得寸进尺，步步进逼。1935年5月，日本以大军压境，威胁平津，进一步提出了对华北统治权的要求。6月，南京政府的何应钦和日本华北驻屯军司令官梅津美治郎签订了所谓的《何梅协定》，以所谓"华北特殊化"的名义，将整个华北的政治、经济和军事的控制权奉送给日本。随后，日本又策动一些汉奸、流氓搞所谓"华北五省自治运动"。在平津，日寇的坦克纵横街衢，军用飞机随意低空飞行，亡国的惨象笼罩着整个华北。

平津已经变成国防前线,"华北之大,已经安放不得一张平静的书桌了"。民族已到存亡之际,广大爱国青年学生率先奋起抗争,一场新的爱国运动高潮到来了。

1935年8月1日,中共驻共产国际代表团起草了《为抗日救国告全体同胞书》,10月1日以中华苏维埃共和国和中共中央的名义在巴黎《救国报》正式发表,即著名的"八一宣言"。宣言指出:"我国家我民族已处在千钧一发的生死关头。抗日则生,不抗日则死,抗日救国,已成为每个同胞的神圣天职!"宣言号召全体爱国同胞,各阶层、各党派团结起来,一起组织全中国统一的国防政府,一起组织全中国统一的抗日联军,组成最广泛的抗日民族统一战线,战胜日本帝国主义。同月,中共中央率领中央红军主力胜利到达陕北,完成了伟大的长征。在中国共产党的号召和红军长征胜利的鼓舞下,青年学生抗日救亡的热情更加高涨。

这时,中共地下党北大支部也重新建立,由刘导生任支部书记。地下党领导的北平市学生联合会也建立了。在1935年一二·九运动爆发前,北大党支部主要党员有薄怀奇、黄敬、陆平、刘导生、萧敏颂等。

中共北平市临时工作委员会和北平学联党组织认真地分析形势,决定以请愿的方式发动一次大规模的抗日救国行动。

一二·九运动中北京大学学生游行队伍

12月6日，冀察政务委员会将于12月9日成立的消息传来，社会各界爱国人士极为震惊。在中共北平临时工作委员会的领导下，7日，北平学联在女一中召开30余校的代表会议，决定9日举行学生大请愿，反对"华北自治"。会议讨论了游行口号、时间和路线，并做了组织工作的部署。8日，彭涛、姚依林、郭明秋、黄敬（原名俞启威）、孙敬文等开会研究，决定由黄敬任游行队伍总指挥，姚依林、郭明秋进行队外指挥。

12月9日清晨，朔风凛冽。广大爱国学生冒着零下20摄氏度的严寒，冲破反动军警的层层封锁，从四面八方会集到新华门前。

他们高举着旗帜，手持标语，高呼抗日救国口号，强烈要求南京政府派来北平安排冀察政务委员会成立的何应钦接见。但是何应钦只派了秘书出来应付，对同学们提出的6项要求一味搪塞。这令广大同学愤怒到了极点。指挥部决定立即转入示威游行，于是上千人的队伍浩浩荡荡由新华门，沿西长安街经西单、西四、护国寺、地安门、沙滩至王府井大街游行。队伍行进到西单牌楼平津卫戍司令部附近时，遭到军警阻拦和大刀、木棍、枪托的殴打。但同学们不畏强暴，继续前进。沿途又有许多学校的学生不断加入游行队伍，当到达王府井大街时，已经有四五千人。在王府井大街南口，早已布满了全副武装的军警，他们以大刀、木棍、皮鞭和喷水的消防水龙，对付手无寸铁的爱国学生。同学们与军警展开了激烈搏斗，结果队伍被冲散，有100多人受伤，数十人被捕。为了避免不必要的牺牲，剩余的人在黄敬和宋黎等的指挥下，撤到北河沿北大三院。北平学联在这里开会，总结一天的斗争，并做出"通电号召全国同胞共同救亡""十日起实行全市总罢课""准备最近举行大规模示威游行"等决议。

北大同学返校后，召开全体同学大会，宣布成立北大学生会，同时通过决议：（一）宣布总罢课，发表罢课宣言；（二）反对成立"冀察政务委员会"，联合世界上以平等待我之民族，共同扑灭日本帝国主义；（三）成立救亡宣传委员会，加紧宣传。

一二·九运动的斗争大大激发了各校同学的爱国热情。他们深切地认识到，只有加强团结，才能挽救国家民族的危亡。学联宣布全市总罢课后，全市有30个以上学校响应。各校学生纷纷成立各种组织，有救国会、救亡团一类的爱国团体，也有文艺社、救护班、纠察队、宣传队等组织。他们还举行各种座谈会、讲演会和时事讨论会，进行宣传和教育，提高对当前形势和参加抗日救亡工作的认识。这些都为新的更大规模的斗争，做了思想上和组织上的准备。

国民党当局不顾广大人民群众的强烈反对，仍然决定12月16日成立冀察政务委员会。中共北平市临时工作委员会得到消息后，决定在这一天举行更大规模的示威游行，反对冀察政务委员会的成立。在党团组织的领导下，北平学联成立了示威游行指挥部，精心制定了示威游行的路线和策略。将示威游行队伍共分为4个大队，分别以东北大学、中国大学、北京大学、清华大学为首，沿途接应相关学校的同学，最终到天桥会合，召开市民大会。

15日，北平学联向各校学生会发出16日举行游行示威的通知。各校接通知后，立即投入紧张的准备工作。

北大学生会接到北平学联通知后，党团员与学生骨干立即进行分工组织，连夜制作游行用的旗帜、标语、传单等。第二天清早，住在西斋的大队北大同学准备出发的时候，大门已被警察封锁。首先冲出的3位打旗的学生被捕了，"北大示威团"的旗帜也被扯毁。同学们决定一起硬冲出去，恰在此时，东斋和四斋、五斋的同学已冲出包围，闻讯赶来接应。军警阻拦不住，只能眼睁睁地看着600多同学浩浩荡荡而去。大队同学先到三院接应住在那里的同学，再到贝满女中、育英学校接应那里的学生。随后到北新桥与东北中山中学、求实中学等校学生会合。这时游行队伍已经超过千人，开始由鼓楼经地安门、景山西街向南长街进发。沿途的两吉中学、竞存中学、河北高中、辅仁大学、中法大学、东北中山中学、精业中学、温泉中学、华北中学等校学生相继加入进来。至南长街时，北大率领的游行队伍已扩大到2000多人。

在南长街街口，早已守在那里的军警用消防水龙向同学们喷射，挥舞大刀、棍棒砍打游行学生。同学们与军警展开英勇搏斗，队伍冲破军警封锁后整队继续前进。在西长安街，游行队伍又遭到手持铁棍、大刀、木棒的军警的镇压，各校校旗多被撕毁，许多同学的衣服也被扯破，还有一些学生被打得头破血流。在领队同学的指挥下，北大率领的第三大队还是冲破了军警的封锁线，于上午11时许赶到了天桥集合点。另外3支示威队伍也分别冲破军警的阻拦，顺利到达天桥。

上午11时许，北平爱国学生和广大工人、农民、市民3万余人在天桥召开市民大会。会场旗帜飘扬，"打倒日本帝国主义！""打倒汉奸卖国贼！""反对成立冀察政务委员会！"的口号声此起彼伏，响彻天空。市学联负责人、北大学生黄敬站在一辆停驶的电车上慷慨激昂地发表演说并带领群众高呼抗日口号。大会当场通过了反对成立冀察政务委员会，反对华北任何傀儡组织，要求停止内战、一致对外，收复东北失地，争取抗日和爱国自由等议案。

北大学生黄敬站在一辆停驶的电车上发表演说

市民大会结束后，学生与市民整队向前门进发，前往外交大楼示威。游行队伍绵延达两里。学生们手挽着手，不断高呼抗日救国口号，并向街道两旁的市民和行人散发传单。沿途不断有市民自动加入游行队伍，有的则送来水和食物。

当游行队伍抵达前门时，遇到大批军警和保安队的阻截，他们鸣枪恐吓，不准队伍从前门进入内城。游行指挥部于是在前门火车站广场举行第二次市民大会，又通过了"反对秘密外交，停止内战、一致对外，反对华北任何傀儡政权，不承认冀察政务委员会，不得任意逮捕和屠杀学生"等9项议案。会后，决定继续进内城示威游行。指挥部派代表与军警反复交涉，要求打开城门。

当局为了分割示威游行队伍，答应让一部分学生从前门进城，大部分学生必须从宣武门入城。为了防止敌人的暗算，游行指挥部决定两部分同学分路行进，前后接应，让前门入城的队伍入城后即从城内前往宣武门接应从西河沿前往宣武门入城的大队。下午4时，黄敬率北京大学、中国大学、精业中学、河北高中等部分同学由前门入城。清华大学、燕京大学、东北大学、北平大学等校同学则经西河沿赴宣武门。

由前门入城的北大等校同学走到西单绒线胡同西口时，大批全副武装的军警挡住了去路。手持大刀、铁棍、木棒的军警恶狠狠地向手无寸铁的学生扑打过来。数十名学生被军警砍伤，北大已经换了五次的校旗又被夺取。同学们奔波一天，水米未进，饥寒交加。但是除了一部分同学护送伤员返校外，多数同学依然化整为零，组成许多小型宣传队，到处宣传，直到夜晚才回到学校。

由宣武门入城的大队到了宣武门，却发现城门紧闭。几经交涉，军警答应以清华、燕京大学的队伍先撤走为条件，才可以打开城门让其他学校的学生入城返校。当清华、燕京大学的队伍离开后，城外四周的路灯全部熄灭，大批军警挥刀舞棍从四面八方向学生扑过来，许多人遭到毒打。

在一二·一六大示威中，全市学生共有22人被捕，300余人受伤，其中，北大4人被捕，重伤8人，轻伤五六十人。

北平学生的爱国斗争唤起了广大人民群众的抗日热情，得到了各界爱国人士的支持响应。12月18日，北京大学、北平大学、清华大学、师范大学、中法大学、燕京大学6所大学的校长，联名要求释放被捕学生。同日，中华全国总工会发出《为援助北平学生救亡运动告工友书》，向全国工人紧急呼吁："不分帮派，不分政见，不分信仰，不分男女，一致团结，来援助学生救国运动。"天津、上海、南京等全国各地的学生纷起响应,相继举行了声势浩大的游行示威。宋庆龄、鲁迅、马相伯、沈钧儒、王造时、邹韬奋、陶行知、章乃器、李公朴、史良等爱国知名人士纷纷表示对学生爱国运动的支持。

一二·九运动是在中国共产党的号召下,由北平地下党团组织领导的北平学联发起的学生爱国运动。它极大地促进了中国人民的觉醒和全国抗日民主运动,沉重打击了国民党反动当局的不抵抗政策,向日本侵略者展示了中国人民不屈的斗争精神并为全国抗战做了思想上的动员,锻炼和准备了一批抗战的干部。

一二·九运动后,北京大学的党组织迎来一个迅速发展时期。在这之前,全校只有五六名党员。在这之后,仅在1936年一年,全校就有李光汉、韩天石、刘居英、邓力群、宋应、谢邦治、袁宝华等35名同学加入了党组织。[①]

三、烽火中南迁

1937年7月7日,日军挑起卢沟桥事变。全国性的抗日战争由此开始。在抗日民族解放战争的烽火岁月里,北京大学被迫南迁,最终与清华大学、南开大学在云南昆明合组国立西南联合大学。而作为北京大学象征的北大红楼沦陷于日寇的铁蹄之下,经历了抗日战争的烽火洗礼。

当七七事变爆发时,北大已经放暑假。学生大多离校,只有少部分同学留校。面对突然爆发的冲突,留校同学积极行动,支持抗战。7月10日,北京大学学生会为卢沟桥事变发表通电:"本会全体同学在此生死关头,谨掬至诚,向我中央及地方当局作下列请求:(一)本会全体同学拥护中央及地方当局于不丧失国土不损主权之原则下,迅速处理此次事件。(二)请求中央嘉奖此次29军抗战将领,抚恤阵亡军民,并继续进行收复

[①] 根据《战斗在北大的共产党人》第92—106页内容统计。

冀东、察北工作。（三）请求地方当局声明此次保安队接防宛平，仅为暂时性质，不成列入文字协定，并坚决拒绝日方一切无理要求。最后呼吁北平全市同胞镇定团结，抱定城存俱存、城亡俱亡决心，作为地方当局及抗战将士有力后援，予侵略者以严重打击。"7月13日，北大学生会又备慰劳品数十件，分赴各城门及伤兵医院慰劳抗战将士。7月22日，北大学生会暑期工作委员会派代表10余人，携带暑药、西瓜等慰劳品，赴永定门外慰劳29军将士。

北大教职员工也积极支持抗战。7月24日，北大全体教授为卢沟桥事变发表宣言，历述日本野心军阀的暴行。严正指出"破坏和平摧残文化的罪魁，是日本而不是中国"。

一开始，不少人依然认为卢沟桥事变或许会像以前日本发动的历次冲突一样，只是一起局部冲突，最后还会和平解决。7月8日上午，一些教授聚集在胡适家里，讨论这次事变。胡适即持此种观点。当时京浦铁路依然正常通车，胡适遂按照原定的计划于下午6点乘火车去南京开会。

1937年暑假，北京大学与清华大学原定联合招生，在北京、上海、武汉设考场。北京的考场设在故宫，当时大家戏称为"殿试"。7月10日，罗常培与另外两位招生委员会的教授从早晨8时到下午7时半在红楼地下室的印刷厂监印了12000份招生考试用的试卷。13日，他们又监印北大研究院的试题，并且评阅文科研究所研究生高庆赐的初试卷。当时北大的桌椅都运至故宫。一切招生准备工作基本就绪，却因七七事变而中辍。7月29日，北平陷落。8月4日，《北平晨报》报道：北平市各大学今年招生，因投考学生较往年骤减，报名人数不足，北大、清华、师大、平大四校会商解决办法，并联合电请教育部。

8月10日，《申报》登载国立北京、清华大学联合招考委员会上海办事处通告：因平沪交通阻断，试题短期内不能寄到，考试再延期举行。8月13日，淞沪抗战爆发，在上海的招生工作最终也没能举行。

北平沦陷前后，一些北大教授已经相继离京，学生多数因暑假已经离校，留在学校的学生大都是经济上非常困难的。于是主持校务的秘书长郑天挺决定给在校学生每人发20元，使之南下或返乡而安全离校。所以到7月

29日北平沦陷时,北大校内已无学生。

8月8日,日军开始进驻北平城内各处,北大教授更是纷纷南下。25日,日军派人到设于二院的北大校长室检查。9月3日,日军进驻北大第一院和灰楼新宿舍。红楼成为北大最早被日军占据的地方。据最后撤离红楼的北大助教吴晓铃回忆:在中国语文学系的门口,挂起了"小队附属将校室"的牌子,文学院院长室门外的标志则是南队长室。

在北平陷落后的几个月中,在校长、课业长和各院院长等学校主要领导都不在北平的情况下,部分留在北平的北大教授配合秘书长郑天挺全力维持校务。郑天挺"一人绾校长、课业长、文理法三学院院长、注册主任、会计主任、仪器委员长之印",最为繁忙,是真正的总管。北大三院两处的重责都丛集在他一个人的身上。从7月29日到10月18日,他每天都到学校办公。他除去支应日寇汉奸的压迫外,还得筹划员工的生活、校产的保管和教授们的安全。最后一刻撤离北平前,又妥善将全校职员、兼任教员及工友解雇,发放遣散费。到10月18日那天,地方维持会把保管北京大学的布告挂在第二院门口,他才和在校全体职员合拍一张留影,又在第二院门前地方维持会布告底下单独拍了一张小照,以后就不再到校。

8月底,国民政府教育部决定北大、清华、南开三校在湖南长沙组建

马巽伯、郑天挺、罗常培、魏建功(左1至左4)等北大教授在天津码头南下登船时留影

长沙临时大学，指定张伯苓、蒋梦麟、梅贻琦等进行筹备工作。8月底三校登报通知本校教职员学生到长沙报到。10月，北大正式派人北上接教授南下。10月底款到，郑天挺把钱分送每位教授家中，敦促北大同人陆续南下。11月17日，郑天挺与罗常培、魏建功、陈雪屏、罗庸、周作人等最后一批教授离平赴天津乘船南下。至此，北大完全撤离了北平。

1937年3月7日，《北平晨报》报道北京大学全校学生共计1031人，其中文学院394人，法学院244人，理学院362人，研究生19人，各系旁听生12人。当年毕业学生250多人。[①]1937年11月，长沙临时大学开学后，统计的北大学生共计369名，其中文学院139名，理学院110名，法学院120名。这表明到长沙报到的原北大学生不到一半。1937年到达长沙临时大学的北大教职员共73人。

卢沟桥事变发生后，北京大学大部分师生都先后离开北平，走向了抗日的前线和后方。除了南下与清华大学、南开大学共同组织长沙临时大学的部分师生，其他人有的就近转入平西山地的游击区，在中国共产党的领导下，参加敌后抗日游击战争；有的投向延安或奔赴其他地区，从事抗日救亡运动。

七七事变后，中共北平市委根据中共中央北方局的指示，决定地下党员和"民先"队员，除了有有利的社会关系可以隐蔽下来的以外，都应撤退，到全国各地参加抗日救亡运动。当时，北大有地下党员46人，到长沙临时大学的有7人。9月下旬，长沙临时大学的北大地下党员建立支部，由吴磊伯任书记。在北平隐蔽下来，坚持地下工作的只有少数党员和积极分子，且主要集中在燕京大学等教会学校里。

1938年11月以后，北大红楼一度成了日寇的宪兵队队部。地下室曾被用作囚禁迫害爱国志士的地方。北大校友郭海清曾被捕关押于红楼地下囚房。据他回忆：从前的号房成了宪兵卫室，楼前两旁的篮球场，筑成一个一个的日本式板房。一进楼门，昔日的课程表不见了，只看见两旁小窗，敌人的号房和传达室。

[①] 萧超然等编著：《北京大学校史》（1898—1949），北京大学出版社1988年版，第316页。

第六章 峥嵘岁月

1938年，在汤尔和的推动下，北平伪政权开始恢复"北大"。伪政权将原北平大学的相关学院合并入伪"北大"，建立起包含有文、理、法、医、工、农6个学院的伪"北京大学"。1939年1月，汤尔和被任命为伪"北京大学"的总监督，并举行了成立典礼。

日伪临时政府举办的伪"北京大学"成立之初，校内没有党员。1941年11月，"北大医学院"学生徐彦，由燕京大学支部发展入党。同年12月8日，珍珠港事件爆发，日美开战。1942年年初，燕京大学被迫关闭，不少留在北平的燕大教职员和学生奉令转到伪"北京大学"各学院，其中有地下党员8名。以后又有一些党员从别的渠道进入伪"北大"，这时，留在北平的地下党员约20人，多数在伪"北京大学"。这构成后来被称为北京大学地下党"北系"党组织的基础。

1943年，日本宪兵队本部从北大红楼撤出，将红楼交给伪"北京大学"文学院使用。此时，伪"北京大学"的文学院在红楼，理学院在原北京大学二院，法学院在红楼附近原中法大学的校址。

1942年2月由燕京大学分别转入伪"北京大学"工学院、法学院、医学院的宋汝棻（袁绛绪）、徐伟（徐达利）、饶毓菩在伪"北京大学"建立第一个党支部。1943年宋汝棻在工学院成立党支部，1944年徐伟在法学院成立党支部。到1945年8月15日抗战胜利时，伪"北京大学"共有3个党支部、1个党小组、42名党员。上级党的联系人是张大中、孙逊等，他们由中共中央晋察冀分局城市工作委员会（后改为城市工作部）领导。抗战胜利后，国民党政府将北平沦陷时日伪举办的伪"北大"改为"北平临时大学补习班"。1946年"临大"的学生分别转入北大、清华、南开等校，其中，转入北大的有1500多人。这些学生中的党组织和党员由中共晋察冀中央局（中共中央晋察冀分局于1945年8月扩大为中共晋察冀中央局，1948年5月成立中共中央华北局）领导下的学生工作委员会领导。这个组织系统就是北京大学的"北系"党组织。这时，"北系"党组织在北大6个学院都建立了党的组织。

四、从复员到解放

1945年8月15日,日本宣布无条件投降。组成西南联大的北大、清华、南开3校分别派人回平津筹备回旧址办学的有关事宜。在筹备工作完成前,西南联合大学继续在昆明照常进行教学活动。

1945年9月,胡适被任命为北京大学校长,未到任前,由傅斯年代理校务。北大方面先后派郑天挺、杨振声到北平筹备复员工作。

1946年5月4日,西南联合大学举行毕业典礼,并正式宣告结束办学。联大未毕业学生按志愿分别入3校肄业。其中愿入北京大学者644名,愿入清华大学者932名,愿入南开大学者65名。组成西南联合大学的北大、清华、南开3校各自独立复员。

1946年5月4日西南联合大学毕业典礼现场

1946年7月底,北大、清华、南开3校在北平、天津、昆明、上海、武汉、重庆、广州7地联合招考新生。新生录取后直接到平、津上课。郑天挺被聘为3所大学1946年年度联合招生北平区主任。3校师生则开始分批陆续北返。

在北大代理校长傅斯年的积极争取下,北大将伪"北京大学"文、理、法、医、工、农6个学院相关房产和教学设施全部接收。对于该校原有的教师,傅斯年认为他们于大节有亏,坚决辞退。对于该校学生,傅斯年认为他们是无辜的,主张"善为待之,予以就学便利"。傅斯年又设法聘请一批知名教授来北大任教。在他的积极努力下,1946年10月10日,复员后的北大在北平举行了开学典礼。

复员后的北大由战前的文、理、法3院扩大为拥有文、理、法、医、工、农6个学院的门类齐全的综合性大学。学生总数从战前的1000多人扩大到3500多人。

其时的北大红楼除四层作为宿舍外,其他三层都作为教室及研究室用房。红楼与其北面的北楼以及原先的理学院是复员后北大文、理、法3院教学、研究和实验室用房的集中所在。加上20世纪30年代建成的风雨操场、图书馆、地质馆都在沙滩地区,所以沙滩红楼地区被视作学校本部所在地。位于北河沿的北大三院此时主要作为文法学院二、三年级学生及新生宿舍使用。

北大在北平开学时,从西南联大回来的北大师生中,有中共党员25人,分属两个支部。他们被称为北大南系党组织,属于中共中央南方局领导。与南系并列的是抗战期间在伪"北大"坚持地下工作的北系党组织。

南北系党组织没有横向联系,但是主要负责人之间建立了个人联系。这样,在后来的一些重大斗争中,南北系党员还是能密切合作,互相配合,有效地开展工作。

北大复员之初,由于国民党政府和学校当局控制甚严,所以在一个比较长的时期内,学生自治会也没有能够组织起来。以训导长陈雪屏为首的训导处严格控制学生的活动,还在学生中安插特务分子进行秘密监控。反动分子还故意在原西南联大复员同学和"北平临时大学补习班"同学之间散布谣言,说什么"联大同学都是共产党尾巴""临大同学都是棍子""联大同学瞧不起临大同学""联大同学把公费拿出来平分吧""联大同学有钱,吃得起馒头,临大同学都是穷光蛋,只能吃窝头"等。目的就是挑起"南北之争",公费生与自费生之争,以分化学生队伍。北大党组织洞悉敌人分化学生的阴谋,组织党员和积极分子开展交友活动,努力打破反动分子在"南北"同学之间故意设置的阻隔,并促成解决了一些具体问题,这大大加强了同学间的团结,提高了地下党组织在学生中的威信。

总的说来,复员初期的北大是沉寂的。人们慑于无处不在的监控,不敢在一起谈论国事,至多通过一些牢骚来发泄愤懑。直到1946年年底因"沈崇事件"发生,引发声势浩大的抗议驻华美军暴行的斗争,即"抗暴运动",才打破了这种沉寂。

沈崇是北大先修班的女生。1946年12月24日晚,她去平安戏院看电影。当她行至东单时,被两个美兵架往东单附近的练兵场,遭强行奸污。26日,《世界日报》《北平日报》《新生报》等,不顾中央社和警察局的阻挠,刊载了亚光通讯社关于这一事件的报道。当天,北大红楼后面大操场的墙上贴满了各种愤怒声讨美军暴行的壁报。

27日,住在灰楼的女学生首先集议,提出惩凶及美军退出中国的要求,并决定发表抗议书及告同胞书等。当天下午,党的地下组织通过进步力量较强的历史系出面,由史学会临时发起召开全校各系级代表及各社团代表大会。这一要求得到全校同学的响应。当晚,会议在沙滩北楼礼堂举行。到会代表及同学1000余人。会议通过北大全体同学《抗议美军暴行告全国同胞书》《致美国学生、美国人民书》《致蒋介石书》《致美国马歇尔特使、司徒雷登大使转杜鲁门总统、贝尔纳斯国务卿函》《致联合国大会控诉书》《告全国同学书》等,并提出三项要求:(一)严惩施暴美军及其主管长官,肇事美军在北平由中美联合组成法庭公开审判;(二)驻华美军最高当局公开道歉,并保证在撤退前不得再有任何非法事件发生;(三)要求美军立即退出中国。决议12月30日罢课一天,原则上决定游行示威。会上成立了"北京大学学生抗议美军暴行筹委会"(简称"抗暴会")。随后,抗暴会立即派人到各大学联络,并派专人访问北大教授,取得许多教授的同情和支持。

12月30日午后,按照事先的联系,北平中法大学、师范学院、朝阳学院等北平各学校的同学陆续到达北大红楼操场，下午1时左右，西郊的清华大学、燕京大学3000余名同学，经过4个小时的跋涉也抵达北大。下午一时半，抗议驻华美军暴行游行正式开始。以数百辆自行车为先导，清华大学同学高举"抗议美军暴行大游行"的横幅开路，北大先修班和北大各院的同学殿后。上万人的游行队伍从红楼浩浩荡荡出发，经东皇城根、东华门大街、王府井大街，直奔驻在协和医院的北平军事调处执行部。同学们一路高呼"反对美军暴行""要求政府采取强硬外交""美军不走，内战不止"等口号，宣传队员向市民散发《告北平市父老书》《一年来美军暴行录》等宣传资料。沿途不断有市民和一些中学生加入游行队伍。

抗议美军暴行中的北京大学游行队伍

游行队伍最后到达美军暴行发生地东单附近的练兵场，在这里召开抗议美军暴行的群众大会。成千上万的市民，冒着严寒，倾听同学们的血泪控诉和抗议。随后大队继续游行，一直到下午5时，各校游行队伍才唱着《团结就是力量》的歌曲，分头回校。

抗议美军暴行运动得到广大教师的同情和支持，北京大学袁翰青、吴恩裕、闻家驷等48位教授发表致美国驻华大使馆司徒雷登的《抗议书》，要求美国政府惩凶、赔偿受害人，并保证以后绝不能再有类似事件发生。

清华大学绝大多数教师都表示赞成学生罢课游行。燕京大学的教授雷洁琼、美籍教授夏仁德等更是亲身参加了燕京大学的游行队伍。

抗暴运动迅速得到全国各地的响应。上海、天津、南京、杭州、重庆、武汉、成都、昆明、台北等几十个大中城市纷纷掀起学生抗暴的浪潮，参加的学生总数超过50万人。各民主党派、人民团体、爱国人士纷纷发表宣言和谈话，抗议美军暴行，敦促美军撤出中国。1947年1月10日，延安各界也举行大会，声援国民党统治区抗议美军暴行的爱国运动。

在中国人民的强烈抗议下，从1947年1月17日开始，美国军事法庭被迫对"强奸案"主犯皮尔逊、帮凶普利查德进行审判。依据美蒋签订的《处理在华美军刑事案件条例》，此案由美国检察官起诉，依照美国海军法规程序，由美国军事法庭单独审判。在铁证面前，美国军事法庭于2月22日宣布皮尔逊强奸罪、普利查德帮凶罪成立。3月3日美国海军陆战队第一师司令霍华德核准法庭判决，判处强奸犯皮尔逊降为普通士兵，处监禁劳役15年，普利查德监禁劳役10个月。但是，3个月后，美国海军部部长发表声明，宣布撤销对两人的判决。这是对中国人民的莫大侮辱。华北学联为此致函美国总统杜鲁门，表示严正抗议。

这次抗议美军暴行的运动，是蒋介石发动内战后，国统区首次大规模的反美反蒋斗争。抗暴斗争增强了北平和全国学生的联系和团结，也使人们进一步认清了美国与蒋介石政权互相勾结的真相。它成为北平和全国学生运动从低潮走向高涨的转折点。

经过抗暴运动，中共地下党及其外围组织得到了迅速的发展。1947年5月，北大师生举办一系列纪念五四活动。5月4日前夕，北大等5校的50余家壁报社联合发表《我们的呼号》，号召青年们"承继五四精神"，"为自由民主的新中国战斗"！在5月1日至7日的五四纪念周期间，北大举办了科学、文艺、历史、经济、戏剧等5台晚会。5月4日当天，图书馆内举办校史展览，公开展出了李大钊事迹、毛泽东故事以及周恩来、邓颖超等的照片；红楼操场举行了各种球赛和体育表演，晚上是空前盛大的营火会……许多教授也在各种集会上讲话。许德珩在有五六千人参加的历史晚会上说："你们要向前看，不要向后看。向后看是没有希望的。"他回忆五四时学生到公安局集体自首愿意坐监牢的情形，指出："这是北大精神。北大精神是负责的精神，为国家人民负责去干，干了自己担当的精神。"[①]这一系列的活动充分显示了北大民主力量的蓬勃发展。

随后，北大院系联合会在5月16日宣告成立。院系联合会的代表中，中共党员和党领导的民主青年同盟（简称"民青"）成员约占1/3。联合会的领导骨干多数也是党员和"民青"成员。院系联合会成立后，立即担负起了组织反饥饿、反内战运动的任务。

1946年夏，以蒋介石为首的国民政府发动内战以来，国内通货膨胀加剧，物价飞涨。一年之内货币发行额增加1万多倍，物价上升了6万倍。这导致人民生活急剧恶化。不少青年学生因无法交纳学费、膳费而被迫停学。即使在校读书的也终日不得温饱。全国各地学生相继掀起反饥饿、反内战运动，发出"向炮口要饭吃"的呼声。

1947年5月16日，北大院系联合会开会，确定斗争目标为"反饥饿、反内战"，组成"北大反饥饿反内战行动委员会"。17日，北大院系代表大会又开会，提出"立即停止内战"等6项要求。院系代表大会还决定自19日起罢课3天；定6月2日为反内战日；通电全国，号召各界罢工、罢市、罢课、罢教，并举行反内战大游行。

5月18日下午，清华、北大、北洋（北平分部）3校学生组织"反饥饿、反内战"宣传队，赴市内主要街道向市民宣传。当3校同学组成的宣传队在西单商场进行反饥饿反内战宣传时，遭到国民党208师青年军有预谋的围攻，制造了令人发指的"西单血案"。在骑河楼，反动军人也向北大学生挑衅。这一天，北大有8位同学受伤，其中两人重伤住院。国民党的暴行，激起了学生更大的愤怒。当晚，北平各校及天津、唐山等地共13所学校代表集会抗议当局暴行，决定成立"华北学生反饥饿反内战联合会"（简称反饥联），决议各校一致罢课；并决定在5月20日举行"反饥饿、反内战"大示威。

20日上午，城内各大、中学同学陆续到达北大红楼操场集合。下午1点

---

① 《北京大学校史》（1898—1949），第429页。

多，7000余名学生高举"华北学生北平区反饥饿反内战大游行"的横幅，从红楼出发，举行游行示威。游行队伍一路高呼"反对饥饿、反对内战、反对独裁""提高工人待遇，改善农民生活""增加教育经费"等口号。经过5个多小时游行，游行队伍返回北大红楼操场，举行大会。反饥联决定第二天继续罢课，在场同学鼓掌大喊："支持到底！"反饥联又宣布定6月2日为"反内战"日，号召全国学生在这一天一致行动；决定把北大红楼操场命名为"民主广场"。

同一天，在南京，京、沪、苏、杭地区16所专科以上学校的学生6000多人，举行"抢救教育危机反饥饿联合大游行"。当队伍行至珠江路口时，遭到宪兵和警察的镇压，学生当场被打伤100多人，重伤8人，并有几十人被捕。这就是震动全国的"五二〇"血案。

国民党政府对学生运动的暴力镇压激起全国人民对学生更广泛的同情和声援。5月22日，向达等31名教授发表宣言，表示同情和支持学生的斗争。5月28日，平津两地8所院校教职员近600人联名发表呼吁和平、制止内战的宣言："今日一切纷扰现象，根源胥起于经济危机，而经济危机则又为长期内战之恶果。一切学潮工潮，均为当前时势下必然之产物……惟有立即停止内战，以诚意谈判并实现和平，迅速依照政协路线，成立联合政府，办理善后，此外别无他途。"5月29日，北大、清华知名教授102人发表《为反内战运动告学生与政府书》，指出："我们下一代的青年有这样优秀进步的表现，反饥饿反内战反迫害运动堪为国家民族的远景欣慰。""政府当局则应深切省悟，政治败坏之责任本在政府而不在学生……今竟纵任暴徒凶殴，动员警宪逮捕，喋血于都市，逞威于青年，并进而禁止请愿，封闭报馆，自乱法纪，自毁道德，民主何有，宪法云何？"上海各大学教授也纷纷表态，支持学生运动，抗议政府暴行。

6月1日下午，在北大隆重举行了将红楼操场命名为民主广场的大会。广场北侧女生宿舍灰楼的墙上书写了一米多见方的4个鲜红大字"民主广场"。在2000余名学生的热烈欢呼声中，绿地白字的"民主"大旗在灰楼楼顶的旗杆上高高升起。由于得到反动当局已经做好镇压学生运动部署的消息，为了避免不必要的牺牲，根据党的指示，反饥联宣布：根据当时的

第六章　峥嵘岁月

情况，考虑到各校教授的劝告，经学生们协商，决定取消"六二"示威游行。同时决定"六二"总罢课一天，当天上午9点华北地区学生将在民主广场举行反内战纪念会，追悼为内战牺牲的将士及为争民主死难的战士致哀（不及参加者，可在各校校内举行此种集会）。

1947年6月1日民主广场命名大会

6月2日一清早，景山东街即军警密布，在松公府夹道通向沙滩的路口已安了铁丝网，空气中弥漫着紧张的气氛。但是同学们不予理会，三五成群，陆续来到了民主广场。上午9时，举行为内战死难军民及反内战牺牲烈士追悼大会，民主墙上贴满了挽联和悼词，民主旗下半旗，宣传队员唱了挽歌，朗诵了悼词。同一天，在"反饥联"的基础上，华北学生联合会宣布成立。

反饥饿、反内战运动，先后持续了一个多月，遍及全国60多个大中城市，得到社会各界的普遍同情与支持，极大地促进了国统区人民斗争热情的高涨，有力地配合了人民解放战争。以学生群众为先锋的爱国民主运动受到毛泽东的高度评价，称其为反对国民党统治的第二条战线。

从1947年6月底开始，中共领导的人民解放军由战略防御转入战略进攻。这是中国革命发展的伟大历史转折点。为应对军事、政治上的危机，7月4日，南京国民党政府发布"戡乱总动员令"，加强了对爱国民主运动的镇压和对进步力量的迫害。

在这种情况下，北大的爱国民主运动也进入了一个新的发展时期。根据地下党组织的指示，北大的学生运动在一个时期内更多地着眼于积蓄力量，而不是开展大规模的示威游行等群众斗争。这一时期，地下党组织利用各种社团在师生中广泛宣传马列主义和民主进步思想，有效地扩大党的影响。利用华北学联发出开展助学活动的号召，帮助经济上困难的学生解决切身的需要。

北大灰楼楼顶升起的民主旗

这进一步增强了同学间的团结，扩大了党组织和进步社团在同学中的影响力。在此基础上，经过一段时间的筹备，北京大学学生自治会于1947年11月正式宣告成立。地下党员柯在铄任学生自治会主席。北大学生运动有了更强的组织领导。

经过一段时期积蓄力量后，1947年10月起，北大与北平其他院校的师生又掀起新的反迫害反饥饿运动。由于国民政府实行"戡乱总动员令"，加紧对中共及其领导的进步力量的镇压。10月1日、3日，相继有北大及其他学校的师生被当局逮捕。为表示抗议，北大学生联合清华大学学生举行了3天罢课，并成立了人权保障委员会，召开维护人权座谈会。北大、清华、中法大学3校教授联合发表了《为学生罢课抗议非法逮捕保障人权事告社会人士书》。10月29日，又发生浙江大学学生自治会主席于子三惨死狱中之事。北大、清华等校学生举行了于子三追悼大会。1948年1月29日，在上海又发生军警镇压请愿学生的"同济血案"。北大等校学生也曾在民主

第六章 峥嵘岁月

广场举行控诉大会,并为同济大学受伤同学募捐。

这次反迫害反饥饿运动在1948年3月至4月份达到高潮。

1948年3月28日晚,华北学联在北大民主广场举行平津同学万人营火晚会。会上,北大、清华、南开等华北9所大学学生宣布组成"华北院校自治会保卫自治权利联合会"。万余名学生发出了"同甘苦,共生存,一校有事,各校支援,一人被捕,全体入牢"的联防誓言。当晚,民主广场所在之沙滩红楼地区被武装军警层层包围。一场更大的迫害即将上演。

29日,北平各报刊登中央社电讯,称"北平警备司令部二十七日奉行辕转中央电令,以学联会为共匪所策动之组织",给华北学联扣上通共的帽子,宣布查禁华北学联。按照当时的"戡乱总动员令",谁只要与共产党有关系,那就是罪不容诛,就可以肆行迫害了。

3月30日,华北学联发表声明,严厉驳斥反动当局的无耻诬蔑,号召全华北学生"更提高警惕,加紧团结,英勇地起来击退反动的逆潮,保卫自己",并严正表示"学联永远和全体同学同在"。随后,北大、清华、南开、北洋等平津各高校学生先后以请愿、罢课、发表宣言等方式反对政府查禁华北学联及逮捕迫害学生。

4月6日、9日国民党特务、军警和一些不明身份的暴徒先后冲进北大沙滩红楼校区和北平师范学院学生宿舍进行打砸抢,并逮捕一些同学。11日,大批暴徒再次围攻北大和北平师院。北平警备司令部又开出一份12人的名单,限北大校方4月8日中午12时以前交出12名同学。北平警备司令陈继承说:"不答应交人,就由我们自己去包围逮捕。"名单中的12人为:柯在铄、田余庆、吕铮、卢一鹏、李鸿藻、丛硕文、黄德青、王子光、周安、冯远程、李倬、王禄庆。他们大多是学生自治会理事。

反动政府的暴行激起广大师生的强烈愤慨。4月11日,北大教授召开全体会议,决定自即日起罢教7天,表示严正抗议。北平各院校教授、讲师、助教、职员、工友、学生同时一致罢教、罢职、罢研、罢工、罢课。北大学生自治会发表《致教师函》,表示尽全力保卫12位同学,绝对拒绝出庭,不接收法院对12位同学的传讯。函中说:"我们维护自由和安全,不得不奋起击退一切迫害或变相迫害。"对学校不表示坚定、严正立场表示遗憾，并呼吁师长们公开发表意见。

4月12日北大教授发表《北大全体教授罢教抗议暴行并呼吁保障教育安全宣言》。《宣言》宣布：自11日起罢教7天，对连日发生的摧残教育的暴行表示严重抗议，要求政府严惩凶手，并严令地方当局保证以后不再有类似事件发生。北大校方也致电北平市政府、北平行辕、北平警备司令部，对接连发生的暴徒带枪携棍袭击学校，殴打、绑架学生的严重事态提出强烈抗议。

在师生们的强烈抗议和各界声援压力下，北平警备司令陈继承、市长何思源联名给北京大学复函，对11日"清共委员会"游行捣毁北大东斋宿舍表示"歉意"，复函说："嗣后自当尽力防止再发生类似之事件。"

在蓬勃兴起的民主运动中，北京大学的地下党组织势力迅速壮大。自反饥饿、反内战运动后，北大等校"半数以上的学生、教职工分别参加了党所领导的各种社团和教工组织，党在学校的力量已占优势，甚至绝对优势了"。这时，国民党和三青团的特务分子已经不敢公开在校内搞破坏和进行捣乱，他们甚至被迫"转入地下"。以至于"有人说北大、清华是小解放区"[①]。1948年11月，根据中央指示，为迎接北平解放，南系、北系及其他小系统的地下党组织合并，统一由中共中央华北局城工部领导。这时的党员人数已经从1946年10月时的南北系合计50多人发展到总数600多人。北大地下党组织合并后，成立统一的党总支，支部也大都做了调整。

1948年11月，人民解放军包围了北平城。围城前后，国民党曾企图劫走北大的校产和师生。为此，中共地下党组织发动了护校运动。在地下党组织的指挥领导下，各系学生成立了联防小组，拒绝南迁。他们积极调查校产，保护物资，昼夜轮流站岗放哨，防止特务搞破坏活动。同时，地下党在北大印刷厂成立了党小组，使这个印刷厂变成地下党组织的秘密印刷厂，大量印制有关党的城市政策、知识分子政策和工商业政策等文件，广为散发，以安定全校师生员工的情绪。地下党组织还派出一部分党员分别拜访各位教授，做艰苦细致的争取工作，使大多数教授认同学校留在北

---

① 孙清标：《回忆解放战争中的华北学联（下）》，《青运史资料》1982年第6期。

平，拒绝南迁。

11月22日下午，胡适以校长身份在孑民纪念堂主持召开了校务会议。会上经过两个小时的激烈争辩，最后做出了不迁校的决议。24日，举行教授会，正式通过校务会议不迁校的决议。国民党政府企图劫走北大的图谋完全破产了。

国民党当局又想动员北大一些重要教授南下，包括"各院校馆所行政负责人""因政治关系必离者""中央研究院院士""在学术上有贡献者"等4类人员。蒋介石本人曾直接过问这件事，并指定由陈雪屏、蒋经国、傅斯年3人小组具体负责。国民党的教育部部长、国防部部长也曾参与其事，"华北剿总"并负有协助的责任。从12月11日开始，陈雪屏等人曾数十次给北大方面发来函电，催促上述人员尽快南下。但是这时，广大师生对国民党的反动统治已经深恶痛绝，就是许多原先幻想走中间路线的人也对国民党政权完全失望，开始把希望寄托在共产党身上。所以虽然南京政府方面函电交加，不断催促，并派专机来接人，但却几乎无人愿意走。12月15日，在围城解放军的隆隆炮声中，胡适匆匆登机离开北平，"毫无准备地走了"。

1949年1月31日，北平正式宣告和平解放。从此，红楼与北大的历史揭开了全新的篇章。

第七章　永远的红楼

从五四运动到中国特色社会主义进入新时代，中华民族迎来了从站起来、富起来到强起来的伟大飞跃。这在中华民族发展史上、在人类社会发展史上都是划时代的。

——习近平

一、新生

中华人民共和国的成立，标志着经历百年屈辱的中国人民终于站起来了。其时的新中国虽然面对内忧外患，百废待兴，但举国上下斗志昂扬，充满激情。红楼民主广场是这一时期北大重大活动的大舞台，见证了那激情燃烧年代的一系列重大事件。

北平解放后这里的第一场重大集会就是欢迎北平市军管会接管北大。

在北平解放以前，北大在校级组织制度上设有校务会议、行政会议、教务会议和教授会。管理体制上是以校长为主席的行政会议主导。

1948年12月15日，校长胡适匆匆离开北平，临行前在案头放着两个条子。一是嘱校务由汤用彤代理。汤未同意。另一条子，是托汤用彤、周炳琳和郑天挺维持北大校务。汤当时说："还是人多一些好。"[①]于是在胡适走后，校务由郑天挺、周炳琳、汤用彤组成3人小组负责处理。1948年12月16日，国立北京大学行政会议第74次会议做出决议，推汤用彤、周炳琳、

---

① 冯尔康、郑克晟编：《郑天挺学记》，生活·读书·新知三联书店1991年版，第398页。

第七章　永远的红楼

郑天挺3位先生为行政会议常务委员。

　　1949年2月28日上午10时，北平市军管会文化接管委员会主任钱俊瑞等10人到校，与学校行政负责人及教授、讲师、讲员、助教、学生、工警代表等先在民主广场西北侧的子民纪念堂开座谈会，商谈接管及建设新民主主义北京大学诸问题。下午2时，欢迎接管大会在民主广场举行。2000余名师生员工到会。汤用彤教授致辞，表示欢迎接管。钱俊瑞宣布正式接管，并讲述新民主主义文化教育方针，同时宣布：国民党、三青团等反动组织立即解散，活动立即停止；训导制取消，党义之类反动课程取消；并宣布学校行政事宜暂由汤用彤教授负责。①此后一直到1951年6月，马寅初到任北大校长前的这两年多内，汤用彤一直为北大最高行政负责人。

北大欢迎接管大会

　　大会后，文管会代表、教授、讲助、职员、工警、同学依次列队举行游行庆祝。游行队伍先绕民主广场一周，然后出西校门经景山东街、景山东大街、景山东前街、沙滩、操场大院，复入西校门，返回民主广场。下午4时30分，在"庆祝北大新生""北大新生万岁"的口号声中散会。

　　军管会代表驻校时间不是很长。1949年5月4日，北平市军事管制委

---

① 《北京大学纪事》（上），第403页。

员会任命汤用彤、许德珩、钱端升、曾昭抡、袁翰青、向达、闻家驷、费青、樊弘、饶毓泰、马大猷、俞大绂、胡传揆、严镜清、金涛、杨振声、郑天挺、俞平伯、郑昕等19位教授和2位讲助代表（讲助会推举俞铭传、谭元堃）、2位学生代表（学生会推举许世华、王学珍）为北京大学校务委员会委员，成立北京大学校务委员会，全权负责学校的行政管理工作。"自校务委员会成立之日起，旧有行政组织即停止活动"[①]。汤用彤为常务委员会委员兼主席，许德珩、钱端升、曾昭抡、袁翰青、向达、闻家驷及讲助代表俞铭传、学生代表许世华为常务委员。北平市军管会还任命曾昭抡为教务长，郑天挺为秘书长，汤用彤为文学院院长，饶毓泰为理学院院长，钱端升为法学院院长，马大猷为工学院院长，俞大绂为农学院院长，胡传揆为医学院院长，向达为图书馆馆长。校务委员会成立后，军管会代表就撤出北大，结束了军管。此后，北京大学的行政教学事务即由汤用彤为主席的校务委员会集体领导。

北平解放初期，北大党组织人员数量不多，还有待发展；组织机构也较简单，还在逐步建立和完善中。1949年6月27日，北大党组织从秘密转为公开，当时全校共有党员241人。成立了北大党总支，支委9人。党总支书记为叶向忠。到1951年2月，北大党员人数达到400人。根据中共北京市委关于北京大学党的组织建制由党总支改为党委会的指示，选出党委会委员叶向忠等12人。叶向忠继续任书记。此时党组织不参与学校行政管理，只是配合、服务学校行政，对学校大政方针和日常行政工作起保证监督作用。此时党组织主要是政治保障，着眼于在北大贯彻新民主主义教育方针及开展新民主主义学习等。

1950年的5月4日是中华人民共和国成立后的第一个五四纪念日。1949年12月，中央人民政府政务院又正式宣布5月4日为中国青年节。政府和学界都高度重视，北京市成立了纪念五四筹备委员会，统筹组织全市纪念活动。北京大学作为五四运动的策源地，更是责无旁贷，在沙滩红楼、民主

---

① 《关于成立北京大学校务委员会的通知》，《北京大学校友通讯》第17期。

第七章 永远的红楼

广场举行了一系列隆重的纪念活动。

早在1950年4月11日，北大校务委员会就举行会议，决定成立"纪念五四筹备委员会"，由校委会代表曾昭抡、郑天挺、向达，工会代表罗常培、王鸿桢、唐伟英，学生会代表杨传纬、沙知、冯中鎏组成，由曾昭抡召集。会议还决定北大新校徽的制作样式，用毛泽东主席题写的"北京大学"4字，采取长方形白地红字不加花纹式样，争取五四前分发。会议还接受学生会建议，将李大钊、毛泽东在红楼工作期间的办公室118号、119号房间辟为纪念室，争取5月4日开放。

4月20日，校务委员会以北京大学全体师生员工的名义给毛泽东写信："毛主席：我们学校为了纪念'五四'，预备盛大庆祝，并举行与'五四'运动有关的史料展览，想请您给我们一幅题字，以增加展览的价值。希望您答应我们的请求。因为要匀出装裱的工夫，更希望早几天给我们。谢谢您！敬祝身体健康！"21日，毛主席即将题字写好，由工作人员带给北大。题字为"祝贺'五四'三十一周年，团结起来为建设新中国而奋斗！"。这充分反映了毛泽东对五四纪念活动的重视和支持。

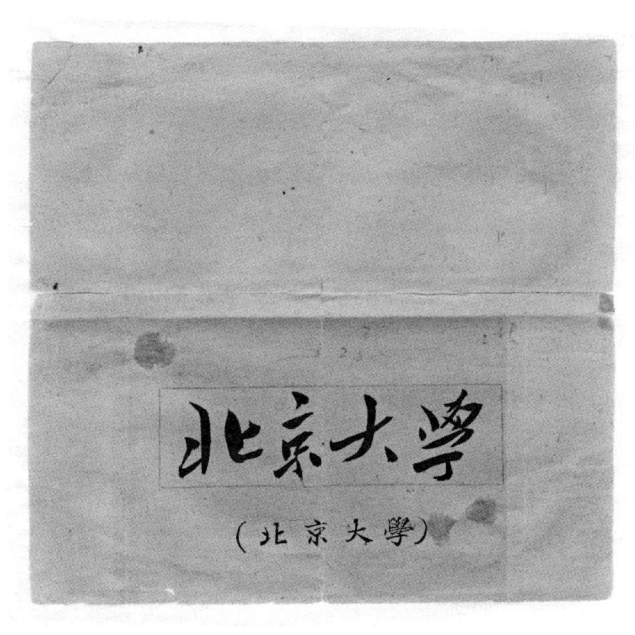

毛泽东为北京大学题写的校名

红楼百年话沧桑

为了庆祝五四，从5月2日起的一周内，北大各院系相继举办了一系列活动。如地质系主办的科学晚会，历史系主办的历史晚会，理学院、工学院举办的科学展览及工程晚会，经济系举办的经济晚会。

庆祝活动的高潮是5月4日的一系列活动。上午，由北大博物馆专修科负责筹办的"李大钊先生纪念堂"和"毛主席在校工作处"展览在北大红楼揭幕。室内一切陈设尽量恢复原状，并陈列有二人的墨迹、手稿、照片和有关书报杂志及毛主席胸像等。下午，北京9万男女青年举行庆祝中华人民共和国成立后的第一个五四青年节大游行。游行结束后在中山公园举行游园会。北大学生参加了全市的这一纪念活动。当天，《北大周刊》出版由许德珩题写刊头的纪念五四31周年特刊。特刊刊登了毛主席为北大的题字；刊登了李大钊的传略、墨迹和《今》《庶民的胜利》两篇文章；还刊登了汤用彤等23位教授的纪念文章和对当年的五四运动亲历者李良骥、王锡英、郭福、杨晓山等的访问记。当天，文科研究所为纪念五四，推出"汉代劳动人民生活"和"明代农民起义史料"两个展览。晚上，在民主广场举行全校师生和校友参加的返校节纪念大会。陆定一在会上讲话。会后举行盛大的营火游艺晚会。

5月5日晚上，由中文系和新文艺社主办的文艺晚会在三院礼堂举行。北大师生和交大、辅大、中法大学等校同学共2000余人参加。晚会由中文系系主任魏建功致开幕词，新文艺社朗诵了题为《李大钊同志》的诗，老舍、丁玲、杨绍萱做了讲演，连阔如讲了《武松和潘金莲》的评书。

自1947年开始，经当时的北大校长胡适提议，北大将每年的5月4日定为校友返校节。1949年，5月4日又被定为全国的青年节。于是每年的5月4日在北大都是热烈欢庆的气氛。相比较之下，传统的北大12月17日校庆日则正如其所处的寒冬季节，变得日益冷清。1951年12月7日，汤用彤副校长提议把北大校庆改为5月4日。他的理由是12月17日临近期末，师生都很紧张，不宜搞大的活动。于是当年12月17日即未再举行纪念活动。此后北大的校庆日就改到5月4日，与中国青年节和校友返校节同时举行。

第七章　永远的红楼

1951年6月1日，中华人民共和国成立后首任北京大学校长马寅初就职典礼在民主广场举行。教育部部长马叙伦，副部长钱俊瑞、韦悫、曾昭抡，高教司副司长张宗麟、张勃川等陪同马校长到会。来宾中还有清华大学校务委员会主席叶企孙、师范大学校长林砺儒等。典礼由校务委员会主席汤用彤主持。汤用彤代表校务委员会致欢迎词，"并宣布校务委员会任务已经完成，即时解散，由马校长主持校务"[①]。马校长在讲话中鼓励北大师生员工在思想改造的基础上团结努力，建设好新北大。

6月18日，教育部通知北京大学，政务院第89次政务会议通过汤用彤为北京大学副校长。根据1950年教育部颁布的《高等学校暂行规程》的规定，其时北大实行校长负责制，设校长、副校长、教务长、副教务长、总务长。校长代表学校领导全校一切教学、科研及行政事宜；领导全校教师、学生、职员、工警的政治学习；任免教师、职员、工警。马寅初任校长后，组成新的校务委员会。校务委员会为"在校长领导下"，由校长、副校长、教务长、副教务长、总务长、图书馆馆长、各院院长、各系系主任、工会代表4～6人及学生代表2人组成之，校长为主席。校务委员会的职权为：审查各系及各教研组的教学计划、研究计划及工作报告；通过预算和决算；通过各种重要制度及规章；议决有关学生重大奖惩事项；议决全校重大兴革事项。校务委员会的决议由校长批准。

与此同时设立由校长、副校长、正副教务长、秘书长等参加的行政会议，讨论有关行政事宜，由校长主持。

1950年10月19日，抗美援朝战争开始。全国人民纷纷开展各种形式的抗美援朝活动。

在北大，民主广场墙上贴出了一大批表示反对美帝侵略朝鲜、支援朝鲜人民爱国斗争的大字报。10月31日，校学生会成立"北大学生反美侵略临时工作委员会"，以加强对学生抗美援朝工作的统一领导。11月1日，该委员会在民主广场举办反对美帝侵略晚会。全校师生及汇文、育英、贝

[①]　徐元：《马寅初校长就职典礼纪事》，《北京大学校友通讯》第47期。

满、慕贞等中学及团市委文艺部、高射炮某组俱乐部和公营企业团体等13个单位参加了晚会。11月4日，《人民日报》报道北京大学汤用彤、曾昭抡、许德珩、钱端升、周炳琳等376名教授和讲助签名上书毛主席，抗议美帝侵略，表示愿意并且决心献出最大力量，为保卫祖国而奋斗。11月6日，校工会召开抗美援朝保家卫国大会。许德珩在会上做了报告，曾昭抡、罗常培等6位教授发了言。大会决议：（一）开始志愿军的登记工作；（二）通电拥护11月4日各民主党派的联合宣言；（三）致电金日成将军致敬；（四）募捐；（五）发动会员给亲友写信，宣传抗美援朝；（六）各工会小组编辑宣传材料。为了"抗美援朝、保家卫国"，许多青年学生和教工踊跃报名参军。据学生会公布报名参军的名单，截至11月7日，报名参军的共293人，其中党员58人，团员189人，群众46人；包括助教3人，职员1人（工学院不在内）。

11月8日，北大保卫世界和平反对美国侵略委员会成立。此后全校停课两周，进行抗美援朝宣传工作。全校师生近百分之百地参加了各种形式的宣传工作。各系师生自己创作了各种节目，深入街道、工厂、农村、学校进行演出，向人民群众广泛宣传抗美援朝、保家卫国的伟大意义。11月20日，北大保卫世界和平反对美国侵略委员会在民主广场召开宣传总结大会，全校师生员工和光华、慕贞、竞存3所中学的师生3000余人参加了大会。校务委员会主席汤用彤回顾了两周来的工作，肯定了广大师生取得的成绩，指出抗美援朝是长期的任务，今后在坚持反美侵略运动的同时要抓紧业务课的学习，掌握科学技术，最终战胜帝国主义侵略。许德珩、曾昭抡、唐敖庆和学生会主席程贤策也在会上讲了话。西语系和政治学系赴农村宣传抗美援朝工作小组的代表在会上介绍了经验。然后由各系同学演出自己创作的曾在街道、工厂、农村、学校演出过的节目。大会宣布全校于11月22日复课。

1950年12月1日中央人民政府人民革命军事委员会和政务院决定招收青年学生、青年工人参加各种军事干部学校。北京大学学生踊跃报名，全校有400多名同学报名参加军干校。经过选拔，有45位同学获批准参军。12月25日，校务委员会在民主广场隆重举行欢送参加军事干部学校同学大会。校委会主席汤用彤和参加军干校的同学代表胡建业在会上讲了话。抗美援朝运动期间，自1950年11月至1951年7月，北大有3批共108名学生投笔从戎，被批准参加军事干部学校，充分体现了北大爱国进步的光荣革命传统。

1952年前后，全国高等学校进行了大规模的院系调整。通过调整：北京大学工学院、燕京大学工科各系并入清华大学；清华大学的文、理、法3学院及燕京大学的文、理、法等各系并入北京大学（实际执行中北大法学院中的法律学系、政治学系调到了北京政法学院）；燕京大学校名被撤销，北京大学的校址由城内沙滩等处迁至原燕京大学校址（燕园）[①]。

1952年9月，北大搬离沙滩红楼一带校区后，原设于北河沿三院的北大附设工农速成中学搬入红楼办学。此时的红楼产权依然属于北大。1955年秋季，工农速成中学停止招生，并于1958年秋季搬离红楼。

二、红色圣地

五四运动被视为标志中国新民主主义革命开始的划时代事件，一直受到高度重视。1939年，陕甘宁边区西北青年救国联合会规定5月4日为中国青年节。1949年12月，中央人民政府政务院正式宣布5月4日为中国青年节。

北京大学是新文化运动的中心，五四运动的策源地。作为北大地标建筑的红楼是当时新文化群英和爱国学生活动的主要场所。陈独秀、李大钊、鲁迅、毛泽东当时都在这里工作。于是，红楼自然也就成为五四新文化运动的标志物。

[①] 燕京大学始建于1919年，是基督教新教教会在中国创办的一所私立综合性大学，首任校长为司徒雷登。燕京大学原校址设在北京城东南角盔甲厂一带，女校在灯市口佟府夹道。1920年购得淑春园旧址，始建新校园。1926年秋迁入新址，其校园统称燕园。1951年2月，改为公立大学。

红楼百年话沧桑

为了庆祝中华人民共和国成立后的第一个五四青年节，1950年4月，北京大学"纪念五四筹备委员会"决定将红楼李大钊、毛泽东曾工作的地方辟为纪念室。这项工作交由当时北大的博物馆专修科负责。博物馆专修科主任韩寿萱教授与阴法鲁、唐振芳、向达等全力筹办，在不到一个月的时间里，完成李大钊、毛泽东在红楼工作的办公室位置、室内布置情况调研，并搜集了相关实物和文献资料，在5月4日前布展完毕，于五四当天向广大师生开放。

李大钊的图书馆主任室和毛泽东曾经工作的图书馆第二阅览室位于红楼一层不同的房间。出于方便布展的考虑，当时将两人的纪念室集中布置在红楼东南角原先李大钊办公室两间房内。据阴法鲁回忆："毛主席当时办公处是在一楼西头路南，我们未恢复，主要是考虑当时屋内空空如也……又考虑到主席也常到李大钊办公室去，就放在一起搞。"[1]据其他参与此项工作的人的回忆，当时毛泽东曾经工作过的第二阅览室已经被改建成了合作社，屋里还砌了一个洋灰柜台，恢复原貌比较困难。所以，韩寿萱等就决定把毛主席工作室布置在李大钊办公室的外间，毕竟毛泽东也曾被安排在这里做过一些临时工作。

初次建成的纪念室外面一左一右挂了两块郭沫若题写的牌子，左边是"李大钊先生纪念堂"，右边是"毛主席在校工作处"。展览室按照李大钊做图书馆主任时的办公室复原，是一个套间。内间完全复原为李大钊办公场景。靠窗的位置放着李大钊的办公桌，左边玻璃书柜里陈列着他的书籍，右边桌子上摆放了李大钊在《新青年》等刊物上发表的文章。办公室的墙上挂了李大钊的一些相片和他在北大时的档案、墨迹等。外间原先是图书馆主任会客室，正中间放了一张铺着白色台布的长方台子，上面安放一些与毛泽东在北大有关的文献资料。特别突出的是一个木制相框里，镶着毛泽东4月21日给北大的题词。会客室靠窗摆了一张长桌，放着一些毛主席的著作。左边靠墙是一个玻璃书柜，里面摆放一些五四时期的新文化刊物，如《新青年》《新潮》等。靠窗的位置还安放了一个毛主席的半身石

---

[1] 郭俊英主编：《北大红楼历史沿革考论》，文物出版社2012年版，第321页。

膏像，这是由北大工学院孙伯教授制作的。四周的墙上挂了一些毛主席的语录。

初次建成的李大钊先生纪念堂和毛主席在校工作处

纪念室布置完毕后，于五四运动31周年纪念日举行揭幕仪式。当时的中央宣传部部长陆定一受邀出席并审查了展览，许德珩、李乐光（李大钊侄儿，时任中共北京市委宣传部副部长）等也应邀出席。纪念室本未打算公开开放，但得知消息的广大师生和外国友人都纷纷要求参观，于是学校决定纪念室每天上午9时至下午5时对外开放，接待参观。

红楼被视作北大的标志，是青年人心中的"圣地和理想的殿堂"[①]。1951年10月1日，马寅初应邀登上天安门城楼观礼，站在毛泽东的身后。当北大学生的游行队伍举着红楼模型通过天安门广场时，毛主席十分高兴，挥手向北大学生致意，并回头问马寅初："红楼还是原来的样子吗？有没

---

① 胡祥达：《红楼晨夕暖心头——北大附设工农速成中学杂忆》，《北京大学校友通讯》第36期。

北大部分教师参观李大钊、毛泽东在红楼工作室展览时留影

有损坏？""一切还是原样，没有丝毫损坏。"马寅初回答道："而且，您和李大钊同志的工作室也对外开放了。"①

1952年院系调整，北大迁往燕园后，北大附设工农速成中学迁入红楼。当时红楼一楼的毛泽东、李大钊纪念室还保留着。②1955年秋季，工农速成中学停止招生。1956年，红楼被移交给中宣部代管。1961年3月，红楼作为五四运动的纪念地址，被国务院公布为第一批全国重点文物保护单位。

1962年，文化部决定在古代建筑修整所和文化部博物馆科学工作研究所筹备处的基础上，合并组建文化部文物博物馆研究所。9月，新组建的文物博物馆研究所迁入北大红楼。此时文物管理局还隶属于文化部。此后，文化部下属文博系统的单位陆续入驻红楼办公。

1963年3月至1964年4月，文物博物馆研究所遵照文物局指示，对李大钊、毛泽东、鲁迅在北大红楼工作的史实进行调查研究，收集当年原有的家具设备等，为充实"李大钊同志工作处"和对"毛泽东同志工作处"及

---

① 《毛泽东与北大人物》，《北京大学校友通讯》第13期。
② 胡祥达：《红楼晨夕暖心头——北大附设工农速成中学杂忆》，《北京大学校友通讯》第36期。

"鲁迅先生讲课处"予以复原陈列做准备,此项工作由罗歌主持,朱希文、李宗文两同志参加。[①]

罗歌等人大量访问了一些20世纪20年代的北大教职员工、学生,搞清楚了1918年秋到1919年3月毛泽东曾在北大红楼图书馆的三个地方工作过,即第二阅览室(也称日报阅览室或新闻纸阅览室,管理报纸阅览登记)、图书馆主任室(协助整理图书)和登录室(抄写图书登记卡片),其中以第二阅览室的工作为主,工作时间最长。他们还到北大档案馆、图书馆、房产科、北京医学院、政法学院等单位收集一批史料和老式家具等。在详细调研基础上,他们重新设计了复原陈列方案,上报文物局,可是"由于诸种原因未批"。红楼依然保留着1950年布置的纪念室。

1964年5月3日,北京大学中文系团总支和文物博物馆研究所在红楼联合举办纪念五四运动45周年大会。中文系阴法鲁教授为大家讲了毛泽东、李大钊在红楼工作的历史,文物局李长路副局长、文博所王辉志也在会上讲了话。曾经在红楼学习过的魏建功副校长和游国恩教授带领大家瞻仰毛主席和李大钊同志工作室,以及鲁迅先生讲过课的教室。同学们表演了诗歌联唱。[②]

1966年"文化大革命"爆发后,因有造反派到纪念室造反,为避免麻烦,纪念室的文物被收到库房里,房间也变成了办公室。

"文化大革命"期间,图博文物事业管理局随文化部一起陷于停滞状态。军宣队入驻红楼,在红楼里面办公的各单位职工都下放到干校劳动。包括红楼在内的全国文物保护、管理工作遭遇极大的困境。为尽快恢复文物工作,根据周恩来总理的指示,1970年5月10日,国务院图博口领导小组成立,主管全国图书馆、博物馆和文物工作,组长为军宣队干部郎捷,王冶秋任副组长,领导小组下设政工组、办事组和业务组。办公地点主要在红楼一层。图博口领导小组在周恩来总理的直接领导下,积极领导和组织开展文物保护工作,文物工作开始逐步恢复。原先在红楼办公的文物出

[①] 罗歌:《蔡元培、李大钊、毛泽东、鲁迅在北大红楼》,《北京大学校友通讯》第9期。
[②] 《北京大学纪事》,第722页。

版社、文物保护科学技术研究所等单位也陆续从干校回到红楼，重新开始办公。

1973年2月14日，国务院发出《关于成立国家文物事业管理局的通知》，图博口领导小组撤销，国家文物事业管理局仍由国务院办公室代管。王冶秋被任命为国家文物事业管理局局长，下设办公室、文物处、博物馆处、图书馆处等。国家文物事业管理局的成立，极大地促进了文物保护工作的尽快恢复。

1976年，受唐山大地震的影响，红楼出现顶棚脱落现象，墙上的抹灰大片掉落，东侧楼道从上到下裂出一条缝，好多砖块出现粉碎状况。建成已经58年的红楼成为危楼，无法继续作为办公楼使用。于是，当时在红楼内的国家文物事业管理局和文物出版社等单位搬出红楼，由国家文物事业管理局负责对红楼进行大修。最初有建筑公司认为维修工程太复杂，建议拆除重建。时任国家文物事业管理局局长王冶秋坚决要求按文物标准进行加固维修，保持红楼原状。

王冶秋又名野秋，安徽霍邱人。他1923年到北京求学，受到同乡张目寒、台静农、韦素园等影响，并接触过鲁迅先生。他曾担任西山中学团支部书记，积极参加李大钊领导的北方革命运动。1928年年末，他根据组织上的安排加入北大支部并担任团支部委员，以王师曾的名字在北大一面听课，一面从事革命活动。1930年8月，他被捕入狱，遭受严刑拷打，但坚贞不屈。1949年2月，王冶秋担任北平市军事管制委员会文物部副部长，开始了对故宫博物院、国立北平图书馆、北平历史博物馆等文物单位的接管和整顿工作。从这时起直到1979年年末，他从未离开过文物、博物馆事业的领导岗位，为我国文物保护和博物馆事业做出了重大贡献。

由于王冶秋的坚持，北大红楼的维修严格按照当时颁布的《文物保护暂行条例》，采取了修旧如旧、保持原状的加固维修。国家文物事业管理局成立以古建筑研究所专家罗哲文为组长、由各方面专家组成的红楼抢险加固工作设计组，设计组成员有傅连兴、陶逸钟（著名结构专家，时任建设部总工程师）、常学诗（文化部总工程师）、崔兆忠等。当时唐山大地震对北京也造成巨大影响，"北京有的地方裂度约为7~8度，而红楼这座砖木结构的已使用过期的危险建筑,更是摇摇欲坠,墙裂顶塌,支离破碎"①。设计组的专家们冒着余震的危险对红楼进行抢救设计勘测,经过充分研讨,在保持不改变文物原状的前提下,充分运用工程结构和科学技术手段,设计出一套中国传统技术与现代科技相结合的抗震加固方案。他们创新性地使用把钢结构卧入楼板层内的"水平钢桁架",在内墙体两侧加钢筋网穿墙拉固,浇筑豆石混凝土,使整个楼体从内墙到外墙以至楼板都得到加强,以达到强筋壮骨的效果。

红楼的抗震抢险加固工程1979年竣工,历时两年,耗资80万元。在王冶秋等领导的高度重视和支持下,经过专家学者和施工人员的共同努力,终于使红楼这座重要纪念建筑以完整的历史风貌保存下来。

大修完成后,原来搬到故宫等地办公的国家文物事业管理局和文物出版社等单位于1980年又陆续搬回红楼。此后,每隔数年,红楼就会在文物局的安排下进行局部的、小型的维修,使红楼始终得到妥善的保护。

爱护红楼原有设施是国家文物局每一位工作人员的自觉行动。红楼地板上铺的一层防水胶垫只要稍有损坏就立即更换。夏天,红楼内的气温很高,为了减小火灾隐患,保持红楼的原始风貌,国家文物局内除了电话机房和外宾接待室外,没有一间屋子装空调,对此大家毫无怨言。每天晚上7时,红楼断电以防不测。这些都是保护红楼的措施。国家文物局还专门成立了红楼安全委员会,负责红楼建筑内外的防火、防盗等安全保卫工作。另外,国家文物局还数次投资整治红楼内外部环境,保留当年的水暖设备并加以检修,更换老化电线等。②

在国家文物局工作的许多专业技术人员都与北大有着千丝万缕的联系,他们当中有许多人是北大毕业的学生。红楼,在他们心中一直是母校北大不可替代的象征,民主与科学、光荣与梦想,红楼负载着北大乃至中国的精神传统。因而他们比一般人对红楼更怀有一份特殊的感情,并把这种感情熔铸到自己所从事的工作中去,以专业知识去保护红楼这份历史遗产。

---

① 《沧桑红楼》,《时代潮》1999年第5期。
② 《沧桑红楼》,《时代潮》1999年第5期。

三、百年风物耐人思

粉碎"四人帮"、结束"文化大革命"以后，高考恢复，高等教育工作拨乱反正，逐步重新走上正轨。党的十一届三中全会实现了伟大的历史转折，在改革开放政策方针指导下，思想解放的大潮汹涌澎湃，中国社会各方面都焕发出勃勃生机。

1978年5月9日，北京大学党委将《关于请求将沙滩红楼、民主广场归还北大的申请报告》报送方毅副总理，并报邓小平副主席。虽然这一请求没有实现，但是北大人对沙滩红楼的怀念之情始终不断。经常有海内外的北大校友故地重游，前往红楼探视。

从1995年开始，即将迎来100周年生日的北京大学开始筹备隆重庆典。1995年3月24日，校长办公会原则通过100周年校庆筹备委员会名单，由校长吴树青任主任，校党委书记任彦申任执行主任。4月18日，百年校庆筹备委员会召开第一次会议。会议决定，隆重纪念校庆100周年，抓住这个契机，推动北大的改革、发展，使北大到21世纪初叶真正成为世界一流的社会主义大学。会议确定了3个工作重点：一是弘扬传统，扩大影响；二是联络校友，充分调动全体北大人关心、热爱母校的积极性；三是广泛争取社会各界支持，建立北大发展基金。

1996年5月4日北京大学百年校庆筹备委员会发表《致校友和社会各界朋友》公开信，宣布从那一刻起，北京大学已揭开百年庆典工程的序幕，希望广大校友和北大师生共同携手、共襄北大百年校庆盛举，共创北大新世纪的辉煌。

1996年，一封自美国的来信，引起了国家文物局领导的高度重视。北大老校友、著名旅美历史学家吴相湘教授回国参观红楼后，对红楼所处的外部环境提出痛心的批评。当时的国家文物局局长张文彬是北大历史系1958级的校友，他5月份刚刚出任国家文物局局长、党组书记。他明白北大红楼的重要价值是独一无二的。国家文物局因此下决心整治红楼周边环境。他们在东华门街道办事处的配合下,取缔了红楼围墙外的商摊,由文物局出资在红楼围墙外东西两侧修建长达80米的宣传橱窗。同时,国家文物局还对红楼院内环境进行整治,并重新派人到北大和北京图书馆查阅资料,收集、查找当年属于红楼的历史文物,聘请中国革命博物馆的专家重新布置了五四运动前后李大钊的工作室、毛泽东曾经工作过的新闻阅览室,以满足随着北京大学百年校庆和五四运动80周年即将到来,日益增多的参观者的愿望。

同时,国家文物局开始考虑把红楼建成五四运动纪念馆,作为青少年教育基地。虽然由于种种原因,国家文物局一时还难以完全搬出红楼,还要留在红楼内办公,但是也开始考虑先把文物协调中心和文物出版社迁出去,逐步地腾出红楼空间,先将红楼第一层全部开放,以供人们参观。

作为中国近代史上第一所国立综合性大学,北京大学的发展与国家和民族的命运息息相关。党和政府对于北大百年校庆给予了高度重视。在校庆前夕,时任中共中央总书记江泽民于1998年4月29日视察北大。并依照中国传统,亲切地称自己是来给北大"暖寿"。

1998年5月4日,北京大学百年校庆庆典在人民大会堂隆重举行。早上7点,几十辆北大师生和校友乘坐的大客车,从北大校园向人民大会堂进发。北京市交通部门在沿途进行了交通管制。浩浩荡荡的车队一路畅通,行驶到天安门广场。

党和国家领导人江泽民、李鹏、朱镕基、李瑞环、李岚清参加庆典。江泽民在讲话中指出:一个世纪以来,北京大学随着时代的步伐前进,成为享誉中外的著名学府。北京大学作为我国重要的教育学术文化阵地,为祖国培养了一代又一代优秀人才,在社会科学和自然科学领域创造了许多重大成果,为我国的革命、建设和改革事业做出了重要的贡献。他再次强调:全党和全社会都要高度重视知识创新、人才开发对经济发展和社会进步的重大作用,使科教兴国真正成为全民族的广泛共识和实际行动。我们的大学应该成为科教兴国的强大生力军。他提出:"为了实现现代化,我国要有若干所具有世界先进水平的一流大学。"1999年,国务院批转教育部《面向21世纪教育振兴行动计划》,对中国高等教育发展具有重大影响的"985工程"正式启动建设。

北大100周年庆祝大会在人民大会堂召开

校庆期间,来自全球的北大校友和嘉宾会聚北大,举办了一系列重要的活动。人们在回顾北大百年荣耀和光荣传统的同时,放眼世界,展望新世纪,为北大的发展和中国实施科教兴国的战略出谋划策。

借着百年校庆的东风,许多北大校友再次呼吁北大收回象征着北大光荣传统的红楼。早在1994年校友会就根据广大校友的意见,写信给中共中央总书记江泽民,建议将沙滩红楼辟为"五四纪念馆",对社会开放,以缅怀革命先烈的光辉业绩,继承发扬五四革命传统和爱国主义精神。但要在北大百年校庆时将红楼辟为"五四纪念馆"确有较大困难。为迎接北大百年校庆,有关部门在加强维护和修复红楼历史原状和环境风貌的基础上,先将李大钊同志和毛泽东同志使用过的办公室和工作室恢复、整理、展出,并开放原孑民堂供校友参观。

2001年4月,国家文物局搬离红楼。

在党中央和国家有关部门的大力支持下,2002年4月28日,由中国革命博物馆具体筹办的北京新文化运动纪念馆在红楼正式挂牌成立并向公众开放。

第七章　永远的红楼

开馆那天早上曾下过一阵蒙蒙细雨，到9点30分时天已放晴，空气格外清新，红楼前嘉宾如云，热闹非凡。众多新文化运动中的名人后代在开馆仪式上欢聚，有李大钊的儿子李葆华及其女婿、外孙女，鲁迅的儿子周海婴，蔡元培的女儿蔡睟盎，还有梁漱溟的儿子梁培宽，刘半农的儿子，胡适的侄子，等等。

全国政协副主席杨汝岱和国家文物局局长张文彬为"北京新文化运动纪念馆"揭牌。张文彬在开馆仪式上的讲话里指出："中国革命博物馆精心筹备的陈列与北京大学红楼风格相符，既突出了红楼旧址的特色，又真实生动地再现了新文化运动的历史风貌，体现了新文化运动中先进文化对中国历史发展产生的深远影响，使人们铭记新文化运动的历史功绩，对于弘扬爱国、进步、民主、科学的精神，充分发挥纪念地旧址对广大人民群众，特别是青少年进行爱国主义教育方面将起到重要作用。"

新文化运动纪念馆展示内容分为3个部分：一是旧址复原陈列，复原了北大红楼的大门、李大钊办公室、毛泽东工作过的阅览室、鲁迅给学生上课的大教室；二是陈列展览，筹办了"新文化运动陈列""五四新文化运动时期期刊杂志展览"；三是多媒体展示，编辑制作了多媒体触摸屏和《五四运动》《新文化运动名人故居》专题录像片，开辟了放映室，定时为观众播放。

新文化运动纪念馆于2002年12月，被命名为北京市爱国主义教育基地；2004年，被国家发展改革委员会、中宣部等部委列为全国百家红色旅游经典景区；2010年被北京市委授予北京市廉政教育基地。

为迎接五四运动90周年，2008年，新文化运动纪念馆对北大红楼进行大规模的修缮。经过10个月的施工，对红楼所有木制结构进行了防腐处理，保留了红楼的老物件，并进行了老旧管道更换改造，对红楼所有建筑构件喷涂了防火阻燃涂料，加装了防火门。2009年5月4日前，新文化运动纪念馆重新对社会开放。此次改陈确定的展览定位：以红楼外观及内部旧址复原陈列为主，新文化运动展览和专题陈列为辅的原则。力图再现90年前北大红楼情景，使人产生如临其境之感。为突出旧址特色，保持红楼内原有格局，营造五四新文化运动时期氛围。在展览中突出主题思想：

五四新文化运动是中国现代史上的重要里程碑，北大红楼曾是新文化运动的中心和中国共产党的重要发祥地之一。展览以这一时期重大历史事件为主线，通过生动形象的展示，诠释"爱国、进步、民主、科学"的五四精神。

这次改陈，依据研究成果对红楼一层原北大图书馆旧址进行部分复原，如：图书馆主任室、第二阅览室、登录室、第十四书库、新潮杂志社、学生大教室以及红楼大门和沈尹默题写的门牌等。在复原陈列中注意对总体环境的设计和对细节的研究、布置，给观众以红楼人物刚刚离开的感觉。

改陈后的纪念馆设有放映厅，专门放映《五四运动》和《新文化运动名人故居》专题片，生动地再现了从新文化运动、五四运动的兴起到中国共产党成立的历史过程。

设在红楼前面院内平房中的新文化运动陈列展厅及专题展览以实物展示为主，突出珍贵文物的原真性。实物展品占展品总数的72%，其中有许多文物精品第一次同观众见面，如：《青年杂志》创刊号，胡适题赠钱玄同的《尝试集》，有朱自清、邓中夏在内的北大学生录取名单等。根据展览需要，适度使用高科技使旧址复原和陈列展览风格统一、气氛和谐。

新文化运动纪念馆采取走出去、请进来的方式，除了馆里自办的展览外，还充分利用社会资源，与一些收藏家或社会团体合作办展。先后举办"名人与文化遗产展览""中华名人展""历史的记忆——文化名人与和谐文化""李大钊生平事迹展览""五四风云人物展览""新时代的先声——五四新文化运动展览""胡适文物图片展""纸上云烟——近现代名人手迹展"等各类专题展览，并赴国内外巡回展出。

2009年改陈重新开放以后，新文化运动纪念馆积极与各单位联合开展活动，通过举办临时展览、主题活动，克服纪念馆展区狭小的现状，将纪念馆现有馆藏全方位、立体地展示给公众，使纪念馆的传播功能能够无限地延伸开来，为弘扬五四精神起到了重要作用。

2019年是五四运动100周年和中华人民共和国成立70周年。4月30日，

第七章　永远的红楼

纪念五四运动100周年大会在北京人民大会堂隆重举行。中共中央总书记、国家主席、中央军委主席习近平在大会上发表重要讲话。

对于100年前以北大为策源地爆发的这场伟大运动，习近平在讲话中给予了高度评价。他指出："五四运动是中国旧民主主义革命走向新民主主义革命的转折点，在近代以来中华民族追求民族独立和发展进步的历史进程中具有里程碑意义。""五四运动，爆发于民族危难之际，是一场以先进青年知识分子为先锋、广大人民群众参加的彻底反帝反封建的伟大爱国革命运动，是一场中国人民为拯救民族危亡、捍卫民族尊严、凝聚民族力量而掀起的伟大社会革命运动，是一场传播新思想新文化新知识的伟大思想启蒙运动和新文化运动，以磅礴之力鼓动了中国人民和中华民族实现民族复兴的志向和信心。"他号召当代广大青年"缅怀五四先驱崇高的爱国情怀和革命精神，总结党和人民探索实现民族复兴道路的宝贵经验"，继承和发扬五四精神，为全面建成小康社会、加快建设社会主义现代化国家、实现中华民族伟大复兴的中国梦而奋斗。

5月13日，中共中央政治局召开会议，决定从当年6月开始，在全党自上而下分两批开展"不忘初心、牢记使命"主题教育。

作为五四运动的策源地，中国传播马克思主义的重要基地，中国共产党主要创始人曾经工作过的地方，北大红楼成为各级党组织"不忘初心、牢记使命"主题教育首选的红色圣地之一。新文化运动纪念馆也配合主题教育，及时推出"不忘初心——马克思主义在中国早期传播"展览和"五四运动纪念"展览。党中央和国家机关、北京市区机关、高等学校、科研院所、中小学、公司和各类社团等各行各业的党员，由所在的党组织率领，纷纷来到红楼参观、举行主题党日活动、重温入党誓词。

结　语

　　北京大学红楼曾经是新文化运动的中心、五四运动的策源地，中国传播马克思主义和创建中国共产党的最初基地。

　　《新青年》《新潮》《国民》《每周评论》等一大批传播新文化、新思潮的刊物由这里的师生编辑并发往全国以至世界许多地方。在当时弥漫社会的尊孔、复古思潮中，从红楼吹出的这一缕缕新风最终掀起现代中国思想解放的第一波浪潮。思想的解放，对时代的演进发挥了决定性作用。鲁迅先生曾说："北大是常为新的，改进运动的先锋，要使中国向着好的向上的道路走。"勇于创新，敢于斗争是红楼人的底色。

　　五四运动的宣言在这里起草并印刷，五四游行的队伍从这里集结、出发，北京各校学生代表在这里集会创建统一领导各校学生运动的北京中等以上学校学生联合会。面对巴黎和会上强权对公理的肆意践踏，面对国家和民族生死存亡，爱国青年们呐喊着"中国的土地可以征服而不可以断送！中国的人民可以杀戮而不可以低头！""外争主权、内除国贼"，走向天安门广场。一个沉睡的民族被唤醒了，一个屈辱已久的大国奋起了——以爱国青年知识分子为先锋、广大人民群众参加的一场反帝反封建的伟大爱国革命运动席卷全国。源于爱国，无数热血青年，踏上追求救国强国真理之路……

　　"五四运动改变了以往只有觉悟的革命者而缺少觉醒的人民大众的斗争状况，实现了中国人民和中华民族自鸦片战争以来第一次全面觉醒。"2019年4月30日，习近平总书记在纪念五四运动100周年大会上的讲话中强调，"以爱国、进步、民主、科学为主要内容的伟大五四精神，其核心是爱国主义。"爱国永远是红楼人的初心。

结　语

　　红楼，走出了中国最早的马克思主义者，建立了中国最早的马克思主义研究社团。在这里，中国的马克思主义者第一次与共产国际的代表会面，创建中国共产党的历史伟业由此展开。追求真理、追求进步是红楼人始终不渝的信念。

　　百年红楼，曾经见证北大师生论辩切磋、春诵夏弦，也曾见证他们为民族独立和人民解放而奋斗不息。

　　百年红楼，历经沧桑。一代代曾经风华正茂的先辈，在这里奏响过他们的青春之歌，为国家富强、民族复兴而奋斗。他们忧国为民，勇于牺牲，即使单枪匹马也要和黑暗势力抗争；他们思想开放，心胸宽广，为寻求真理而孜孜求索，开拓进取。

　　红楼是一座丰碑，镌刻着一代代爱国知识分子为民族解放、国家富强的奋斗业绩；红楼是一部史书，记载了百年中国的沧桑巨变；在新时代，红楼依然是一面旗帜，红楼精神将引领我们继续奋斗，再创辉煌！

后　记

"北大红楼与中国共产党创建历史丛书"是北京市庆祝中国共产党成立100周年项目的一部分，全景式呈现了新文化运动、五四运动、马克思主义早期传播、早期工人运动、共产党早期组织创建的历史画卷，深刻揭示了北京在中国共产党创建史上的重大历史价值和独特历史地位。

中共北京市委高度重视丛书编写工作，市委常委、组织部长魏小东全程关注，并就打造精品力作多次做出重要指示。丛书由市委党史研究室、市地方志办主任李良统筹策划，专家团队反复论证，室务会研究确定，陈志楣具体负责组织编写工作，张恒彬、赵鹏、刘岳、运子微、范登生对书稿提出宝贵意见。在编委会领导下，经过一年多艰苦努力，顺利完成编写任务。

《红楼百年话沧桑》作为这套丛书的一种，由北京大学校史馆副研究员林齐模主笔撰写。霍海丹、马建钧作为专责编委，审阅书稿并提出宝贵意见。陈志楣审改全部书稿。本书联络员丁洁、陈丽红，负责编写工作的组织协调。

丛书主编杨胜群、李良对该书从确定选题到谋篇布局，从甄别史实到统改审定，实施全程指导，严格把关，付出了大量心血和智慧。

编委会及办公室成员为丛书修改完善、出版发行付出辛勤劳动。北京出版集团所属北京人民出版社的编辑积极参与本书策划论证和审校出版工作。

在此，谨向所有为本书编写工作做出贡献的单位和同志表示诚挚感谢！

由于时间仓促，加之编写和组织水平所限，本书在史料运用、详略处理、文字表述等方面难免有疏漏或不足之处，敬请读者批评指正。

丛书编委会

2021年3月